大專用書

老人福利

白秀雄 著

三民書局 印行

國家圖書館出版品預行編目資料

老人福利／白秀雄著.--初版.--臺北
市：三民，民85
　　面；　　公分
參考書目：面
ISBN 957-14-2397-1（平裝）

1.老人福利

548.15　　　　　　　　　　85005037

網際網路位址　http://Sanmin.com.tw

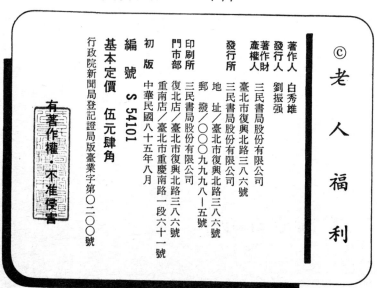

© 老人福利

著　作　人　白秀雄
發　行　人　劉振強
著作財產權人　三民書局股份有限公司
發　行　所　三民書局股份有限公司
　　　　　　地址／臺北市復興北路三八六號
　　　　　　郵撥／〇〇〇九九九八一五號
印　刷　所　三民書局股份有限公司
門　市　部　復北店／臺北市復興北路三八六號
　　　　　　重南店／臺北市重慶南路一段六十一號
初　版　中華民國八十五年八月
編　號　S 54101
基本定價　伍元肆角
行政院新聞局登記證局版臺業字第〇二〇〇號

ISBN 957-14-2397-1（平裝）

序

　　筆者於 1966 年赴美研究社會福利並考察歐洲日本各國制度，
深切感受人口高齡化是必然的趨勢，其衝擊、影響至深且鉅，應
及早探討如何因應，並建立老年福利制度。 1968 年返國後，立
即投入老人福利教學研究及實務工作至今近二十八載，其間筆者
不論在學校、在高雄、在臺北或在內政部服務，從「人力銀行」
「老人夏令營」到「老人活動中心」「社區松柏俱樂部」「長青
學苑」（俗稱老人大學）「長青懇談專線」「老人榮譽（志願）
服務」「銀髮貴人」「居家生活補助與照顧」「健康檢查」「敬
老季」「社區照顧」「日間照顧」「國民（老年）年金制度」「老
人福利需求評估」「老人福利政策報告書（白皮書）」等，均係
針對長者需求規劃或推出。最初社會各界尚不了解為何談老人問
題，常以異樣眼光相待；如今大家逐漸了解，尤以近年來選戰中
常為朝野論戰焦點，老人的地位，亦逐漸從社會的邊陲走上社會
的核心。

　　老人的需求為何？其優先順序如何？如何有效開發運用有限
資源滿足長者需求？非常感佩國內學者專家積極致力我國老人福
利需求之評估，撰寫老人福利政策研究，並期按原訂計畫進一步
轉化為具體可行的老人福利政策；值此際，承三民書局相邀，筆
者願將從事老人福利教學與實務工作心得整理出版，期能供作參

考,更期能拋磚引玉,有更多的學者專家提供其研究或實務工作心得,相信對老人福利需求之探討及政策之訂定將有助益,讓每一位長者,在為社會付出貢獻後,能有尊嚴、價值、健康快樂地生活。

本書匆促整理完成,且以時間所限,謬誤在所難免,尚祈諸先進不吝賜正,俾將來再予修訂或充實。

白秀雄　謹識

1996.3.1

老人福利　目　次

序

第一章　緒論

第二章　老人福利供給現況

第三章　老年所得保障需求及國民（老年）年金制度之探討

第四章　醫療保健與照顧服務需求及措施

第五章　居住安養服務需求與措施

第六章　其他福利需求及其因應措施

第一章 緒論

第一節 臺灣地區人口高齡化趨勢

臺灣地區自 20 世紀中期以來就經歷著一個人口轉型（demographic transition）的週期（林忠正，1987），而現階段人口變遷已經是轉型末期的變遷（陳寬政，1995）。人口的粗死亡率自 1925 年以後,因公共衛生進步和營養改善,即顯著且長期下降,如 1906 年的 33.4‰,1925 年的 21.5‰,1951 年的 11.8‰,1981 年的 4.9‰,1985 年的 4.8‰；光復後的臺灣地區短期有大陸各地人口大量移入,然自 1950 年以後臺灣地區的人口遷移極少,因此影響人口年齡組成的主要因素仍是出生率和死亡率。臺灣地區在 1965 年以後的粗出生率開始顯示下降趨勢,如 1920 年的 42‰,1951 年的 49.9‰,1966 年的 32.4‰,1981 年的 22.9‰,1985 年的 18‰。因此嬰幼人口持續減少而老年人口因死亡率長期下降而逐漸增多,其顯示的意義包括三方面:

一、老年人口數量增加

臺灣地區 65 歲以上老年人口佔總人口之比例自 1960 年以後即逐漸上升,如 1947 年有 2.5%,1950 年有 2.5%,1960 年有 2.46%,1970 年有 2.92%,1980 年有 4.28%,1987 年有 5.28%（約 102 萬人）,1988 年

後 115 萬人，行政院經建會人力規劃小組於 1985 年預測臺灣地區未來 10 年內 65 歲以上人口每年增加 2 萬 5 千人。至 2001 年將會有 185 萬老年人口，佔總人口的 8.7%，而在 1996 年即將超過 150 萬的老年人口，也將達到聯合國所定高齡化社會 65 歲以上人口比例為 7% 以上的水準，而成為「老年國」。事實上， 1993 年 9 月底，高齡人口逾 147 萬人，佔總人口之 7%，內政部正式宣稱我國已邁入高齡化社會。 1993 年底為 148.2 萬老年人口，佔總人口的 7.1%。

臺灣地區老年人口比率從 5% 上升到 7% 所需的年數為 8 年（1985～1993）（行政院主計處， 1985～1993），而日本則需 18 年（1952～1970）（日本厚生省 1953 年人口統計）。又據行政院經建會推計，臺灣地區老年人口比率由 7% 上升至 14% 所需年數為 25 年，從 10% 升至 20% 所需的年數為 21 年，均較世界各國的速度為快（經建會， 1993、1995）。老年人口的增加率從 1960 年至 1990 年 30 年間，臺灣地區增加率為 2.49 倍，亦較各國為高，如附圖：

圖 1-1　1961～1991（30 年）老年人口比例增加率

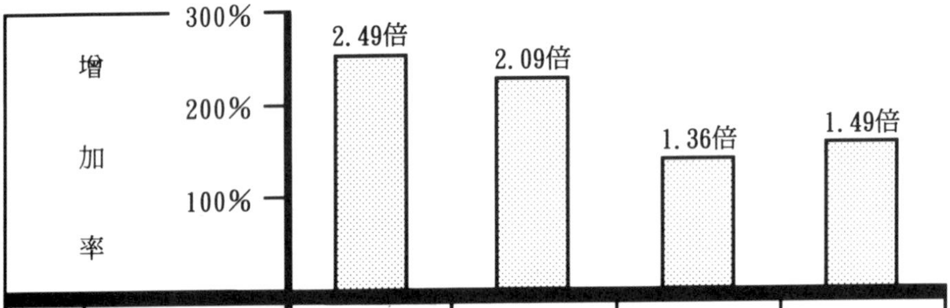

老人比例	年　　份	台　　灣	日　　本	美　　國	瑞　　典
	1960 年	2.49%	5.78%	9.23%	11.97%
	1990 年	6.21%	12.08%	12.56%	11.80%

資料來源：行政院主計處及日本厚生省 1993 人口統計資料集，此處引自翁福君， 1994。

二、老年人口的平均壽命增長

　　臺灣地區人口的出生時平均餘命（life expectancy at birth）呈持續趨勢，1951 年男 53.10，女 57.32；1961 年男 62.26，女 67.72；1971 年男 66.43，女 71.45；1985 年男 72.02，女 76.55；1993 年男 71.83，女 77.15；1994 年男 71.79，女 77.22（行政院衛生署，1992、1993）。

圖1-2　臺灣地區居民平均餘命（民國 40～80 年）

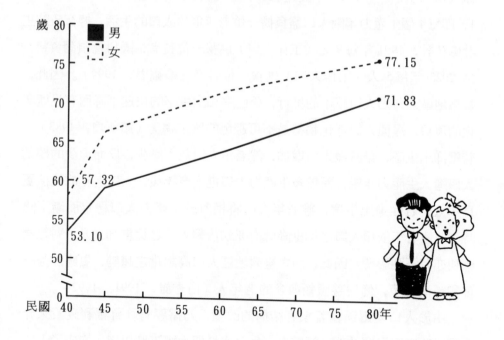

資料來源：行政院衛生署，1992，中華民國臺灣地區公共衛生概況。

三、老年人口的「依賴比例」（dependency ratio）加重

　　65 歲以上老年人口與生產力人口（20～64 歲）之比值，看出每一位生產力人口所負擔的老年依賴人口（或稱退休人口），如 1951 年是 4.4%，1961 年是 4.8%，1971 年是 5.2%，1981 年是 6.7%，行政院研考會曾預測 1991 年是 9.2%，至 2000 年將達 14%，即每 7 個生產力人口將負擔一位退休人口的生活。在 2024 年更達 25%，生產力人口與退休人口之比為 4 比 1，即每 4 個生產力年齡人口需負擔一位老年退休人口的生活。據行政院主計處統計，1991 年每 9 人（工作人口）供養一位長者，國科會預測資料，到 2025 年每 5 人（工作人口）供養一位長者（翁福君，1994）。因此，臺灣地區人口因人口政策的推行，死亡率和出生率的快速下降而有迅速老化的現象，這種人口老化趨勢是不可避免的既定趨勢（蕭新煌，1983）。若壓抑出生率，雖減緩人口增加，然老年人口並不減少，反而愈少的嬰幼人口進入生產力年齡，而較多生產力人口進入老年後，人口老化的比值更為驚人；若促進出生率，雖老年人口將相對於生產力人口穩定而漸下降時，迫使老年依賴人口之比重降低而嬰幼依賴人口之比重卻上升，對經濟福利亦有不利影響。因此，面對臺灣地區人口高齡化之趨勢，更應加強社會和經濟政策，俾妥善照顧愈多的老年人（白秀雄，1991、1992）。

　　由於人口變遷涵蘊著家庭結構的改變，乃需要有社會福利政策來介入或協助家庭發揮功能。簡言之，生育率長期大幅下跌以後，造成了人口高齡化的事實，對於個別家庭乃產生了老年人扶養負擔加重的結果。此一事實直接反映在家戶結構的變化上，家庭養老的人力資源萎縮，繼之則於 2010 年以後開始有大量老年夫妻無子女家庭以為依靠，產生更嚴重的老年扶養問題，老年年金及健康保險制度更形重要（陳寬政，1995）。

圖1-3　工作人口（20～64歲）供養老人比例

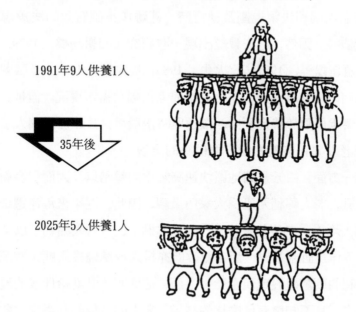

資料來源: 同圖 1-1。

第二節　研究緣起與主旨

　　由第一節的探討，我們都很清楚，臺灣地區已迅速地邁入高齡化的社會；而且，今後的高齡化速度，將與日本同列世界第一，政府與民間、學術理論與行政實務界均深切關注此一發展所帶來的影響與衝擊，以及應如何採取有效的因應作為。多年來，國內學術界亦先後進行許多有關老人福利之研究，探討臺灣地區老人福利需求與問題的若干面向、課題，亦均對行政實務的規劃與執行有相當的助益，對特定老人福利需求的滿足，若干老人問題的解決有所貢獻。然而，其中或有僅專注於老人福利需求的特定具體面向，抑或相關研究之結論有不相一致之處，或有僅限於某一特定的區域的老人福利需求。迄今，尚缺乏一個較完整的綜合分析探討臺灣地區

的整體老人福利供需現況的具體結論。其結果，老人福利決策及執行機關在進行老人福利決策規劃及執行時，甚難作正確有效的決策規劃與執行的參考依據。固然，過去曾經出現一些研究（如謝高橋，1979；白秀雄，1980；蕭新煌等，1981；詹火生，1986，周家華，1991），試圖綜合既有老人福利研究文獻成果，並檢討當前老人福利需求現況。但是，這些研究論文，泰半局限於特定面向、議題與時空環境，甚難提供國人了解當前臺灣地區老人福利整體的需求與供應的全貌。

另一方面，由於臺灣地區快速高齡化的趨勢以及因而引發新的需求、新的挑戰，老人福利乃迅爲大家所重視，因此，近年來每逢選舉，各黨各派候選人均以「老年年金」、「敬老津貼」、「老人福利」以及「老農津貼」等等作爲訴求重點；而各級政府亦投入或準備投入龐大資源，或用在老人福利的硬體建設或現金給付上面，這種叫什麼就給什麼的現象，任其發展下去，真不知會有什麼樣的結果。老人的各種福利需求、各種問題，甚至於整體的社會福利需求與問題，是否能透過政府與民間協力以制度化的福利供給予以滿足與解決。筆者於82年4月間出任社會司司長時，正值「老年年金」、「老人津貼」朝野吵得最熱烈，也是民眾對社會福利意識最高漲的時候，有感於各級社會福利主管機關雖盡力透過各種學術研究、研討與公聽會的方式來收集資料，俾作爲決策規劃與執行之參考依據，惟仍無法明確掌握整體民眾的需求及其優先順序。整體的社會福利需求的實證研究，不僅需要爭取相當龐大的經費預算，更需要相當的時間；而在未能進行並完成全面的實證研究前，爲供作決策規劃及執行以及分配資源、編列預算之重要參考依據（政府與民眾均不可能等到全面實證研究完成後才來進行決策規劃與執行），只好先採取所謂「後設分析」(meta-analysis) 途徑，從福利之供給與需求層面，比較與檢視臺灣地區既有之社會福利（含老人福利）相關研究文獻，以歸納檢討臺灣地區社會福利（含老人福利）供需現況，藉以勾繪出社會福利（含老人福利）需求之

全貌，並推估未來社會福利（含老人福利）之發展前程。除迅速於82年5月間成立我國國民年金研議小組積極建構我國國民年金制度外，並於82年9月起邀集學者專家組成第一階段的需求評估小組，分成兒童、少年、婦女、老人、殘障、社會救助以及家庭福利、國民年金等八個專案小組，先行針對既有散見在各界研究報告、專論及統計資料等進行研究分析，整理出民眾需求項目與內容以及優先順序後，再多次邀集民間單位、學術界與行政部門進一步審查與評估。由於各類學者專家、民間機構及行政部門代表全力投入，各需求評估初稿業已於83年6月底完成。並自83年7月起進行第二階段的政策研究及政策規劃報告書（又稱政策白皮書）撰擬，仍分別成立兒童、少年、婦女、老人、殘障、社會救助、國民年金及家庭福利等八組，邀集學者專家撰擬社會福利政策規劃報告書，相信對於了解各項福利需求、供給與需求間之差距，以釐定社會福利近中長程計畫，分配資源編列經費預算，並整合各界力量，規劃21世紀社會福利藍圖，逐步建立我國完整社會福利制度，必將有相當的助益與貢獻。

為邁向21世紀社會福利之規劃與整合，奠定宏厚堅實的基礎，凡我學者專家、民間及行政部門同仁，均人人有責，應全力參與、投入，亦均人人可以有所貢獻。有感於此，除了再次重申對所有參與研究撰寫、審查以及提供意見的學者專家、民間及行政部門同仁表示最高敬意外，筆者願以從事社會福利（特別是老人福利）教學研究與行政實務25年的經驗與愚見，參考近年來學者專家的研究結果，採取「後設分析」研究途徑，以歸納檢討綜合分析臺灣地區老人福利供需現況，並對未來應作的努力提出具體可行的建議，供作決策規劃與執行以及分配資源編列預算之參考。

第三節　老人福利需求相關研究綜合研析

　　由於臺灣地區人口高齡化的趨勢，愈來愈多的老年人在醫療保健、工作所得、居住（扶養）、休閒活動、心理適應等方面所造成的衝擊，愈受到社會重視，也有許多這些方面的調查研究報告，茲摘要綜述如下：

一、有關老年問題各方面的研究發現

㈠老年人口特徵（謝高橋，1985、1994）

　　婚姻方面：1982 年臺灣地區 50 歲以上人口有 8.5% 未婚，72%有偶，1.8% 離婚，17%喪偶，老年人口多數是有偶的。1990 年 65 歲以上人口未婚者占 7%，有配偶或同居者占 57 %，離婚或分居者占 2%，喪偶者占 33%。

　　教育程度方面：1982 年臺灣地區老年人口有 3.1% 大專以上程度，8.5%中學程度，23%國小程度，8%自習，58 %不識字。不識字比例由 1973 年的 73% 大幅度減少，老人不再是一群文盲。1990 年，不識字者 47.1%，老人教育總體上顯著提升。

　　經濟活動方面：1982 年老人就業者 30%，料理家務者 28%，被收容者 2.3%，衰老殘疾者 36%，其他 4.5%，與 1973 年比較，老人就業者有 27%，尤以男性老年人口較多。

㈡老年人居住狀況（蕭新煌，1983）（內政部統計處，1994）

　　臺灣地區核心家庭佔全國總戶數比例增高，如 1963 年的 54%，1976 年的 69%，但並非表示臺灣地區盛行核心家庭，實因很多老年人擁有不止一個成年子女家庭而必須就子女中擇一家共同居處或由子女輪流奉養同

住，故「折衷家庭」(stem family) 即三代同堂家庭在臺灣地區應屬流行之
居住型態。

　　根據 1979 年調查，臺灣地區有 73～88%老年人居住在成年子女之一
家庭內，而有 6%左右的老人被安置在機構內安養。1985 年對臺北市民的
問卷調查，有 61% 的 65 歲以上老人表示喜歡和兒子媳婦（女兒）同住，
不願孤寂住宿（《聯合報》，1985 年 12 月 18 日）。1993 年 12 月的調
查，老人目前之居住方式，以與子女同住者最多，占 62.19%，其次爲僅與
配偶同住者占 18.63%，再次爲獨居者占 10.47%。而老人心目中理想之居
住方式，以希望與子女同住者最多，占 75.93%，其次爲僅與自己配偶同住
者占 14.74%，再次爲獨居者占 5.14%（內政部統計處，1994）。1990 年時
獨居老人占 12.9%（行政院主計處，1990）。

㈢子女扶養父母的經濟負擔（林忠正，1987）（行政院主計處，1989、1993）

　　1985 年臺灣地區家庭收支調查，65 歲以上老人有 3.5%具有薪資所
得，0.6% 具有財產所得，10.9%具有產業主收入，即僅有 14%左右的老人
真正具有產生所得的能力，而過半數的老人經濟來源則依靠子女扶養。根
據人口老化趨勢，預測未來 50 年內，65 歲以上老人之平均子女數由目前
三人以上而下降至二人以下，其中就業子女（提供扶養）數則由 2 人以上
的平均數值，降至一人以下；預測至 2035 年，個別子女扶養老年父母的
經濟負擔將爲目前經費的三倍左右。這反映子女家庭之經濟負擔過重，也
顯示政府社會福利政策和健全扶養制度的重要性。子女奉養比率呈逐年
遞減，由 1986 年之 65.8% 降爲 1993 年 52.3%，7 年間減 14 個百分點（行
政院主計處，1989、1993）。

㈣老人的疾病（陳宇嘉，1985）（內政部統計處，1994）

　　1979 年調查臺灣省 65 歲以上老人的十大疾病原因爲高血壓、殘障、心

臟病、胃炎、眼疾、氣喘、風濕、中風和腦血管疾病、肺炎、糖尿病（胡人傑，1982），可看出老人多患慢性疾病。根據1981年臺灣地區十大死亡原因與老人年齡層之分析發現，屬於老人疾病最多為腦血管疾病、惡性贅瘤、心臟疾病、高血壓、肺炎、支氣管炎等，此六項死因約占總死亡疾病90%以上（陳宇嘉，1985）。1993年底的調查，老人最近三個月患病率高達五成五，高血壓占第一位有21%，其次為關節炎、風濕症占19.95%，再次為心臟病占8.84%（內政部統計處，1994）。

㈤老人的醫療照顧（白秀雄，1980）（內政部統計處，1994）

對臺灣地區老人退休後是否得到醫療照顧，發現只有56.5%得到醫療照顧，43.5%則無，顯示出高齡長輩的醫療照顧系統之不足，老人醫療救助或醫療（健康）保險制度亟待建立。至1993年底參加醫療保險或就醫優待之老人計占全部老人之68.88%（內政部統計處，1994）。

㈥老人的休閒（陳宇嘉、吳美玲，1984）（內政部統計處，1994）

學者對臺灣省、臺北市、高雄市分別於1976、1979、1982、1983、1984、1986諸年調查發現，臺灣地區老人最常從事的休閒活動依序為①看電視、聊天、看書報雜誌、聽收音機等「消遣性」最多②種花、養鳥等「嗜好性」休閒③登山、打拳等「體能性」休閒④讀書、進修等「知識性」休閒⑤參加志願服務之「服務性」休閒。老人休閒活動早期傾向靜態消極活動如①、②兩項，晚近在動態、積極方面的參與如關懷訪視志願服務等亦逐漸提高。因此主張推展老人運動休閒文康活動外，並普及老人大學、開展老人就業服務、推行老人志願服務及關懷訪視。1993年底，老人最主要休閒活動為看電視、錄影帶或聽收音機者占50%強，而最近三個月內曾參與社會服務者有17萬5千人，占11.83%（內政部統計處，1994）。

㈦老人的勞動力（徐學陶，1982）

1981 年臺灣地區 65 歲以上人口之就業行業以農業最多（40.33%），其次是商業（20.97%）和服務業（22.58%），而老人勞動參與率約有 7.7%，就業人口依職業別分析，以農林漁牧工人最多（41.94%），其次是買賣人員（19.35%）。一般之問卷調查顯示，老人就業志願不高，即使有工作者，大都集中在 65 ～ 69 歲。

㈧老人的社會調適

臺灣地區老人仍趨向於傳統的中國老人角色，自我認知多為「老人的社會經驗豐富」、「人要活到老、學到老」、「人老了，就要事事依賴別人」，並不依賴「養兒防老」的觀念；根據一般的問卷調查顯示，老人健康良好、宗教信仰虔誠、參與社會活動和樂觀進取者，較能獲得良好的社會調適（胡人傑，1982）。

㈨老年人的孤寂感（白秀雄，1980）

接受訪查的老人中，20.9% 未與子女同住，而未與子女同住的老人中 35.9% 感覺到被遺棄、寂寞、孤獨，並認為子女不孝。

㈩老人對目前生活的感覺（內政部統計處，1994)(趙弘靜，1994)(WHO，1993)

感覺快樂者占 23.70%，普通者 62.80%，不快樂者占 13.49%，而感覺不快樂，主要係因身體病痛、經濟問題及感覺孤獨無聊。因而，我國老人自殺死亡率高，如表 6–5、6–7 及 6–8，顯示老人諮詢服務與心理輔導之重要。

二、有關老年福利需求的調查報告

　　老年人的福利服務項目包羅萬象，經由調查研究，發覺老年人的需求內涵，訂定服務措施的優先順序，俾真正滿足老人的需求而落實服務的目標。

　　臺灣地區老人的福利需求，依臺北市、高雄市和臺灣省三部分作綜合比較簡述如下：

㈠臺北市部分

　1. 1985 年市政建設意向調查，市民反映目前最需加強辦理之社會福利措施第一是老人福利、第二是國民健康保險、第三是殘障福利。早在1981年的市民意向調查，市民多反映增設公立安老院、多贊成致送敬老證、多增設老人休閒活動中心、多寄望予以老人免費健康檢查與優待醫療，這些反映意見均獲致政府積極執行。

　2. 1984 年臺北市政府評估「老人福利措施」，老人反映加強福利措施項目依序為①老人看病醫療費用優待②老人長期慢性病療養機構③增加休閒活動中心④增設老人收容安養機構⑤提供老人在宅服務⑥老人諮詢心理輔導活動⑦增設老人自費安養機構⑧老人就業服務（黃俊傑，1985）。

　3. 1986 年市政府社會局對全市 70 歲以上老人問卷普查，希望藉關懷訪視中了解老人需求及其人力資源，動員 3,460 訪問員訪問 83,018 位老人，有效問卷 35,127 份。老人反映需求項目依序為①醫療保健②經濟扶助③文康活動④關懷訪問⑤安養服務，同時發現願意提供志願服務者有 8.1%，其提供項目依序為友善訪問、專知傳授、才藝傳授等。

㈡高雄市部分

此項訪視係依據老人福利法老年年齡的界定以 70 歲以上之老人為訪問對象，倘能納入 65 歲以上到 70 歲「年輕老人」，其願意提供志願服務之比率勢必提高。

1983 年調查高雄市老人的福利需求（陳宇嘉，1985），發現老人最迫切需求為「老人醫療」（依序為健康檢查、醫療半價、巡迴醫療），其次是「老人休閒」（依序為老人活動中心、公車半價、老人社團、旅遊半價、老人旅遊、節慶禮物等），再其次為「老人安養」（依序為生活補助、居家照顧、安養服務、老人公寓興建等）。

㈢臺北市、高雄市、臺灣省之老人福利需求比較（歐陽良裕，1983）

1983 年內政部對臺灣地區 70 歲以上老人從事福利需求調查，抽樣 1509 人，其中臺北市 170 人，高雄市 65 人，臺灣省（包括五市十六縣）1274 人。受訪對象之特性分析，可見幾項意義：

⑴不識字者居多（59.5%）

⑵有偶者（49.3%）和鰥寡者（44.2%）居多。

⑶信仰佛教者居多（48.9%），無信仰者有 8.9%。

⑷從事行業以家庭主婦（28.7%）和農業（28.1%）居多，其次是工人、商人、公務員。

⑸經濟來源由子女奉養占最多數（75.6%），其次靠工作所得（7.1%），靠退休金（5.1%），靠政府輔助（3.7%）。

⑹休閒活動以飲茶聊天和電影電視占半數以上。

⑺居住狀況與子女同居（54.5%）占最多數，其次是夫婦同居且與子女同居（17.4%），夫婦同居（10.3%），由子女輪流奉養（8.7%）。

老人對福利措施之反應意見可歸納如下：

⑴安養方面：臺北市以「增設老人自費安養機構」和「提高貧困老人生活補助」和「加強在宅老人之生活照顧」三頁居多，高雄市亦然，臺灣省則以「提高貧困老人生活補助」和「加強在宅老人生活照顧」兩項居多。可見政府對貧困老人之妥善救助，應屬亟需。

⑵休閒娛樂方面：整個臺灣地區老人均反映「增建老人休閒活動中心」為最迫切之需求。

⑶醫療服務方面：整個臺灣地區老人均反映「免費健康檢查」、「老人傷病醫療費用優待」為最迫切需求，其次是「設立老人療養機構」。

⑷其他服務方面：整個臺灣地區老人均反映希望舉辦居家看護（在宅老人服務）（如老人保健、關懷訪視含家居護理、飲食指導、生活照顧等）宜加強辦理。

⑸臺灣地區老人有63.8%不願住進安養機構或社區安養，還是希望留在家中安享餘年。對於設立安養機構，最優先考慮之條件是「環境清靜」，其次是「交通便利」、「設備完善」、「服務週到」。

⑹臺灣地區老人大多數於患病時，願意到私人醫療院所（中醫或西醫）（50.7%），或至公立醫院（33.6%），僅有7%至衛生所接受服務。可見衛生所功能需作加強和宣傳。

⑺臺灣地區老人有51.1%未志願進修新知技能，願意者有19.6%，無意見者卻佔29.3%。雖顯示多數老人仍具傳統保守心態，但願意參與學習進修之比例逐漸增加。

⑻臺灣地區老人有34.3%願意貢獻知識經驗參與社會服務工作，有31.8%表示不願意，有33.9%表示無意見。即有三分之一老人願意回饋社會。

基於以上分析，臺灣地區老人人數增多，絕大部分老人願意與子女同住，反映子女家庭之經濟負擔將逐漸增高，尤其眾多老人反映健康檢查的免費和醫療費用的優待等需求，更顯示老人醫療經費將逐漸增加，恐非子女家庭所能「輕易」負擔，然而子女奉養父母的傳統倫理美德有待維護與

發揚，因此政府在制定老人福利政策時，首應確立「以家庭爲重心的奉養
制度」而輔以完善的社會安全措施，如以減稅、補助、獎勵等方式以及建
立支持系統，並提供必要協助與支持，推行家庭安養，而對孤苦無依之貧
困老人要加強救助，最好建立老人安養體系（包括居家安養、社區安養及
機構安養，機構安養可分自費、公費方式）。老人醫療保健（含健康保險
及保健服務等），所得安全（老年年金等），精神生活（休閒娛樂）等，
均須政府完善的整體規劃，也應協調、動員、善用社會資源來推展福利服
務工作，同時注意福利分配之合理性，俾真正照顧迫切需求的老人。最近
積極推展的老人大學、志願服務、銀髮貴人在宅服務等措施，雖反映需求
不是很普遍，仍應值得去推展（加強宣導、了解需求、適當規劃），因爲
老人福利措施除滿足大多數老人之一般需求外，對於較少數的選擇性需求
項目亦應在整體規劃範圍之內。像長青學苑（老人大學）等教育進修方案
係近年來新創，受訪老人無此需求的「知識庫存」(stock knowledge)，無
法判斷是否需要（詹火生，1986），而且，長青學苑是屬於老年人選擇性
休閒活動，並不是如健康需求一樣爲每一位老人均必需之需求，並不是每
位老人都有此需求，其平均需求性自然降低（陳宇嘉，1985）。我們必須
肯定不同服務措施有其不同服務的對象與功能，亦即應針對不同服務對象
之需求擬定不同功能的服務方案。所以今後應繼續提供並強化更多老人
大學的深度，並透過宣導鼓勵更多老人參加老人大學之活動。對於許多老
人不知如何休閒或許需要休閒之教育，在這方面進一步提供諮詢服務。

　　綜合上述需求調查，可歸納老人福利需求種類及其內容如下表:

表1-1　老人福利需求項目及其主要內容

①健康醫療需求	②經濟生活需求
免費健康檢查	增加扶養老人親屬
免費醫療	所得稅寬減額
健康醫療服務	減免稅金
設療養機構或中心	貧困老人家庭補助

醫療補助與優待　　　　　　　　經濟救助或扶助
巡迴醫療　　　　　　　　　　　　老人生活或經濟補助
保健或復健服務　　　　　　　　　提供就業或職業介紹
健康保險　　　　　　　　　　　　老年年金

③教育及休閒需求　　　　　　　　④居住安養需求
休閒娛樂活動　　　　　　　　　　設自費安養設施
提供或增設活動中心　　　　　　　安養服務或提供住屋
鼓勵社會參與　　　　　　　　　　提供日托服務
旅遊　　　　　　　　　　　　　　在宅服務與照顧
乘車船優待（公車半價）　　　　　居家護理
老人俱樂部　　　　　　　　　　　老人公寓
老人體育活動
老人社團
推廣文教活動（老人大學）
文藝活動
交誼活動
里鄰服務

⑤心理及社會適應需求　　　　　　⑥家庭關係支持需求
老人諮詢或訪談中心　　　　　　　子女對老人的尊重、關懷、照護
關懷訪問情緒慰藉　　　　　　　　老人對子女之希望的敬重與重視
節慶禮物
受人尊重
友情或受歸屬
自我實現

資料來源：謝高橋，1994。

　　從老人經驗研究文獻發現的老人福利需求項目，整體而言，實與政府現行提供的老人福利措施項目之間高度契合，只是老人所感覺的需求滿意度並不很高（謝高橋，1994）（表 1-2、1-3、1-4、1-5、1-6）。此可能是宣導不足，或是因為人力、財力之不足，僅能提供象徵性的服務，而未能充足、普及的提供，也可能是服務的品質或方式有待改進。政府的一切施政作為應以老人的需求為依歸，並應針對認知與滿意度不高的問題進一步檢討改進。

表1-2　老人需求項目與政府提供福利措施項目對照表

老人需求項目	政府福利措施項目
①健康醫療需求:	
免費健康檢查	免費健康檢查
免費醫療	百歲人瑞免費醫療
健康醫療服務	......
醫療補助與優待	醫療補助與優待、傷病醫療費用優待
設療養機構或中心	養護所、療養院
巡迴醫療	配合衛生局辦理
保健或復健服務	......
健康保險	農保、福保、勞保、公保
......	義診服務
②經濟安全需求:	
增加扶養老人親屬	......
所得稅寬減額	......
減免稅金	
貧困老人家庭補助	經濟補助、生活扶助
經濟救助或扶助	......
老人生活或經濟補助	生活扶助、院外補助
提供就業或職業介紹	......
老年年金	......
③教育及休閒需求:	
休閒娛樂活動	社區活動中心
提供或增設活動中心	文康活動中心、福利服務中心
鼓勵社會參與	鼓勵參與社會、宗教、教育等活動
旅遊	辦理旅遊活動
老人俱樂部	松柏俱樂部、長壽俱樂部、長春俱樂部
老人體育活動	長青運動會
老人社團	社團活動、鼓勵民間成立老人會
推廣文教活動（老人大學）	長青學苑、大學研習班
文藝活動	才藝競賽、傳授老人技藝
交誼活動	自強聯誼、園遊會、慶生會
里鄰服務	銀髮睦鄰活動
......	長青志願服務
	長青花圃
乘車船優待（公車半價）	水陸空交通工具半價優待、市區公車免費
......	觀賞電影與遊覽公共遊樂設施半價優待
④居住安養需求:	
設自費安養設施	自費安養機構
安養服務或提供住屋	公費安養機構、社區性安養設施
提供日託服務	日間託老服務
在宅服務與照顧	辦理在宅服務、住宅維修、居家老人服務
居家護理	居家看護、居家護理
老人公寓	設老人公寓
......	送餐服務、敬老午餐
⑤心理及社會適應需求:	
老人諮詢或訪談中心	長春懇談專線、設諮詢中心提供諮詢服務
關懷訪問情緒慰藉	在宅服務的紓解情緒陪伴聊天、電話訪問
節慶禮物	敬老禮盒
受人尊重	各項敬老尊長活動
友情或受歸屬	聯誼活動、社團活動等
自我實現	老人作品展覽
......	老人問題巡迴講座

資料來源：謝高橋，1994。

表1-3 老人地位與需求的概略關係

需求面向及項目	孤苦無依老人	貧苦老人或 貧苦家庭老人	低收入老人或 低收入家庭老人	一般老人 或一般家庭老人
①健康醫療需求：				
免費健康檢查	√	√	√	√
免費醫療	√	√	－	－
設療養機構或中心	√	√	√	√
醫療補助與優待	－	√	√	√
保健或復健服務	√	√	√	－
健康保險	√	√	√	√
②經濟生活需求：				
增加扶養老人所得稅寬減額	－	√	√	√
減免稅金	－	√	√	√
貧困老人家庭補助	－	√	√	√
老人生活救助	√	√	－	－
提供就業或職業介紹	－	√	√	√
老年年金	√	√	√	√
③教育及休閒需求：				
休閒娛樂活動	√	√	√	√
增設活動中心	√	√	√	√
鼓勵社會參與	－	－	√	√
旅遊	√	√	√	√
乘車船優待（公車半價）	√	√	√	√
老人俱樂部	√	√	√	√
老人體育活動	√	√	√	√
老人社團	√	√	√	√
推廣文教活動（老人大學）	－	－	√	√
文藝活動	－	－	√	√
交誼活動	√	√	√	√
里鄰服務	√	√	√	√
④居住安養需求：				
設立自費安養設施	－	－	－	√
安養服務或提供住屋	√	√	√	－
提供日託服務	－	√	√	√
在宅服務與照顧	√	√	√	√
居家護理	√	√	√	√
老人公寓	－	－	√	√
⑤心理及社會適應需求：				
老人諮詢或訪談中心	√	√	√	√
關懷訪問情緒慰藉	√	√	√	√
節慶禮物	√	√	√	√
受人尊重	√	√	√	√
友情或受歸屬	√	√	√	√
自我實現			√	√
⑥家庭關係支持需求：				
子女對老人的尊重、關懷、照護	√	√	√	√
老人對子女之希望的敬重與重視	√	√	√	√

附注：√ 表示老人可能對此需求殷切
　　　－ 表示老人可能對此需求較不急迫
資料來源：謝高橋，1994。

表1-4 臺灣地區65歲以上老年人口對老人福利之認知及使用滿意百分

福利項目	1986			1991				1986～1991 %差			
	曾經利用	知道但未利用	不知道	曾經利用	知道但未利用	不知道	利用滿意	曾經利用	知道但未利用		不知道
1.醫療保健	16.4	32.7	50.8	55.2	23.2	21.6	48.9	+38.8	-9.5		-29.2
2.敬老優待	38.6	38.1	23.3	58.6	25.6	15.8	45.3	+20.0	-12.5		-17.5
3.文康休閒設施	4.1	23.0	73.0	9.0	51.2	39.8	25.8	+4.9	+28.2		-33.2
4.進修教育	–	–	–	2.9	48.3	48.8	28.7				
5.扶養機構	1.4	49.9	48.7	1.5	55.9	42.5	45.0	+0.1	+6.0		-6.2
6.老人在宅服務	–	–	–	0.4	24.6	75.0					
7.日間託養服務	–	–	–	0.7	22.4	76.9	11.1				

附注： 1.本表數字摘自《臺灣地區老人狀況調查報告》，行政院主計處編印，民80年，第15頁與第72、73頁。
　　　 2.滿意係由原調查之最滿意與滿意兩項合併而成的。

表1-5 年老同胞對各項福利服務的認知、利用與滿意的百分比

福 利 項 目	不知道	利用	利用後滿意
1.設立扶養無依無靠老人的機構	51.7	12.7	55.8（3.61）
2.設立療養癱瘓久病老人的機構	74.6	13.0	65.1（3.86）
3.提供老人文化康樂中心等休閒活動的場所	44.5	27.4	61.2（3.98）
4.提供老人長青學苑等學習的場所	60.4	13.9	57.7（3.50）
5.設立為老年人提供其他各種服務的機構	79.0	19.4	64.3（3.79）
6.興建適合老人居住的住宅出租或出售給老人居住	86.2	12.3	62.8（3.66）
7.定期為老人辦理免費健康檢查	40.0	47.6	59.5（3.56）
8.老人住院醫療費用獲得優待或補助	67.2	26.1	58.3（3.54）
9.老人乘坐公共交通工具半價優待	8.4	77.3	78.1（3.88）
10.老人進入康樂場所及參觀文教設施半價優待	55.3	38.2	73.5（3.84）
11.協助老人找尋工作或參加志願服務	86.9	13.3	53.8（3.44）
12.為行動不便的老人提供在宅服務	87.3	14.1	57.1（3.38）
13.為老人舉辦的各項敬老活動（如慶生會、園遊會）	46.7	40.7	68.3（3.77）
14.舉辦與老人問題有關的巡迴講座等活動	83.2	16.7	62.8（3.69）

附注： 1.本表資料摘取自行政院研究發展考核委員會編印，《我國老人福利法執行成效之評估》。
　　　 2.本項調查日期為民國75年。
　　　 3.滿意係由原調查之最滿意與滿意兩項合併而成的。

表1-6 臺灣地區65歲以上老人對福利措施之認知及利用情形

單位: %

年 別	總計	醫 療 保 健			敬 老 優 待			文 康 休 閒		
		曾經利用	知道但未利用	不知道	曾經利用	知道但未利用	不知道	曾經利用	知道但未利用	不知道
75 年 12 月	100.00	16.42	32.72	50.85	38.62	38.07	23.31	4.05	22.97	72.98
76 年 12 月	100.00	27.46	37.42	35.12	46.15	37.50	16.35	4.89	36.07	59.04
77 年 12 月	100.00	29.05	39.84	31.12	42.90	39.48	17.62	4.61	36.96	58.42
78 年 12 月	100.00	30.55	34.99	34.46	37.72	39.43	22.85	4.39	38.69	56.92
80 年 12 月	100.00	55.22	23.15	21.64	58.60	25.63	15.77	9.03	51.21	39.76
82 年 12 月	100.00	58.82	25.82	15.36	62.91	30.17	6.93	16.15	57.43	26.42

年 別	生 活 照 顧			安 養 機 構			經 濟 扶 助		
	曾經利用	知道但未利用	不知道	曾經利用	知道但未利用	不知道	曾經利用	知道但未利用	不知道
75 年 12 月	-			1.35	49.89	48.75	3.30	23.38	73.33
76 年 12 月	-			1.42	56.15	42.43	-	-	-
77 年 12 月	-			1.18	57.08	41.74	-	-	-
78 年 12 月	-			1.56	53.22	45.22	-	-	-
80 年 12 月	0.66	22.41	76.93	1.53	55.94	42.53	-	-	-
82 年 12 月	5.34	31.50	63.16	5.45	59.70	34.79	3.44	59.06	37.50

附注: 1.文康休閒,包括進修教育。
2.生活照顧,包括在宅服務及日間託老等服務,在80年以前沒有此項調查資料。
3.經濟扶助,在76年至80年間沒有此項調查資料。
資料來源: 行政院主計處,1994。

老年人口未來需求的主要決定因素在於①人口趨勢②家庭模式③居住安排④健康狀況⑤經濟安全。

㈠人口趨勢

影響形成未來老人需求之結構、規模以及形態的諸多因素中,人口變遷(population changes)是扮演最重要的角色。老年人口的年齡組成(age composition),尤其決定對於支持性服務需求之強度。老年人口中,病弱者的規模與比例,左右社區內對於支持性服務的需求。

㈡居住安排

一般而言，兩性之間的生命期望值 (life expectancy) 差距，未來仍將維持穩定趨勢。不過，其間差距可望稍微減少。晚近以來，依生育率與婚姻率，意涵未來擁有子女作為潛在的照護施予者 (care giver) 之老人數量即將銳減，同時，更多的老人可能終其一生單身未婚。日益增加的離婚率加上生育率下降，代表獨居的老人數量亦將增加。

㈢失能與障礙程度

歷年來，死亡率固然銳減，老年人口失能與障礙的水準依然居高不下。是以，老年人口的失能與障礙程度，將是決定未來服務需求的關鍵因素。失能與障礙的老人耗費鉅額社會與醫療成本，是未來護理之家的服務需求的主要指標。故防止老人失能與障礙之各項措施，乃刻不容緩。另加強在宅服務，以協助老人滿足獨立生活之需要，至為重要。

㈣所得收入

老人所得不斷增加，但所得與年齡將呈負向關連，造成顯著差異。婦女參與勞動力將有助於提高女性老年人口的收入，雖兩性間所得差距仍將存在。退休金、老年年金將是未來老人所得主要來源。退休已經成為重要的社會制度，未來，一方面由於提早退休，另方面生命期望值提高，退休後再就業的模式將逐漸出現，此一趨勢，勢將相當影響老年人口的所得（謝高橋， 1994）。

第二章　老人福利供給現況

第一節　全國老人福利供給現況

　　社會全面的進步、生活水準的提高、醫療衛生的改善以及人口政策的推行等，臺灣地區的人口出生率急遽降低，國民平均壽命的延長導致老人人口占總人口數比率的增加，自民國 70 年的 4.41%增爲民國 81 年的 6.8%，至 83 年初，已達 7.1%，邁入聯合國認定的高齡化社會。爲因應日漸增多的老年人口在社會上、經濟上所可能造成的影響，自民國 69 年老人福利法公布以來，各級政府已針對老人之迫切需要，積極推展各項老人福利措施鼓勵三代同堂（如表 2-1、2-2）。

　　現行的老人福利措施包括如下：

㈠老人扶養

　⑴現有公私立老人扶養機構中之 43 所（含臺灣省 38 所、臺北市 4 所、高雄市 1 所），可收容人數約 9 千餘人，其中公費安養老人爲 6 千餘人，自費安養老人約 3 千人。地方政府及民間團體更依實際需要擴建或增建扶養設施，以增加自費安養收容量。

表 2-1　臺灣地區老人福利服務

區 域 別	老人在宅服務人數	敬老日託服務人數	健康檢查人 次	老人志願服務 團隊(隊)	老人志願服務 人數(人)	長 青 學 苑 所數(所)	長 青 學 苑 班數	長 青 學 苑 參加人數(人次)	老人文康中心所數(所)	社區長青俱樂部數(個)
總　計	1,931	1,435	73,683	115	2,802	116	1,252	40,286	215	2,315
臺灣省	1,308	1,250	32,637	110	2,643	87	923	29,012	192	2,238
臺北縣	120	–	2,282	1	78	9	23	690	8	137
宜蘭縣	109	–	2,971	–	–	–	–	–	–	107
桃園縣	25	70	1,976	1	38	7	34	1,229	2	113
新竹縣	74	160	1,456	1	31	8	37	1,280	14	99
苗栗縣	75	79	190	3	135	7	59	1,773	6	73
臺中縣	45	–	2,384	79	1,667	6	120	3,374	6	267
彰化縣	160	–	1,520	1	14	5	49	1,343	–	212
南投縣	10	100	691	–	–	12	63	2,427	10	40
雲林縣	48	28	998	15	412	7	38	1,125	20	154
嘉義縣	78	–	622	–	–	1	2	44	6	161
臺南縣	92	–	1,098	1	15	6	128	3,667	13	238
高雄縣	93	30	5,381	1	14	1	27	678	10	175
屏東縣	22	–	911	–	6	5	56	1,598	4	184
臺東縣	38	–	1,209	1	–	1	3	86	1	69
花蓮縣	8	–	1,284	1	–	1	7	318	4	32
澎湖縣	77	–	61	1	59	1	4	109	–	57
基隆市	84	470	1,729	1	28	2	22	494	7	65
新竹市	60	–	772	1	35	2	56	2,496	35	28
臺中市	37	273	4,008	1	49	4	90	2,847	44	10
嘉義市	28	–	526	1	21	1	27	579	1	9
臺南市	25	40	568	1	41	1	78	2,855	1	8
臺北市	180	35	24,561	1	79	19	196	7,095	4	32
高雄市	443	150	16,485	1	80	10	133	4,179	19	45

資料來源：內政部，1993，臺灣省政府社會處。臺北市政府社會局，1993，以及高雄市政府社會局，1993。

表2-2　臺灣地區扶、療養設施統計表

機構類別 \ 地區別			臺灣省	臺北市	高雄市	小　計	總　計	備　　註
扶養機構	機　構　數		38	4	1	43	43	
	可扶養人數	公費	4,406	1,765	400	6,571	9,689	
		自費	2,292	447	379	3,118		
	實際扶養人數	公費	3,102	1,559	395	5,056	7,495	
		自費	1,740	445	245	2,439		
	實際療養人數	公費	460	0	0	460	631	
		自費	171	0	0	171		
	興建中機構數	新建	6	0	0	6	7	預定84年6月完工增建1處不列入機構總數
		增建	1	0	0	1		
	可扶養人數（自費）		1,200	0	0	1,200	1,200	
療養機構	機　構　數		6	4	1	11	11	
	可療養人數	公費	1,320	122	0	1,442	2,123	
		自費	547	100	32	681		
	實際療養人數	公費	762	117	5	884	1,326	
		自費	319	96	270	442		
	興建中機構數	附設	4	0	0	4	2	臺灣省興建中之4處養護所係附設於扶養機構不另計入總機構數，預定87年底完工
		新建	0	2	0	2		
		可療養人數	540	1,250	0	1,790	1,790	臺北市2處預定87年完工
老人公寓	所　　數		3	2	0	5	5	臺北市3處預定86年底完工
	可扶養人數		880	191	0	1,071	1,071	臺北市2處預定86年底完工
社區安養堂	所　　數		25	0	0	25	25	
	可扶養人數		706	0	0	706	706	
	實際扶養人數		429	0	0	429	429	
榮民之家	機　構　數		14			14	14	
	內住榮民數		16,314			16,314	130,946	
	外住榮民數					114,632		

資料來源：內政部社會司，1993。

(2)社區安養堂: 臺灣省各鄉鎮市公所負責之安養堂 26 所, 共可收容 706 人。

(3)成立老人公寓: 協助老人留住於社區中, 目前臺南市、高雄縣、臺北縣政府獲內政部補助興建老人公寓各乙所, 約有 880 床規模, 預定至民國 83 年 6 月底完成, 另臺北市政府亦已著手籌設老人公寓 2 座, 預定至民國 86 年完工後可增收 191 人。

(4)退輔會主管之榮民之家 14 所, 共收容安養榮民約 1 萬 7 千餘人 (另外住榮民 11 萬 6 千餘人)。

㈡老人療養

為使罹患長期慢性癱瘓老人有適當之養護場所, 現有公、私立療養機構 11 所 (含臺灣省 6 所、臺北市 4 所、高雄市 1 所) 及附設於老人扶養機構之療養設施 17 處, 約 1 千餘床, 其中 3 所老人扶養機構接受內政部獎助興建之附設老人療養 (護) 所 4 處及臺北市政府籌設之 2 所養護中心, 預定至民國 87 年於完工後可增加收容 1 千 7 百餘人。

㈢老人休養、服務

包括老人活動中心、社區松柏俱樂部、長壽俱樂部、老人會等共計約 3 千餘單位遍佈社區。內政部更動用專款補充各機構內部設備, 使其更能滿足老人需求。

㈣低收入老人生活補助

為照顧未進住仁愛之家之低收入老人生活, 臺灣省、臺北市、高雄市每月均補助每人生活費用約 5,400 元。

㈤中低收入老人生活津貼

　　家庭總收入平均每月未達最低生活費用標準（臺北市為 6,640 元、臺灣省及高雄市為 5,400 元、金門縣、連江縣為 4,400 元）1.5 倍，未經政府補助（低收入生活補助除外）亦未經收容安置之 65 歲以上老人，每人每月發給 6,000 元之生活津貼；家庭總收入平均每月為最低生活費用標準 1.5～2.5 倍者，每人每月發給 3000 元。（如表 2-3）

㈥低收入戶老人住宅設備補助改善

　　為鼓勵老人留養家中，內政部補助中低收入戶老人改善、修繕其現住自有屋內衛浴、廚房、排水、臥室等硬體設備。

㈦老人在宅服務

　　為使居住在家中老人，仍能享受政府溫情關懷，臺灣省 21 個縣市及臺北、高雄兩直轄市均有老人在宅服務之提供，目前實施對象以低收入戶及清寒戶為主。

㈧老人長青學苑

　　為提升老人福利服務層次，推展老人文化性福利，內政部補助各縣市、鄉鎮籌建、籌設老人活動中心（或文康中心）或長青學苑，辦理各項適於老人之活動，提供老人再充實、再教育機會並擴大生活層面。

㈨老人醫療服務

　　⑴直轄市及縣轄市政府定期舉辦老人免費健康檢查，公私立醫療院所對老人傷病醫療費用予以優待，老人及其扶養親屬無力負擔醫療費用者，得依法申請醫療補助。

表2-3　低收入戶及中低收入戶老人生活津貼核發狀況

84年 項目 地區	低收入戶家庭生活補助費核發狀況				中低收入戶家庭內若有65歲以上老人其費用核發狀況			
	最低生活費用	地方政府發放標準	內政部補助後發放標準	低收入戶內若有65歲以上老人其費用核發狀況	1.5倍之最低生活費用	核發狀況	2.5倍之最低生活費用	核發狀況
臺灣省	5,400元	一款：2,200元（每人每月）二款兒童：1,600元（每戶限二名）	一款：5,400元（每人每月）二款：3,800元（每戶每月）兒童：1,600元（兒童二人為限）三款兒童：1,400元	每位老人每月加發NT$6,000元	8,100元	6,000元	13,500元	3,000元
臺北市	6,640元	戶長：6,290元戶內人口：4,290元（每人每月）	生活照顧戶：6,290元（每人）生活輔導戶：3,800元（每戶）	每位老人每月加發NT$6,000元	9,960元	6,000元	16,600元	3,000元
高雄市	5,400元	一類戶長：2,100元（每人每月）戶內人口：1,800元二類：1,500元孤苦兒童：1,000元（每人每月）	一類：5,400元（每人每月）二類：3,800元（每戶每月）孤苦兒童：1,800元（每人每月）	每位老人每月加發NT$6,000元	8,100元	6,000元	13,500元	3,000元
金門縣	4,400元	800元（每人每月）	一款：4,400元（每人每月）二款：3,800元（每戶每月）	每位老人每月加發NT$6,000元	6,600元	6,000元	11,000元	3,000元
連江縣	4,400元	一款：1,400元（每人每月）二款：1,400元（每戶每月）	一款：4,200元（每人每月）二款：3,800元（每戶每月）	每位老人每月加發NT$6,000元	6,600元	6,000元	11,000元	3,000元

資料來源：內政部社會司，1995。

表2-4 臺灣地區老人福利措施簡表

內容類別	福利措施	服務對象及資格		服務項目	辦理單位
醫	保健門診(臺北市辦理)	年滿六十五歲以上		免費簡易健康檢查、血壓檢查、醫療服務	各區衛生所
	健康檢查			免費健康檢查	各縣市政府及其合約醫院
療	醫療優待	年滿七十歲以上		醫療費用優待	公私立醫療院(所)、各區衛生所門診
保	中低收入老人醫療補助	1.年滿七十歲以上 2.全戶總收入平均每人每月未達最低生活費用標準2.5倍者		補助醫療費用百分之七十每人每年度以補助新臺幣30萬為限	各縣市政府社會科(局)
健	清寒家庭老人重病住院看護費用補助	1.年滿六十五歲以上 2.全戶總收入平均每人每月未達最低生活費用標準2.5倍者		補助看護費用每人每年度低收入戶最高以十八萬元為限,清寒戶最高以九萬元為限	1.各鄉鎮市區公所 2.臺北市各社會福利服務中心
經	低收入戶老人生活補助及中(低)收入老人生活津貼	1.年滿六十五歲以上 2.全戶總收入平均每人每月最低生活費標準者及低於2.5倍者		按月發給老人生活津貼(詳如附表)	各鄉鎮市區公所
濟 扶 助	老人生活照顧(臺北市辦理)	1.年滿六十歲,未享領臺北市低收入或老人居家生活補助者 2.被遺棄者 3.發生急難事故或特殊事故需扶助且全戶總收入平均每人每月未達最低生活費用2.5倍者		每人每月最高核發新臺幣5,000元最長不得超過一年	向戶籍所在地社會福利服務中心申請及領取
居	在宅服務	1.單身年邁,乏人照顧者 2.無自理生活能力者 3.家中有殘障老人需要協助照顧者	申請資格: 1.年滿六十五歲之老人 2.列冊有案之低收入戶老人全額補助費用	1.家事及文書服務 2.陪同就醫 3.生活指導 4.關懷服務	各省市縣市政府及其委託辦理之團體

家 生 活 照 顧	居家看護服務 （臺北市辦理）	居家慢性病患	3.申請者全戶家庭總收入未達最低生活費用標準2.5倍者，限額補助	1.心理協談、家屬溝通 2.居家環境、衛生處理 3.服藥安全及飲食 4.復健、翻身、叩背 5.視病況需要作必要處理	1.臺北市松年長春服務中心 2.中華民國紅心字會 3.中華民國紅十字會臺灣省分會
	居家護理服務 （臺北市辦理）	1.出院後仍需繼續照顧的病人 2.家庭中長期患病的病人 3.家庭中重病的病人		護理服務、居家照護指導及衛生教育	各區衛生所（向戶籍所在地社會福利服務中心申請）
	日間託老服務	1.年滿六十五歲以上 2.行動方便之長者		1.生活照顧服務 2.午餐、點心服務 3.午憩服務 4.諮詢服務 5.文康休閒服務 6.醫療保健服務	1.各縣市鄉鎮老人（長春）文康活動中心 2.各省、市政府社會處局指定試辦之公、私立老人扶養機構
安 置 頤 養	公費頤養	1.年滿六十足歲之低收入戶或孤苦無依，且無謀生能力者 2.未患法定傳染病、精神病，健康足以自理生活者		各項生活費用由政府免費供給	1.各公立仁愛之家 2.接受政府委託之私立仁愛之家
	自費頤養	1.年滿六十五歲以上 2.未患法定傳染病、精神病或其他疾病，健康足以自理生活者 3.有繳費能力者		社團活動、文康休閒服務及諮詢服務	各公、私立仁愛之家
	養護服務	1.年滿六十五歲以上 2.植物人、中風半身不遂、老年痴呆症等 3.由各種病因引起行動不便需要護理者		老人養護服務	1.臺灣省立彰化老人養護中心 2.各私立老人養護所
敬	半價或免費搭乘公車	1.持敬老證者 2.年滿七十歲者			敬老證申請辦法： 1.設籍該地且年滿

老優待	參觀社教娛樂設施優待	年滿七十歲者	憑身分證免費參觀公立動物園、故宮博物院、國立歷史博物館、省立博物館等設施	七十歲以上者 2.攜帶身分證及照片三張向戶籍所在地區社政單位申請辦理 3.敬老證若遺失,得向戶籍所在地原核發單位申請補發
	敬老禮金	1.百歲人瑞 2.七十歲以上低收入戶 3.公費安養機構院民	贈禮金或禮品	
	敬老季活動	年滿六十歲以上之老人	配合每年重陽節舉辦系列活動	
文康休閒	長春文康休閒服務	年滿六十歲以上者,可持身分證及照片至各長春(老人)文康活動中心辦理會員登記	1.提供文康休閒設施、書籍、期刊 2.舉辦專題講座、藝文社團活動 3.有關老人福利諮詢服務	各縣市鄉鎮之老人(長春)文康活動中心
	長春社團活動及老人長壽俱樂部	1.年滿六十歲以上者,均可至各長春文康活動中心報名參加 2.年滿六十歲以上者,均可就近參加老人會或老人長壽俱樂部	參與康樂性、學藝性、聯誼性及服務性等活動及使用其設施、設備	各縣市文康中心及老人社區長壽俱樂部
	長青學苑	年滿六十歲以上者,可依興趣報名參加各項研習	提供語文、技藝、文史、社經、衛健、科技等課程研習服務	各縣市老人(長春)文康活動中心及相關老人福利機構
	志願服務	1.年滿五十五歲 2.初中畢業以上(諮詢服務組須高中畢業以上) 3.身體健康、熱心參與志願服務者	1.協助推展各項老人服務工作 2.參與長春懇談服務	各縣市政府及老人文康活動中心
	銀髮貴人薪傳服務(臺北市、高雄縣辦理)	年滿五十歲,欲回饋社會,並具備特殊專長者	薪傳技藝,參與公益活動	縣、市政府社會科(局)
關懷	長春懇談專線	年滿六十歲以上之老人	信函處理、文康活動、訊息提供、法律、醫療保健諮詢、家庭生活協談	各公益團體

(2)辦理中低收入老人醫療補助,特別針對全民健保自付額及不給付項

目，提供醫療補助以加強照顧中低收入老人。

⑶辦理清寒家庭老人重病住院看護費，以使老人因重病住院無專人看護期間能獲得妥善照顧。

㈩老人乘車優待

依「老人福利法」第17條規定，老人搭乘國內公、民營水、陸、空公共交通工具、進入康樂場所及參觀文教設施，予半價優待。其中臺北市、臺北縣、桃園縣、基隆市、臺南市、高雄市等六個地區，老人乘車完全免費。

(十一)試辦老人日間照顧服務

自76年度起，由內政部撥款補助縣市及老人扶養機構辦理老人日間照顧服務，可調劑老人日間生活之單調無聊，又可免除就業中子女日間難以照顧老人之困擾。

(十二)試辦屆齡退休研習營

自79年度起，由內政部撥款補助縣、市辦理於三年內將屆齡退休者之研習營，增強民眾規劃自身銀髮生涯之能力及相關知識。

(十三)配合「三代同堂」政策各種措施

除於所擬老人福利法修正草案中明列政府應興建適合三代同堂居住之國民住宅優先提供與老人同住之三代同堂家庭購置或租賃之規定外，另內政部現已透過獎助及委託方式辦理各種老人社區服務，如老人在宅服務、老人營養午餐、改善老人住宅、老人日託服務，期透過各項服務使老人能於家庭中頤養天年，發揮我國固有傳統孝道。

㈢**其他各項福利服務**

除了上述幾個福利措施外，省市政府並依其轄內老人之所需，分別舉辦老人人力銀行、老人志願服務團、老人長青公車、老人營養午餐、老人運動會、園遊會、老人才藝競賽、老人講座、編輯老人長春叢書等。

今後努力的重點：

1.修訂老人福利法，以求健全老人福利法制基礎

法治國家唯法是從，而政策之推行必須有相關法規的頒布，為因應社會急遽需求及我國人口結構老化之趨勢，內政部早已著手收集相關國內外資料及民間反應以利修訂老人福利法時能確實配合社會需求，國家財政狀況，及世界潮流等。老人福利法於民國 69 年制訂至今，諸多福利規定有待加強與充實，在召開多次修法研討會議及相關座談、公聽會後，老人福利法之修訂已朝保障老人經濟生活、醫療保健、精神休閒生活、老人保護及增訂罰則等方向原則來提昇我國老人福利，其修正案已於民國 82 年 11 月 22 日由行政院轉立法院審議中。

該法擬修訂重點包括：

⑴增列各級主管機關應設專責單位或置專責人員以加強業務推展。

⑵規定老人福利行政人員比例及預算來源。

⑶降低老人法定年齡為 65 歲。

⑷修改及充實老人四類福利機構之種類、範圍，並為鼓勵民間參與，擬准許小型設立者免辦財團法人登記。

⑸朝「國民住宅優先提供予三代同堂之國民租賃及專案興建老人住宅」等方式，解決老人居住問題。

⑹增列政府應採社會保險方式逐步實施年金制度之規定。

⑺增訂老人保護相關規定。

⑻增訂罰則。

2.配合老人福利需求，研創老人福利工作措施，逐年增編老人福利工作
　相關預算經費

　　　內政部自 79 年度 2 億餘元，80 年度的 12 億 6,300 百萬餘元， 81 年度
的 10 億 6 千 1 百萬餘元，82 年度的 16 億 3 千萬餘元，83 年度的 28 億 6
千 4 百萬餘元， 84 年度的 61 億餘元。

3.積極宣導公設民營或鼓勵民間參與老人福利工作之風氣，以全面進行
　老人福利建設工作

　　　內政部 77 年 5 月 25 日訂頒之「加強推展社會福利獎助作業要點」規
定中即明訂除了省、市、縣市政府及各公立機構外，各民間、私立立案之
財團法人社會福利機構、寺廟、教堂等都為本部獎助、鼓勵之對象外，更
鼓勵各省市、縣市政府設立推展之各類社會福利設施、措施，採取公設民
營或委託民間辦理、經營之方式進行。

4.規劃以社區發展方式加強老人安養、療養照顧工作，以解決老人居住
　及醫療健康問題

　　　依據行政院主計處之統計資料：民國 75 年 55 歲～ 59 歲者及民國 80
年 60 歲～ 64 歲者希望未來進住機構安養之比率各為 3.17％及 3.54％，該處
於 80 年 12 月底所提之臺灣地區老人狀況調查報告更指出，三個月內有 60
％以上老人曾赴醫院或診所治療，其中病情較重而曾經住院者為 4.11％，
平均住院次數為 1.24 次，每次住院天數 12.88 天，針對老人安、療養及醫
療需求之日益殷切，內政部已朝鼓勵興建老人療養機構增加療養床位或
透過老人在宅服務、老人日託、老人公寓、社區長壽俱樂部或辦理改善老
人住宅設施、老人醫療補助、重病住院看護費用補助及擴大老人免費健康
檢查等社區化照顧服務，協助家庭方便留養老人，並促使老人獲得妥善照
顧。

5.重視觀念啟迪及宣導，並協助老人發揮潛能，再創人生第二春

　　　內政部針對老人人力再運用之工作，係採鼓勵老人獻身志願社會福

利服務工作之方式，亦即為無酬、義務性工作（僅酌給交通費及意外平安保險費），至於老人再投入有酬就業行列，涉及國家整體就業人口結構，就業資源分配等問題，建議宜由政府相關單位（如勞委會、經濟部、人事行政局等）從長審慎研議，惟繼續推動長青學苑、老人大學等以吸收新知並充實生活，提昇境界。

6.研究建立老年年金制度，以保障老人經濟生活安全

　　老人福利需求中經濟生活之保障最屬迫切，全世界已有很多國家提供老人給付措施，並大多數皆採年金制，亦即年金保險已成為當前世界各國社會安全制度發展之共同趨勢，惟在全民年金保險制度尚未建立以前，未納入保險體系之民眾（如老人）則需採生活津貼方式補強其經濟保險。內政部除於老人福利法修正草案增列社會保險方式逐步實施年金制度之規定外，83 年度開辦之中低收入老人生活津貼發放措施即為補強措施之一，84 年度更擴大辦理發放對象及發放金額，期在國民年金制度未實施前保障老人之最低生活水準。

　　迎接高齡化社會之到來，針對高齡化社會之多元複雜，銳意改進，創新業務，為加強推動老人福利服務工作之要訣，內政部為凝聚政府與民間共同規劃推動老人福利服務，除成立「國民年金制度研議小組」自82 年4 月間開始積極研議並辦理先進國家老年年金保險系列座談會，邀集專家學者進行各國年金制度之介紹及比較，並已完成「建構我國國民年金保險制度建議書」暨「國民年金保險法立法要點」草案陳報行政院。

第二節　臺北市老人福利服務供給現況

　　民國 56 年臺北市奉令改制升格為院轄市，各項建設即朝向「現代化的都市」、「三民主義的模範市」而努力不懈。臺北市經由政府和市民一

致努力下，這數十年來的建設成果，已由一個區域性的城市逐步邁向國際大都會之林。

社會福利是臺北市重要建設的一環，配合 54 年民生主義現階段社會政策的實施，促進民生建設，建立社會福利基金，運用專業社工人員，不僅奠定施行社會福利的良好基礎，也促進經濟繁榮和社會發展。至今，臺北市的社會建設也正朝向「福利都市」之目標前進。

為了因應逐漸增多的高齡人口以及滿足老年人的種種福利需求，臺北市舉辦各項老人福利措施已由消極救助性質而趨向積極發展性質，依據老人的需求而施行系列的、創新的服務措施，並按照有系統的施政計畫而編列年度預算，更結合民間力量來共同推動老人福利服務。

本節主旨在說明臺北市辦理老人福利服務工作之進展過程，以及根據調查老人需求之資料顯示，以探討目前老人福利措施的概況，並勾畫出未來推展老人福利的發展取向。

一、人口成長：老人人口逐年增加

臺北市的人口成長極為快速，34 年臺灣光復初期，臺北市人口僅有 26 萬，至 37 年人口已有 35 萬人，後來由於政府播遷來臺灣，大量軍民人口移入臺北市，於 47 年已達 79 萬人；至 56 年臺北市改制為院轄市，合併附近鄉鎮區域，人口已達 158 萬人。自 57 年以後，臺北市人口均呈成長趨勢，如表 2–6，至 76 年人口已有 263 萬人，在 20 年間人口成長率為 64.4%，若與 47 年比較，則 30 年間成長率為 232%，再與 37 年比較，則 40 年間成長率更達 649%，人口數增加了 7 倍餘。這由於臺北市的各項建設突飛猛進，民生富裕，逐漸成為我國首善之區，也是我國政治經濟和文化中心。

更因為公共衛生和醫療保健水準的進步，以及生活環境和國民營養

的改善，臺北市市民平均餘命自 56 年男性 69.28 歲，女性 72.81 歲到75 年男性 75.05 歲，女性 78.76 歲，如表 2-7，均有顯著增加。

再由表 2-6 看出，臺北市 65 歲以上人口在 57 年僅有 37,390 人，佔全市總人口 2.33%，至 76 年已達 148,666 人，佔全市總人口 5.64%，在 20 年間已增加將近 4 倍之多。80 年底 187,167 人佔全市總人口 6.88%，81 年底 195,434 人佔 7.25%，正式邁入高齡化社會，82 年底 202,317 人，佔 7.63%，83 年底 212,420 人佔8.01%，成長極爲快速（臺北市政府主計處，1995 ）。

表2-6 臺北市歷年65歲以上人口成長情形

年	人口總數	65 歲以上人口數	佔總人口百分比%	備 註
1968	1,604,543	37,390	2.33	
1969	1,712,108	41,522	2.43	
1970	1,769,568	43,240	2.44	
1971	1,839,641	47,949	2.61	
1972	1,909,067	52,006	2.72	
1973	1,958,396	55,679	2.84	
1974	2,003,604	59,953	2.99	
1975	2,043,318	63,342	3.10	
1976	2,089,288	67,850	3.25	
1977	2,127,625	72,266	3.49	
1978	2,163,605	79,673	3.68	
1979	2,196,237	85,290	3.88	
1980	2,220,427	90,482	4.08	
1981	2,270,983	97,220	4.28	
1982	2,327,641	104,615	4.50	
1983	2,388,374	109,579	4.59	
1984	2,449,702	118,098	4.82	
1985	2,507,620	127,944	5.10	
1986	2,575,180	136,179	5.29	
1987	2,637,100	148,666	5.64	

附注：80 年底 187,167 人，佔全市人口 6.88%；81 年底 195,434 人，佔 7.25%；82 年底 202,317 人，佔 7.63%，83 年底 212,420 人，佔 8.01%，臺北市政府主計處，1995 年。

資料來源：臺北市政府主計處，《民國76年臺北市統計要覽》，1987 年，第68~73 頁。

表2-7 臺北市居民歷年平均餘命比較表

年	男（歲）	女（歲）	備　　　註
1967	69.28	72.81	
1971	70.07	74.20	
1976	72.05	76.56	
1981	73.09	77.75	
1986	75.05	78.76	

資料來源：臺北市政府衛生局，〈76 年臺北市公共衛生業務年報〉，
　　　　　1988 年 3 月，第 6 頁。

　　臺北市居民平均餘命增長，老年人口數量亦逐年增加而趨向「高齡化
社會」的形成，如何因應這種社會變遷帶來的問題以及滿足眾多老年人的
需求，正是老年人福利服務所關注的。

二、老年人的問題與需求

　　「老化」(Aging) 帶給老年人有生理、心理、經濟、社會等四層面的
衝擊，老年人由於個別的處境與遭遇不同，其晚年生活的問題與需求也不
盡一致；但根據調查研究報告，可以發現需求的傾向和問題的重點。以下
就有關臺北市老人福利的調查報告分析之：

㈠70 年臺北市市民需求意向調查

　　在老人福利方面市民多反映增設公立安老院、致贈敬老證、增設老人
休閒活動中心和惠予老人免費健康檢查與醫療優待等。74 年市政建設意
向調查，市民反映最需加強辦理之社會福利措施，首推老人福利。這些反
映意見在 76 年皆已獲市政府積極執行並具相當績效。

㈡72 年內政部對臺灣地區 70 歲以上老人做福利需求調查

　　臺北市老人認為應該加強辦理的福利服務項目是：

⑴安置頤養：增設公立老人自費安養中心、提高貧困老人生活補助、加強在宅老人之生活照顧等。

⑵休閒娛樂：增建老人休閒活動中心、加強社區老人娛樂活動等。

⑶醫療服務：免費健康檢查、醫療費用優待、設置老人療養機構等（歐陽良裕，1983）。

㈢73 年臺北市政府評估老人福利措施

老人反映應加強辦理的福利措施項目，依其需要強度順序為：⑴醫療費用優待，⑵設置老人療養機構，⑶增設休閒活動中心，⑷增設老人安養機構，⑸提供老人在宅服務，⑹提供老人心理輔導及諮商服務，⑺增設老人自費安養中心，⑻老人就業服務等。可看出老年人對醫療保健、文康休閒和安置頤養之重視（黃俊傑，1985）。

㈣75 年臺北市政府社會局對全市 70 歲以上老人做問卷普查（受訪人數 28,012 人）

老人反映需求項目依序為：⑴醫療保健38 ％，⑵經濟扶助17.8%，⑶文康休閒 16.5%，⑷關懷訪問 14.4%，⑸安養服務 12.1%，⑹其他 1.2%。（白秀雄，1987）。

基於以上調查報告，可以了解臺北市老年人的需求傾向，和希望加強辦理的福利服務項目，作為擬訂老人福利服務計畫的依據。如表 2-8，以醫療保健、安置頤養、文康休閒、經濟扶助、關懷訪視、進修研習、在宅服務和志願服務等 8 項需求項目來解決老年人生理、心理、經濟和社會等層面之問題，每項需求均制訂服務重點，並列入年度施政計畫，配合編列經費預算來實施。同時為制訂整體性老人福利服務發展計畫，在施政過程中，也擬訂近程、中程、長程之服務計畫，作有系統、有步驟逐項施行。

表 2-8　臺北市老人需求項目和服務重點

問題層面	需求項目	服　　務　　重　　點
生　　　理	醫療保健	免費健康檢查，醫療費用優待，籌設療養機構。
生　　　理 經　　　濟	安置頤養	擴建公立安養機構，設置自費安養中心。
生　　　理 心　　　理 社　　　會	文康休閒	增設老人文康活動中心，強化社區老人活動內容。
經　　　濟	經濟扶助	提高貧困老人生活補助，加強照顧低收入老人，提供就業服務。
心　　　理 社　　　會	關懷訪視	宏揚敬老美德，舉辦敬老活動。
心　　　理 社　　　會	進修研習	擴大辦理長青學苑研習班，舉辦老人進修大學課程。
生　　　理 心　　　理 經　　　濟	在宅服務	強化在宅服務工作內容，加強培訓在宅服務員。
心　　　理 社　　　會	志願服務	擴大辦理長青榮譽服務團活動，研究規劃高齡人力運用。

三、臺北市老人福利服務措施之演進與展望

　　臺北市社會福利工作，依據 1965 年中央政府頒佈「民生主義現階段社會政策」，積極推動各項社會福利措施。改制前，社會福利工作以「濟助貧困」為目標；56 年改制後，擴大救助對象，由消極救助而積極輔導，由部分補助而全面照顧，更由政府主導而結合民間資源共同參與。

　　臺北市社會福利發展計畫是採累進、持續方式，自改制後迄今 30 年間，先後制訂實施「安康計畫」（61～73 年）和「第一期六年中程計畫」（72～77 年），以及第 2 期 6 年中程計畫（78～83 年），並將以西元 2000 年為導引的長程計畫亦在規劃當中，在配合社會變遷、都市發展及

市民需求之前提下，對社會福利工作作一整體性之發展計畫。從這二項計畫中，可以看出臺北市老人福利服務措施之進展過程及其未來發展取向，說明如下：

(一)安康計畫（61～73 年）

臺北市安康計畫於 61 年公布實施，其主旨乃改善貧民生活，輔導貧戶自立自強，脫離貧窮，做到「兒童有保障、壯年有職業、老人有安養、病殘有照顧、貧民有住所」，由照顧老弱貧病著手實施。安康計畫區分為近程（62～65 年）、中程（66～69 年）、長程（70～73 年）三個階段實施，並集重點於近程計畫，延伸發展。各階段所施行之有關老人福利措施重點為：

1.近程計畫階段：延續「擴大社會救助」之工作目標，加強照顧貧病單身老人，如①提高生活補助費，②貧困老人免費醫療救助，③充實與改善老人安養設施（市立廣慈博愛院成立於 58 年，這期間整建房舍以擴大收容；並補助私立愛愛院增建設施以增加安置無依老人），④協助興建榮譽國民之家以安養單身退除役官兵，以及⑤興建平價住宅供貧戶借住等。此階段之老人福利工作特色即是經濟扶助，安置頤養與醫療保健等三項目之需求滿足。

2.中程計畫階段：延續近程計畫之各項措施，如①擴大辦理貧困老人醫療保健服務，②繼續加強貧困老弱之安養照顧，③繼續興建平價住宅，④調整貧困者家庭生活補助金，⑤推動社區發展工作以關懷貧苦無依老人等。此階段之老人福利工作特色仍具近程計畫之救助色彩，唯逐漸由貧民照顧而擴及低收入市民，並擴大生活照顧層面，以社區關懷方式來救助老人。

3.長程計畫階段：由於 69 年相繼頒佈「老人福利法」、「社會救助法」和「殘障福利法」，使得有關老人福利工作的推動有了更大的依憑。安康計畫的「濟助貧困」工作目標，由近程和中程兩計畫階段計 8 年的努力，

已有顯著成果，而長程計畫階段演進至 80 年代，爲因應社會環境的變遷和需要，並配合福利法規之頒布施行，殊有必要朝向更有理想與計畫的目標。老人福利工作的「安置頤養」項目創辦自費安養中心，「醫療保健」項目創辦 70 歲以上老人全面建立健康管理卡實施計畫，「經濟扶助」項目隨物價水準而提高生活補助費等，皆較中程計畫階段更爲創新，且擴大服務範圍和提昇服務品質。由於這階段併行推動第一期 6 年中期計畫，因此老人福利措施也由「濟助貧困」之單純功能而進入「全面照顧」、「提昇服務品質」和「充實精神生活」等多元功能之階段（《推行安康計畫概況報告》，64 年；《臺北市改制 20 年》，77 年）。

㈡3 期 6 年中程計畫（72 年～89 年）

　　臺北市社會福利建設以民國 89 年爲目標而規畫 3 期 6 年中程計畫，第 1 期 72～77 年，第 2 期 78～83 年，第 3 期 84～89 年。第 1 期 6 年中程計畫已執行完成，第 2 期的中程計畫亦已執行完成，而第 3 期的中程計畫以目前而言，正全力執行中。爲了分析方便起見，著眼老人福利工作之整體發展計畫而言，把第 1 期計畫視爲已完成之近程計畫，第 2 期則視爲繼續執行之中程計畫，而以第 3 期計畫爲達成目標之長程計畫。

　1.近程計畫（72～77 年）：前文已述及根據 70 至 76 年間所做老人福利需求調查研究報告而彙整老人需求項目計有八項，茲逐項說明如下：

　　①醫療保健：臺北市的老人保健醫療服務，早在 62 年曾制訂服務計畫，設立老人保健醫療門診和實施健康檢查（在各區衛生所），免（減）費給藥治療等，至 70 年實施 70 歲以上老人全面建立健康管理卡，護士定期訪視做保健指導和健康檢查，居家護理，心理衛生等，76 年 70 歲以上老人有 71,366 人，已建卡數 44,440 人，佔62.7%。至 73 年實施「中老年疾病防治計畫」，包括 65 歲以上老人免費健檢有 183,634 人次，平均每人有 1.26 次，舉辦居家護理訓

練計 90 班次，受訓有 3,593 人。由表 2–9 可看出老人醫療服務次
數和經費歷年成長之趨勢。

表2–9　臺北市歷年老人保健醫療 人次／經費 比較表

年	老人保健服務統計 (人次)	平均每人使用次數	老人保健醫療服務使用經費 (元)	平均每人使用金額
1975	28,652	0.45	992,982	15.68
1976	35,767	0.53	997,109	14.70
1977	57,632	0.78	4,800,502	64.64
1978	72,596	0.91	5,146,688	64.60
1979	84,421	0.99	5,483,711	64.30
1980	92,815	1.03	6,322,511	69.88
1981	116,421	1.20	7,274,582	74.83
1982	139,423	1.33	8,631,499	82.51
1983	141,104	1.29	10,116,503	92.31
1984	137,728	1.17	10,462,748	88.60
1985	158,651	1.24	10,577,913	82.68
1986	154,536	1.14	12,176,020	89.41
1987	183,634	1.26	13,300,554	91.12

注：當年 65 歲以上人口數照表 2–6 所示。
資料來源：同表 2–7。

　　73 年實施「臺北市老人傷病醫療費用優待辦法」，年滿 70 歲
老人享有醫療費用打折優待。76 年市立廣慈博愛院增設「老人養
護所」竣工，可增收重殘老人 122 床，提供妥善照顧。

②安置頤養：廣慈博愛院興建於 56 年，目前收容孤苦無依老人1,212
人提供全額免費照顧服務。75 年增設浩然敬老院，亦屬公立免費
安養機構，收容414 人，目前正進行第二期工程，可增收 400 人，
並充實各項生活設施。政府每年補助私立愛愛院，委託收容無依
148 人，目前也整建房屋增加收容量。72 年興建第一座老人自費安
養中心，安置有繳費能力的老人 100 人，目前正進行第二期工程，
可增收 230 人。因此，在近程計畫增加安置老人有 730 人。

③文康休閒：近程計畫中已先後設立東、西、南、北等四個老人長青
　文康活動中心，成立老人社團，提供老人聯誼研習活動場所。舉辦
　老人才藝展覽、趣味競賽、旅遊參觀、專題講座等。輔導社區成立
　「松柏俱樂部」，鼓勵老人自組聯誼性社團，在社區內結合志同道
　合的老人，常相歡聚，目前全市 137 個社區有 51 個松柏俱樂部，
　並正繼續輔導設立，裨益老人休閒生活。

④經濟扶助：安養機構老人得到食、衣、住、行、醫療、康樂等照顧
　服務，並每月領有零用金，各項生活給養之數量和金額皆隨每年
　物價水準作適當調整提高。社區低收入老人（生活照顧戶）每月領
　有生活補助費，並可申請借住平價住宅。安養機構也實施「院外生
　活」辦法，機構老人可住宿社區中而領有機構發給之生活津貼。貧
　病老人可申請急難救助、喪葬補助、醫療優待（如精神病患全額免
　費，洗腎者部分補助）等。輔導老人再就業以增加收入之計畫，刻
　正研議中。

⑤關懷訪視：70 年起，致送全市 70 歲以上老人每人領有「敬老證」，
　以享受「老人福利法」所規定之各項權益。72 年起，實施 70 歲以
　上老人免費搭乘本市公車，嘉惠老人。每逢敬老節（農曆 9 月 9
　日），舉辦「敬老季」系列活動，政府倡導，民間響應，掀起社會
　敬老美德。76 年敬老季活動，包括溫馨關懷（社工員訪視並致贈
　全市 83,018 名 70 歲以上老人每人敬老禮金和福利服務手冊、表
　揚模範老人、市長慰問百歲人瑞）、文康休閒（實施老人專車服
　務、暑期進修班、結婚 50 週年金禧之慶活動、登山健行）、醫療
　保健（生活系列講座、養護所啟用收容、辦理居家護理）、展現才
　藝（長青學苑作品展、各類才藝觀摩和競賽）、社會服務（福利需
　求座談會、規劃高齡人力運用、長青榮譽服務團授證與聯誼）等，
　頗受老人歡迎。

⑥進修研習：72 年起，在各區老人長春文康活動中心和安養機構內
開辦「長春學苑研習班」，包括語文、國畫、書法、陶藝、園藝、
國劇、綜合才藝等班，迄 76 年計辦理 135 班，共有學員 3,566 人，
各頒發「退齡碩學」結業紀念證書。76 年並創辦老人大學進修班，
辦理老人到大學選修或旁聽課程，計有 6 班，學員 46 人；也舉辦
暑期研習班，學員 60 人；老人皆興緻勃勃，踴躍報名參加。

⑦在宅服務：72 年創辦老人在宅服務工作，為本市低收入孤苦無依
老人提供家事、文書、陪同就醫、精神支持、休閒活動等項服務，
由社工員督導在宅服務員（約僱）在劃分責任區域內展開服務工
作，平均每月服務計 1,640 件，以照顧未能進住機構安養的老人，
協助其居家生活。另招訓居家護理工作人員，以加強在宅服務工作
內容。

⑧志願服務：73 年起推行志願服務制度，公開召募志願服務員，鼓
勵退休老人參與志願服務，組成「長青榮譽服務團」。分布於各區
老人文康中心、安養機構、平價住宅和各社區內，展開各項福利服
務工作。76 年開辦「長青懇談專線」，培訓老人志工在文康中心
從事諮詢服務；並設置「高齡人力研究規劃小組」和試辦「老人人
力銀行」，俾擴大推展老人志願服務工作，並規劃結合就業輔導單
位協助老人再就業。

因此，臺北市老人福利服務工作自 69 年後已開創許多新措施，不僅
擴大救助照顧的範圍，也努力提昇服務品質，充實工作內涵，使老人福利
工作進入新的境界。

2.中程計畫（78～83 年）

其於近程計畫已對老人福利工作做了規劃的藍圖，並有了辦理的經
理，故在中程計畫中以近程施行之基礎，再做完善的規劃，以老人需求的
八大項目說明如下：

①醫療保健：除了運用政府預算來辦理老人的醫療補助，並結合民間資源捐助作爲基金，以專款補助患重大傷病或慢性病的老人，俾加強醫療照顧。普及各市綜合醫院設立老人保健醫療門診或設置專責老人醫院，俾提供普遍性服務；並建立醫療服務網路，使衛生所、市立綜合醫院、專責老人醫院三者形成轉介體系，裨益老人醫療保健。

　　加強「中老年疾病防治計畫」之實施，以預防重於保健，加強居家護理和防治重大慢性疾病（高血壓、糖尿病等）。並增設老人養護機構，輔導私立養護中心的設置並列入管理。

②安置頤養：近程計畫中各安養機構（免費和自費）皆施行擴建工程，將使老人安置人數增多，也促使各安養機構充實生活設施，提高服務品質，尤其是提昇精神生活層面。將依漸受重視之自費安養需求傾向，對自費安養機構的組織型態和經營方式，規劃明確之發展方向。同時，鼓勵民間團體（如寺廟、教會等）設置社區安養堂，發展「社區照顧」之模式。

③文康休閒：繼續增建各區老人文康活動中心，充實活動項目，建立休閒服務網路期達普遍化、多元化功能之服務目標。規劃實施「託老服務」、「敬老午餐」，擴大辦理「長春懇談專線」諮詢服務和「老人專車」服務。繼續輔導社區普遍組織松柏俱樂部，擴大老人參與活動。

④經濟扶助：提高低收入老人的各項生活補助，擴大辦理安養機構「院外生活」補助。研議建立退休老人年金制度，輔導老人有關再就業、投資、理財、再創業等觀念和作法。

⑤關懷訪視：加強倡導家庭養老、社會敬老的傳統美德，運用大眾傳播媒體以宣揚溫馨關懷的實際作法，並落實福利措施來實質嘉惠老人。

每年推展「敬老季」活動，因應老人需求和社會教育功能、規
劃創新、實效的系列活動項目。

⑥進修研習：擴大辦理文康中心長青學苑研習班，依研習項目性質開
辦長期（10 個月）、短期（3 個月），滿足老人自由選擇和擴大學
習領域。連繫各大專院校，擴大開辦老人大專暑期班和大專進修班
（選修學分或旁聽），並以各校特色而開辦專業課程和綜合課程，
俾利老人選擇。

⑦在宅服務：擴大辦理在宅服務工作，包括增僱在宅服務員，委託民
間機構辦理訓練，普及各社區推展、強化在宅服務醫療護理項目，
結合更多民間財力、人力資源共同參與等。

⑧志願服務：規劃高齡人力運用之推展措施，並普設老人人力銀行，
再聯繫就業輔導單位共同配合，以專責推動老人志願服務和轉介
就業服務，俾協助老人再參與社會服務行列。

3.長程計畫（84～89 年）

臺北市的市政建設目標是建設臺北市成為有朝氣、有秩序、有禮貌，
具有中華傳統文化，並融合現代科技發展的國際都市；其中「增進福利服
務」為主要目標之一，而「加強老人福利」為其中重要辦理項目。臺北市
以民國 89 年為目標年的長程計畫，是市政建設長程策略性施行方案與計
畫作為，以追求一個兼具經濟建設與社會責任的「福利都市」，在老人福
利服務的八大需求項目，其長程規劃目標是：

①醫療保健：廣設老人專科醫院和養護機構，以徹底照顧老年病患。
強化老年保健計畫，促進老人「長壽且健康」。

②安置頤養：加強輔導建立家庭奉養制度以彰揚孝親敬老倫理美德，
配合推展社區安養照顧體系（社區安養堂、老人公寓、日間照顧
中心），以發揚社區關懷之互助意識。改善老人安養機構採小型
人數、分類照顧（健康、輕殘、重殘）之型態，並增建自費安養中

心，提高服務品質，以符老人安養需求。

③文康休閒：完成各區老人文康活動中心休閒服務網之建立，配合各個社區松柏俱樂部之活動功能，以達「活動普遍化、參與大眾化、輔導專業化」之工作目標。

④經濟扶助：研議實施老年年金制度，配合擴大老年社會救助範圍，以落實老人「免於匱乏」之經濟需求。

⑤關懷訪視：掌握低收入老人的個案輔導資料，落實關懷和救助功能。配合在宅服務工作，實質協助低收入老人，並經常舉辦敬老系列活動，擴大老人參與。舉辦老人需求調查，以制訂實質效益的服務方案。

⑥進修研習：充實長青學苑研習班的課程，擴大老人學習領域，並推展社區老人教育，運用學校、圖書館、文教中心等，提供老人學習場所。提昇老人大專進修的層次，以「求知、實用、榮譽」原則，鼓勵老人參與並進而再貢獻社會。

⑦在宅服務：建立老年在宅服務網路（如社區老人醫療福利中心）以在宅服務、文康休閒、醫療保健、安置頤養、經濟扶助等服務體系，構成轉介網路，使在宅服務工作落實嘉惠老人；服務對象亦擴大至一般社區家庭老人，並倡導民間設置在宅服務公司，擴大在宅服務效能。

⑧志願服務：全力推展高齡人力運用，普設老人人力銀行，擴大組織長青榮譽服務團，展開各項志願服務工作，並協助老人再就業，以開拓老人的「第二度事業」。

　　臺北市老人福利工作是有計畫的發展取向，各項服務措施以老人需求爲依歸，建立工作制度化和服務網路爲努力目標。

四、75～78年臺北市政府社會局辦理老人福利工作預算編列情形

臺北市政府社會局辦理老人福利工作，其預算經費係採「計畫預算制」來編列，即依事先擬定之各項計畫或方案而編列年度預算經費支應之，如表2-10。以社會局在75～78年之四年間預算編列情形（不包括人事費、辦公費等項）來說明推展老人福利工作之經費預算；仍以老人福利需求項目中之醫療保健、安置頤養、文康休閒、關懷訪視，經濟扶助等五項來說明（進修研習和志願服務兩項，目前尚包括於文康休閒項目中，在宅服務乙項也間接在關懷訪視項目中運作）。唯這些預算經費皆係由政府編列在年度內送市議會審查通過後，按年度施政計畫而施行，並未包括結合民間力量和運用社會資源的經費情形。由表2-10中，我們說明幾點如下：

⑴75～76年含預算和決算兩部分，77～78年爲預算部分。決算數超過預算數的原因係因計畫方案之變更而增加經費，和75年醫療補助，76年中老年疾病防治經費，因放寬醫療補助標準或醫療費用單價增高，也有老年人數增多等諸因素。同樣情形，可以發現醫療保健經費係逐年增多，爲滿足老年人最爲需求的福利項目，如77年後醫療保健經費佔老人福利工作預算之一半以上。

⑵75～76年兩年安置頤養經費極爲龐大，因有浩然敬老院和自費安養中心的二期工程經費，77年後因工程竣工，僅編列設備和給養費等。78年自費安養中心預算因按議會對該中心「自給自足」之要求目標，而僅能編列部分設備費而已，故經費數額極少。

表2-10　臺北市政府社會局編列老人福利工作預算概況表

年度 預算額(元) 需求項目	1986 預算	1986 決算	1987 預算	1987 決算	1988 預算	1989 預算
醫療保健　中老年人疾病防治	12,468,000	12,176,020	12,478,000	13,300,554	20,964,000	25,824,000
醫療保健　醫療補助(60%)	116,080,000	119,440,178	210,792,000	189,555,455	232,926,858	325,124,000
醫療保健　小　　計	128,548,000	131,616,198	223,260,000	202,856,009	253,890,858	351,948,000
醫療保健　佔年度老人福利預算比例	33.3%	35.7%	39.7%	40.1%	52.2%	53.9%
安置頤養　委託私人機構安置	11,510,000	6,967,550	13,370,000	7,185,000	14,500,000	14,432,000
安置頤養　廣慈院年度預算	64,037,258	55,072,041	71,228,662	57,804,931	76,714,000	95,023,117
安置頤養　浩然院年度預算	53,032,948	52,785,161	28,102,340	23,320,391	34,633,000	38,525,490
安置頤養　自費安養中心年度預算	44,290,000	44,290,000	117,283,320	117,283,320	931,000	52,800
安置頤養　小　　計	172,870,206	159,114,752	229,984,322	205,593,642	126,778,000	148,033,407
安置頤養　佔年度老人福利預算比例	44.8%	43.3%	41.0%	40.5%	26.1%	22.7%
文康休閒　松柏俱樂部補助費	150,000	150,000	150,000	150,000	400,000	120,000
文康休閒　文康中心設備活動費	1,444,270	1,164,960	2,034,585	1,812,573	148,200	151,808
文康休閒　小　　計	1,594,270	1,314,960	2,184,585	1,962,573	548,200	272,808
文康休閒　佔年度老人福利預算比例	0.4%	0.4%	0.4%	0.4%	0.1%	0.1%
關懷訪視　免費搭乘公車(87.5%)	26,446,875	26,293,006	36,750,000	36,288,539	31,500,000	40,250,000
關懷訪視　敬老禮金及住宅訪視服務費用	16,779,520	16,623,676	18,669,660	16,860,928	22,396,380	24,021,932
關懷訪視　小　　計	43,226,395	42,916,682	55,419,660	53,149,467	53,896,380	64,271,932
關懷訪視　佔年度老人福利預算比例	11.2%	11.6%	9.9%	10.5%	11.1%	9.8%
經濟扶助　生活照顧戶補助金(75%)	32,400,000	26,355,375	40,500,000	33,405,750	37,260,000	70,800,000
經濟扶助　急難救助(貧困榮民)	1,500,000	1,500,000	1,500,000	1,500,000	1,500,000	3,000,000
經濟扶助　喪葬補助	600,000	550,000	3,000,000	3,000,000	45,000,000	7,000,000
經濟扶助　三節慰問(50%)	5,183,550	4,522,250	5,289,550	5,114,850	8,224,000	7,098,800
經濟扶助　小　　計	39,683,550	32,927,625	50,289,550	43,020,600	51,484,000	87,898,800
經濟扶助　佔年度老人福利預算比例	10.3%	9.0%	9.0%	8.5%	10.5%	13.5%
合　　計	385,922,421	367,890,217	561,138,517	506,582,291	486,597,438	652,423,947
老人福利預算 社會福利總預算	999,799,000	924,373,357	1,209,350,000	1,101,265,000	1,206,919,148	1,508,477,809
年度有關社會福利預算比例	38.6%	39.8%	46.4%	46.0%	40.3%	43.3%

⑶75～76 年兩年文康休閒經費包括興建南、北兩區老人長春文康活動中心之工程和設備費，故數額較大，至 77 年後經費變少（惟補助社區松柏俱樂部經費增加很多，係按議會決議擴大此項活動）；實際上，各項老人文康休閒活動並未減少，而係結合社會資源來贊助各項活動之舉辦。因此可看出，文康休閒經費在老人福利工作預算編列僅佔極少數，而運用許多民間力量來支助。

⑷關懷訪視項目以提供 70 歲以上老人免費搭乘公共汽車，和致送敬老禮金兩項經費較爲龐大；前者係由政府補助老人免費乘車經費的一半，另一半則由聯營公車優惠老人（殘障者亦享有此項免費乘車之權益）；後者係每年敬老季活動中，由社工員親訪 70 歲以上老人家中致送禮金（每人200 元）。由於老年人數逐漸增多，可看出經費之逐年增加。

⑸經濟扶助項目以發放生活照顧戶（老年人佔 75 ％）經費最龐大，由於人數增多且提高補助金額（77 年由原來每人每月 1,200 元提高爲 1,800元，76 年再將 70 歲以上老人每月 1,800 元提高爲 3,600 元），故經費成長較多，喪葬補助費因提高金額而增多（每人 15,000 元提高至 23,000 元）。

⑹由前述五大需求項目之經費比較，可以看出醫療保健最多，安置頤養其次，經濟扶助第三；然由於機構大型安養型態逐漸改由社區照顧方式，並且在提高貧困老人之生活輔助之因素下，經濟扶助經費將超越安置頤養經費，而與醫療保健並列爲老人福利工作政府預算支出之最大兩項。至於文康休閒和關懷訪視兩項之發展趨勢，仍應結合民間力量來共同推展才是。

⑺由老人福利預算佔社會福利預算之概略比例看來，老人福利工作應是重要的一環，而且日漸受重視，幾佔五分之二之比重。其中有關醫療補助、免費搭乘公車、生活照顧戶補助金、三節慰問等四項因服務對象不限老人，故其預算數皆以概估比例計算之，如醫療補助預算 60％用於老人。

臺北市政府社會局因應高齡化社會之即將來臨，以老年人需求調查

為依據，擬訂醫療保健、安置頤養、文康休閒、經濟扶助、關懷訪視、進修研習、在宅服務和志願服務等八大老人福利需求項目。並配合自 70 年起規劃訂定「三期六年中程計畫」來實施，此乃延續臺北市自 56 年改制為院轄市後所施行「安康計畫」之施政目標，而以民國 89 年為目標年之系列施政計畫。本文即以說明這八大需求項目之近程、中程、長程計畫之概要，並以 75 至 78 年政府預算編列概況來補述之。

推展老人福利服務工作，旨在促進「老有所安」（經濟扶助、關懷訪視、在宅服務）、「老有所養」（安置頤養）、「老有所健」（醫療保健）、「老有所樂」（文康休閒）和「老有所為」（志願服務、進修研習）等五大目標，臺北市社會局所努力規劃施行的老人福利工作，亦即促成這五大目標之達成，亦是建設臺北市為一個現代化「福利都市」之重要指標。

第三節　高雄市老人福利服務供給現況

時代進步，社會變遷，若干社會現象原本不是問題，而今却變成了社會問題。在農業社會中，由於倫理孝道及大家庭之維繫，老人的地位，備受尊崇，根本無所謂老人問題之發生，但目前由於工商業社會改變了經濟與家庭的結構，同時醫藥衛生的進步，人類平均壽命不斷延長，高齡人口繼續增多，形成老年問題。貧困無依老人生活成問題，有待加強收容安養措施，一般老人則因核心家庭之盛行，使老人和子孫親情減弱，獨居老人數量日增，再加上都市生活緊張，工作繁忙，人際間關係日趨淡漠。人到了垂暮之年，最需要人情的溫暖，而都市生活之非私人的、間接的、冷漠的情形，是令人最難忍受的。工業發達的都市社會，一切強調創新速變與效率，講求效率，知識爆發，日新又新，瞬息萬變。在這種情況，老年人

自然無法與年輕人競爭，因爲老年人長於經驗，年輕人長於創新與速變，在這種重視創新、速變與效率的現代都市社會中，老人的地位及其受尊敬的情形就每況愈下了。

　　高雄市老年人口（以 65 歲以上計算），在民國 60 年爲 16,645 人，佔當時全市總人口之 1.9%，到了 70 年計有 35,757 人，佔2.91%，十年間增加 19,112 人，增加率爲 215%。71 年底計有 38,037 人，佔 3.05%，較前一年增加 2,280 人。今後因醫藥衛生之進步，高齡人口增加勢必更爲快速，隨著社會結構之蛻變，小家庭制之發展，傳統觀念之轉變，老人失依問題，亦將趨嚴重。然而，政府社會福利經費預算相當有限，其中用於老人福利少之又少。以 71 、72 年度言，社會及救濟支出，各佔市府總預算之 4.4% 及 4.2%。而在社會福利預算中用於老人福利只有 1.8% 及 2.9%。在這種情況下，老人福利各項計畫措施欲有所推展，惟有多方有效發掘並運用社會資源。

　(1)安養收容：孤苦無依老人之收容安養工作，爲老人福利中最早辦理的一項，市府早於民國 60 年間，在高雄縣燕巢鄉深水山坡，興建市立仁愛之家，遠離市區，依山建築，環境幽靜，空氣清新，頤養天年之環境尚稱舒適，老人日常生活無憂無慮。惟因遠離市區，交通不便，專任醫師始終乏人問津，所設長青學苑，師資聘請亦較爲不便。目前收容老人自費者 94 人，公費者 458 人合計552 人，刻又完成院舍一幢，即可增收老人百人，另並委託私立高雄仁愛之家收容孤苦及殘障老人 77 人。

　(2)加強醫療保健服務：人一進老年期，生理上就有顯著的變化，生理機能衰弱，易引發心理機能的問題，逐漸形成社會角色與人際關係改變，這些無法避免的事實，使得老人失去生活上的安全感，和生命的支持力。因此，老人醫療保健服務，係老人福利中最直接而具體的工作，已協調衛生局於 70 年 4 月訂定「高雄市老人保健醫療服務計畫」，對防止慢性病之發生，減低慢性病之死亡率，實施老人健康檢查，及早發現疾病協助就醫

等規定甚詳。社會局並於 71 年 6 月邀集公私立醫院診所研商老人傷病醫療費用優待辦法，希望以更具體的辦法來維護全市老人身心健康。另於 72 年 7 月委託高雄醫學院進行研究高雄市老人之醫療需求問題，以作為今後建立老人醫療保健完整體制之依據。

(3)敬老免費乘車: 老年是人生必經的階段，生理上必然現象，也是生命變遷的過程，而今天欣欣向榮的大高雄市，均係老人們過去長期付出青春辛勤的耕耘，為感戴老人對地方上的貢獻，高雄市政府於民國 65 年開始，對全市老人實施免費搭乘公共車船，各發敬老榮譽乘車證一張，社會局補助公共車船管理處每人每月車資 30 元，全年預算 900 萬元，高雄市措施除對老人行的問題獲得照顧，同時因感到獲得尊敬而表示欣慰。但近年來，因司機未能充分配合，敬老之意義頗受影響，正檢討設法改善。

(4)普及老人活動場所: 大部分離開工作崗位的老人，每日閒暇過多，無法支配，同時，家屬就學就業各自忙碌，長時間傾訴無人，空虛異常。故都市中老人休閒活動之倡導，至為重要。不僅在補救工業社會的缺失，幫助老人走出孤寂冷清的晚年境界，更是提供老人積極參與社會，舒展身心，自其中體會到充實生活，發展自我的樂趣。高雄市第一座老人活動中心自民國 70 年 7 月 1 日啟用後，每日千餘老人相互交談、聯誼、觀賞民間戲曲、文化講座、醫療諮詢、棋球類活動、電影欣賞等。70 年重陽節舉行擴大園遊會，萬人空巷，盛況空前，足見老人對該中心之喜愛與需要。社會局另斥資於左營蓮池潭畔及楠梓右昌各建老人活動中心。各區均將分期興建敬老亭，前金、塩埕、苓雅及小港區敬老亭分別建妥啟用，其餘各區亦正分別籌劃中，預期全高雄市各區均有老人休閒活動場所。另在社區里鄰及寺廟或民間機構，發動成立長壽俱樂部，以期由點而面普及各地。目前各區成立老人中心及敬老亭共有 19 座。

(5)舉辦老人服務系列活動: 為有效結合整體社會力量，針對本市老人需求與意願，有計畫推動老人服務措施，每年均事先邀請公私立機構組織、

老人代表、專家學者及熱心人士集合，共同探討高雄市老人需求與意願，共同訂定一系列的老人服務活動計畫，而後協調或發動各有關單位聯合辦理，其中有老人福利研討會、老人福利工作人員訓練、老人歌唱比賽、老人才藝發表會及巡迴表演、敬老國家建設參觀活動、長青運動會、各區敬老園遊會、老人生活講座、金婚鑽石婚白金婚慶祝茶會等各項活動，均深獲老人喜愛與社會大眾之重視與激賞，有助於蔚成敬老尊賢的風尚。

(6)提供老人教育進修園地：為提昇高雄市老人福利服務層次及擴展服務的領域，為老人提供再進修機會的長青學苑（俗稱老人大學），於71年12月3日正式誕生。這個以知識性、技藝性課程為主，以課外活動為輔的長青學苑，源於老人歌唱比賽中，發現有完全不諳國語的老先生，居然用國語引吭高歌，而且字正腔圓，他說他的老師是唱片。與會人員被這位老先生的學習精神感動。我們想到美國有「社區學院」、日本有「老人大學」、歐洲有「空中大學」專為老人開設各種課程，為何我們不能？乃即著手蒐集資料，進行問卷調查，並根據調查結果，訂定計畫付之實施。自成立以來深受老人喜愛及國內外各界重視，是社會福利工作中第一次被選十大新聞之一。有不少縣市阿公阿婆遠道來參加，更有旅居美國、加拿大、香港等地華僑來函表示希望能參加。課程內容分為語言研習──英語基礎、英語會話、國語，技藝研習──陶藝、書法、園藝、平劇，課外活動。老人可依自己的興趣任選兩門課程學習，他們學習精神相當高昂。長青學苑不但提供老人生活及專業常識，且充實老人的精神生活，提高他們在家庭及社會的地位。第一期學員有850人，共開設46個班次，分二梯次入學。第一梯次558人，已於72年5月31日結業，其中469人風雨無阻天天到課，獲全勤獎，高達84%，其向學精神實足為所有青年學生楷模。

(7)設置敬老服務專線：老人迫切需要之一就是詢問與諮商，要把心中的困難和事情向朋友投訴，而當其周圍朋友相繼遠離時，老人心理的恐慌與

懼怕，更需要有人關懷，傾聽與指導，社會局於 71 年 8 月在老人活動中心開辦敬老服務專線，由社會工作員為老人提供電話諮詢服務。

(8)成立長青榮譽服務團：為使退休人員及老年人能將其經驗、智慧再為社會服務的機會，有效運用人力資源，使不致閒散，繼續參與社會活動，本局特成立長青榮譽服務團，依據老人的興趣與專長，安排服務項目，內容包括文史講座、法律服務、醫療服務、青少年服務等。於 72 年 3 月公開徵選，計有 60 餘名報名，經過嚴格甄選，選出 36 人，經二個月講習訓練後，已於 6 月 1 日正式參與各項社會服務工作。

(9)成立長青學術研究社：為結合老年人的經驗、智慧及鼓勵學有專長之退休人員參與學術及市政研究，特成立長青學術研究社，分五組：市政研究組、論語、國學、國際時事、三民主義研究組，每組設召集人及幹事推動日常研究工作，每週定期聚會，每位學員將研究心得提出報告，相互研討，其對本市市政建設之建議均轉送有關單位參考。

為適應高雄市社會變遷與家庭生活形態改變之趨勢，高雄市老人福利工作將針對老人面臨從工作崗位退休所產生的社會關係與生理變化的衝擊而設計，不斷地開創老人的生活、休閒、研習、榮譽服務活動，使老人們能再度拓展社會關係與服務社會，我們要為他們設計第二度的事業，我們要使他們不斷的充實，使他們有成就感，俾便展現現代都市社會中老人角色的新內涵，從而提高他們的社會地位，獲得更多的尊敬。

為因應工商都市老人之需求，將辦理在宅服務，協助在家老人獲得各項服務及諮詢。凡生活發生困難，生理衰老或其他事故致日常生活發生障礙時，將由家庭服務員協助改善，給予老人主動積極服務外，並激勵青壯市民參與敬老服務，增進傳統敬老之優良風氣。倘使國人均能敬其老、孝其親，進而「老吾老以及人之老」，則可彌補其他各項措之不足，甚而可相輔相成。

適時設立老人療養機構，做為罹患長期慢性病之老人獲得周全之身

心照顧，並減輕家庭照顧負擔。老人療養機構將聘雇專業的醫療及社會工作人員提供專業性服務。

　　以社區發展方式來照顧老年人的生活，社區亦是老年福利服務的基本單位之一，根據調查研究顯示大多數老年人即使孤苦無依（尤其高雄市籍老人）也不願意離開家鄉而住進仁愛之家，因爲在其生長的環境有維繫很久，很深厚的社會關係。此外，如何配合社區發展工作，爲老人提供各種服務，以滿足老年人的需求，是今後努力方向。

第四節　臺灣省老人福利服務供給現況

　　「老人福利法」公布實施之後，臺灣省政府於民國 72 年訂頒「臺灣省加強辦理老人福利業務實施要點」，作爲轄區內縣市政府加強推展各項老人福利工作之準則。臺灣省政府辦理的老人福利工作，包括下列措施（本項資料，摘自臺灣省政府社會處編《80 年社政年報》、《社政統計》，以及《臺灣省老人福利手冊》）。

㈠**老人安養服務**

　1.老人公、自費安養服務

　　　①公費安養服務：目前，專辦老人公費安養之機構，省立仁愛之家與縣市立仁愛之家各 5 所，以及私立仁愛之家 23 所，合計共33 所，預定收容名額 5,211 人，實際收容 3,420 人，收容率爲 65.6%。

　　　②自費安養服務：目前，辦理自費安養之機構，省立仁愛之家二所，縣市立仁愛之家 3 所，以及私立 19 所，共計 24 所，預定安養名額 2,649 人，實際安養 1,809 人，安養率爲 68.3%。

　2.老人療養服務

辦理公、自費療養機構，包括省立彰化老人養護中心及私立機構10所。公費部分，預定收容575人，實際收容491人；自費部分，預定收容549人，實際收容342人，養護率爲74.1%。

3.社區性之安養設施

計有屏東、嘉義、南投、臺中、宜蘭、苗栗及臺北等縣，辦理社區性之安養堂。除了臺北縣內已有17鄉鎮辦理之外，其他縣市，則只有一、二鄉鎮辦理。

㈡健康醫療及保健

1.老人健康檢查

自民國67年度起，省府選擇若干縣市辦理70歲以上老人免費健康檢查，檢查項目，則以老人慣見疾病爲主，檢查費用，一律由政府負擔。69年度起，擴展至全省辦理，並檢討得失，於民國71年正式頒訂「臺灣省老人健康檢查及保健服務實施要點」，規定各縣市應列入年度計劃，經常辦理，並且，對於偏遠地區老人，發給交通費及膳食費。82年度，接受檢查人數門診44,912人。

2.傷病醫藥費優待

於74年9月發布「臺灣省老人傷病醫療費用優待辦法」，透過各公私立醫院給予老人減免費用優待，甚至，省立醫院及中醫醫院診所更給予5折優待。

3.老人傷病醫療費用補助

每人每年以補助30萬元爲限。

4.免費提供或補助購置生活器材

諸如輪椅、手扙、助聽器等。

5.老人重病住院看護費補助

冊列低收入戶，每年最高10萬元，未列冊低收入戶，每年最高6萬元。

㈢**經濟扶助**

中低收入戶老人生活津貼（每月 3,000～6,000 元）。

㈣**居家老人服務**

1.居家老人服務

積極輔導各縣市推展居家老人服務工作，協助居住家中行動不便、又無子女或有子女而不在身邊的老人，獲得適當照顧。由鄉、鎮、市、區公所遴派經過訓練之志工或專職人員，前至案家服務，至於服務內容，包括家事服務、文書服務、簡易復健、休閒服務、精神支持、及法律諮詢等，其中，尤以家事服務最爲重要，精神服務其次，醫療服務再次。目前，已在全省 21 縣市普遍推行，82 年度接受服務之老人，共計 1,454 人，服務員則有專職 46 人、志願 717 人，服務人次 111,257，服務時數 166,136。

2.日間託老服務

省市各老人休閒活動中心及長青學苑，辦理日間託老服務工作，協助家中乏人照顧老人得到照顧，並能參加各項育樂活動，解除其生活孤寂，以促進身心健康。目前，基隆、臺中、臺南等三市，與桃園、苗栗、南投、彰化、高雄等縣，辦理情形良好，82 年度受託人數有 1,249 人。老人參與者，更是年有增加。

3.辦理老人午餐

輔導縣市試辦敬老午餐，針對子女在外工作、自己一人居家料理午餐之老人，提供營養豐富、價格低廉之午餐。現有六縣市辦理，新竹、苗栗、雲林與高雄等縣，以及基隆市、臺南市。

4.改善老人住宅設施設備

每戶最高補助額 5 萬元。

5.老人諮詢服務

透過文康中心、老人會館、老人福利機構、社區活動中心等辦理老人諮詢服務，並設專用電話提供服務。

6.獎助興建老人公寓

目前，僅有臺南市、臺北縣與高雄縣興建老人公寓。

㈤老人休閒娛樂

1.老人文康活動中心

①輔導縣市設立社區與非社區長壽俱樂部、及老人文康活動中心，並輔導民間成立老人會等社團，辦理老人各項育樂休閒活動等，截至78年度共設立81所。

②針對退休公教人員需要，循人事行政體系，於各縣市設置長春俱樂部。

2.長青學苑及老人大學

輔導縣市設立長青學苑，提供老人進修機會，滿足其求知慾，設有國語、日語、英語、國畫、書法、陶藝、舞蹈等班級，老人依興趣自行選擇參加。至81年度，全省21縣市都已辦理長青學苑，設1479班，參加進修老人共有36,554人。老人參與者，亦是年有增加。

3.長青志願服務隊

輔導各縣市，對於境內具有服務熱誠與學有專長老人，組織長青志願服務隊，促使其能將知識經驗繼續貢獻社會，藉以實現老而有用。至於服務項目，包括社會、諮詢、教育、社區及技術等服務，其中，以教育服務參與者最多，社會服務其次。至82年度，計有16縣市辦理，組設74隊，老人參與者，則有1,819人。老人參與者，也是年有增加。

4.補助縣市興建文康活動中心

目前，宜蘭、新竹、苗栗、彰化、南投、雲林、嘉義、臺南、花蓮及澎

湖等縣、以及基隆市尙未設立縣市文康中心；不過，鄉鎮設立文康中心
者，已有 150 所，佔全部鄉鎮之 45 %。

5.編輯長青叢書

近年來，省府與《中華日報》合作編印長青書籍，以老人爲對象介紹醫
療保健、社會及家庭適應等知識，俾資充實老人晚年之精神生活，截至
目前，合計共出版 15 輯。

6.搭乘國內公民營水、陸、空公共交通工具半價優待

自民國 66 年 4 月 1 日起，專對 70 歲以上老人，搭乘鐵路車或公民營汽
車及航空公司國內航線或航運班輪，不分等級，均予半價優待；68 年
起，基隆市、臺南市老人，搭乘市區普通公車全額免費；嗣後，臺北縣
因臺北市辦理老人搭乘聯營普通公車免費優待，也實施老人免費乘車；
75 年 3 月 1 日起，臺中市也開始辦理老人搭乘市公車免費優待。另自
82 年度起，桃園縣、新竹縣、宜蘭縣、花蓮縣、新竹市、嘉義市，亦開
辦之。

7.遊覽觀光地區及觀賞影劇半價優待

自 66 年 6 月 1 日起，風景遊樂及觀光區，其門票一律給予老人半價優
待，同年 11 月 1 日起，影劇院也比照辦理。

㈥敬老活動

1.舉辦老人問題巡迴講座

爲協助老人了解自己身心特質、妥善維護身心健康、培養樂觀進取精
神、使能適應社會及家庭生活，俾得樂享晚年，特聘請專家學者辦理巡
迴講座，現有數縣市辦理。

2.舉辦各項敬老活動

爲表示敬老尊賢，特規定於每年重陽節前後，舉辦各項敬老活動：

①表揚大會，表揚長青楷模，老人團體績優人員及敬老楷模等，82 年

共表揚長青楷模 21 人，老人團體績優人員 20 人與敬老楷模 21 人，推行老人福利有功人員 17 名。

②老人才藝競賽，比賽分歌謠組、才藝組與親子舞蹈三組，82 年共有 50 人參加本項活動。

③老人槌球比賽，82 年有 90 個隊 108 人參加。

④祝賀百歲以上人瑞，82 年共有 274 人次接受祝賀。此外，督導縣市政府辦理各項敬老活動，如長青運動會、慶生會、金婚銀婚紀念、敬老園遊會、老人作品展覽等活動。

3.編纂敬老活動專輯

將長青楷模及績優老人團體事蹟編纂成冊，名為《松柏長青》，現已出版 4 輯。

第五節　省市老人福利措施比較分析

我們特就上述各項省市政府辦理之老人福利措施，摘取主要項目及其內容進行扼要地比較分析，並將結果列述於表 2-11。從表列的 7 個主要福利項目，我們發現，臺灣省與臺北、高雄兩市辦理的福利工作，大體上來說，並沒有差別——僅有的差異，可能只是項目名稱，例如，休閒娛樂與文康休閒、敬老活動與敬老優待等等之別。總之，整體觀之，各級政府辦理的老人福利工作，具有以下若干特徵（謝高橋，1994）。

⑴在民國 70 年代之前，臺灣地區的老人福利措施，係以機構安養為主，而且，偏重孤苦無依老人的收容安養，至於貧苦老人的生活補助，則是包含於低收入家庭救助、或院外救助與貧民施醫。也就是說，過去，老人福利，只是一種單純安養救助工作，著重解決老人生存問題。如今，老人福利之實施，致力老人福利措施多元化的發展。這種多元方式，更能符合老人團體之異質化的發展，而且，更能有效滿足老人的需求。政府現行老人

福利政策的目標，不只強調老人的生存，更要促進老人在變遷社會中過著有意義的生活。

⑵對於老人健康的照顧，目前，不再局限於貧苦老人的醫藥費補助，而是採取積極方式，專爲老人實施免費身體檢查與提供醫療訊息。此外，對於罹患慢性病或癱瘓的老人，更是設立機構給予養護或在宅照顧，不過，這項工作尙未普及、且正在發展中。

⑶機構安養呈現多元化的發展，不再只是限於免費收容貧苦無依老人，也爲有能力負擔且有需要的一般老人提供自費安養方式。此外，也有社區性安養設施與老人公寓的發展，但是，這兩種老人居住模式的規模，都是相當有限，不過，它們卻是較爲符合社區老人的需要。

⑷中低收入老人生活津貼（例如，3,000～6,000元不等），似乎偏低，特別是對於孤苦無依或低收入且不欲進入養老機構的老人，無法提供經濟安全的保障。

⑸老人居家服務或生活照顧，係是一種較爲新近的老人福利領域，不過，卻是能夠留置老人在社區與家庭之內的安養方式，而且，也較能符合我們強調家庭或社區生活方式的文化環境。這種服務，乃是透過民間團體訓練的專職人員或志工而提供，其效果極具發展的潛勢。

⑹休閒娛樂或文康休閒、敬老活動與懇談專線，也是新近出現的老人福利措施，尤其，在變遷中社會裡，更有其必要性。經濟發展創造的財富，致使更多老人的經濟生活無匱乏之虞，但是，都市化及家庭生活的變遷，卻造成老人的角色喪失或變遷，帶來老人的無奈、落寞之感，以及不受尊重，如何促使老人過得很愉快、很快樂、精神不至於空虛無聊，端賴老人能夠調適此種角色更換和變遷，進而表現健康的心態。此一事實，也可能是這些新近出現之休閒、敬老與懇談等活動的主要功能。此外，這些活動，主要是透過社區活動中心、文康中心、老人社團等來辦理，的確有助老人在同儕的結合過程中產生認同感與自尊。

表2-11 臺灣省、臺北市與高雄市辦理之老人福利措施比較

臺灣省	臺北市	高雄市
①健康醫療及保健:	①醫療保健:	①醫療保健:
老人健康檢查（免費）	保健門診	免費健康檢查
傷病醫療費優待	免費健康檢查	中低收入老人醫療補助
中低收入老人醫療補助	醫療費用優待	醫療優待
免費提供生活輔助器材	醫療補助	住院看護補助
重病住院看護費補助		
②安養服務:	②頤養安置:	②安置頤養:
公、自費安養服務	公費頤養	公費頤養
養護中心	自費頤養	自費頤養
社區性安養設施	養護服務	療養服務
老人公寓	老人公寓	
③經濟扶助:	③經濟扶助:	③經濟扶助:
低收入老人生活補助	中低收入老人生活津貼	中低收入老人生活津貼
④居家老人服務:	④居家生活照顧服務	④社區照顧
居家老人服務	在宅服務	在宅服務
（由志工或專職人員提	居家看護服務	託老服務
供家事、文書、復健、	居家護理服務	改善老人住宅補助
休閒、關懷、諮詢等服	日間託老服務	老人保護服務
務）	營養餐食服務	營養餐食服務
日間託老服務		
敬老午餐		
諮詢服務		
改善住宅設施		
⑤休閒娛樂:	⑤文康休閒服務:	⑤文康休閒:
老人休閒活動中心	長春文康活動中心	老人活動中心
長青學院	長青學苑研習服務	老人進修（包括長青學
長青志願服務隊	長青社團活動	苑、長青學術研究社）
編輯長青叢書	志願服務	老人人力銀行
社區長壽、松柏俱樂部	銀髮薪傳服務	（即志願服務）
搭乘國內公民營水陸空	社區長壽、松柏俱樂部	社區長壽、松柏俱樂部
交通工具半價優待		
觀光地區與影劇院優待		
補助縣市興建文康中心		
⑥敬老活動:	⑥敬老優待:	⑥敬老優待:
老人問題巡迴講座	免費搭乘公車	免費搭乘公車船
各項敬老活動	參觀社教娛樂優待	敬老禮金
（包括表揚、才藝競賽、	敬老禮金	重陽敬老活動、運動會
槌球比賽、祝賀百歲	敬老季活動、運動會	老人問題巡迴講座
等等）	老人問題巡迴講座	
敬老活動專輯		
⑦長春懇談專線或諮詢服務	⑦長春懇談專線或諮詢服務	⑦長春懇談專線或諮詢服務

資料來源: 謝高橋，1994。

(7)新式的老人福利措施，諸如老人公寓、養護中心、營養餐食服務、日間託老、巡迴講座等，大多集中在都市，鄉村甚少見之。

　　總之，政府現行老人福利措施，已逐漸走向多元化的發展，也較能符合新近形成之老年人口的需求。

第六節　老人福利其他相關措施

　　目前，除了上述社政機關依據老人福利法辦理之老人福利措施之外，其他政府機構所推行之業務，也有涉及老人福利者，茲簡要地分述如下：

㈠老人健康醫療給付

1.退休公務人員保險。政府於民國54年8月開辦退休人員保險，公務人員被保險人依法退休後，可自付全額保險費參加保險，繼續享受保險權利。

2.政府為照顧傷病榮民，設有榮民總醫院及臺中分院各一所，並於各地區設置11所榮民醫院，計有床位1萬5千多床。年邁榮民病患，前至榮民醫院就醫，可獲免費醫療，其眷屬亦可享受減價收費優待。

3.其他職業的工作者，原於退休之後，則無上述醫療給付，即使再就業亦不得再加入榮保，其結果，雖然醫療給付部分是為年長者需要者，也無法獲得保障（王麗容，1993）。自84年3月全民健保付之實施，年長者此一需求當獲得保障。

㈡老人經濟安全保障

1.軍人退伍給付。軍人被保險人，加保滿5年以上者，於退伍時可申領退伍給付。

2.公教人員老年給付。公教人員被保險人，繳納保險費滿 5 年以上，在依法退休時可申請老年給付。

3.私立學校教職員於退休時，可申領養老給付。

4.勞工退休金給與。依據勞動基準法，男性勞工滿 60 歲，女性滿 55 歲，於退職時可申請退休年金給與。此外，有些企業除了辦理退休金外，也為退休人員提供諮詢、聯誼、教育等服務。

5.榮譽國民之家。各地榮家，免費收容老弱殘障退除役官兵，使其退役之後能夠頤養天年。政府先後在板橋、新竹、彰化、雲林、臺南、白河、岡山、屏東、花蓮、馬蘭、太平與佳里、三峽等地，設置 14 所榮譽國民之家，安置老弱傷殘榮民就養，現就養榮民院外安養 116,900 人，院內安養 17,130 人，合計 134,030 人。

對於榮家之有眷榮民，亦可依其志願申請「居家安養」，使其能隨同家人或在臺親屬共同生活，互相照顧，待遇與榮家榮民相同，就養榮民之直系親屬及配偶，還可按眷口領取眷糧及眷屬津貼。

㈢老人就業輔導

1.老人就業問題。就業服務法，對於求職者的年齡沒有上限規定，只要老人具有工作能力，接受就業服務就是一律平等，也就是說，老人亦可申請就業輔導與訓練。此外，就業服務法對於中高年齡者之就業，卻有特別規定，要求主管機關對中高年齡者應訂定計劃，致力促進其就業，並應定期檢討，落實其成效；同時，也要求公立就業機構，應當主動爭取適合中高年齡者之就業機會，並且定期公報。這項規定的中高年齡，限於 40 至 65 歲，但是，對於年滿 65 歲者之就業，則無特別規定。

2.榮民具有學識、專長及體能強健者，均有機會獲得輔導就業。輔導會自行創設農業、林業、漁業、工業、商礦、工程、勞務等各類生產事業，並與民資、僑資合作經營生產事業和服務業等機構，共計 58 所，安置退除

役官兵就業生產。此外，對於尚有工作能力願自謀生活榮民，可以推介安置當地擔任勞務工作，或臨時性工作。

綜合觀之，在各類職業的工作者中，除了公教人員與軍人，在退休後獲有生活安全的基本保障之外，其他工作者，大多數缺乏有效的就業與生活保障措施。我國沒有完備的社會安全法案來保障退休者之基本生活保障，儘管勞基法有所規定，也僅止於部分適用勞基法之行業（王麗容，1993）。總之，大多數勞工在未來退休時，無法自退休金獲得經濟生活的安全保障，甚至，獲得退休金的勞工，也可能因年資有限，其金額可能無法滿足壽命延長之需要。因此，強化退休勞工之福利措施是促進老人福利工作的重要一環（謝高橋，1994）。

第三章 老年所得保障需求及國民（老年）年金制度之探討

第一節 國民（老年）年金保險之需求性

　　1968 年在聯合國召開之國際社會福利部長級會議中確定，政府的主要責任是確保在國家整體社會及經濟計劃範疇中，應使每個人皆可獲得所需之社會福利服務。而政府對於社會福利行政責任，所強調的原則是每一個國家發展之目標均爲：提高生活水準、確保社會正義、公平分配國家財富、以及增加人民發展其能力之機會。所以我國社會福利新的定位，已由傳統的補救性角色改變爲朝向對整體發展具整合性的觀念，亦即社會福利的發展內涵必須考量經濟發展，以政治民主之手段，達到社會之公平正義，使社會全面性的發展。經濟安全是大多數人所追求的基本目標，而老年、傷害與疾病造成經濟不安全的原因，若個人基本的經濟生活未獲得保障，如何促進其自我發展。基於此理念，以及近 20 年來，我國由於社會經濟持續的發展，衛生保健的改善，促使臺灣地區人口出生率及死亡率大幅降低，國民平均壽命逐年延長，老年人口日益增多，因此，老年問題的解決及老人福利的增進，成爲社會大眾關注的焦點，而隨著 83 年 12 月實施全民健康保險的政策底定，民眾遂有實施老年或國民年金保險的訴求。

　　關於老人經濟生活的保障方式不外乎三種：①以社會保險方式，提供老年一次給付或年金給付；②以社會救助方式，對家庭所得在一定標準以下者，提供生活津貼，照顧其基本經濟生活；③以其他方式，如子女奉養、個人儲蓄、公積金或商業保險等方式獲得保障。依據先進國家的實施經驗，以採用社會保險方式，對民眾於老年退休時提供定期性、繼續性年金給付，來保障老年基本經濟安全者最為普遍，也被認為是確保老後生活最具體有效的一種自助互助措施。

　　探討國民年金保險的需求性，可以從老年人口的成長、家庭保障方式的改變，以及年金保險的價值與意義三方面說明如次：

一、老年人口的成長

　　根據聯合國的定義，一個地區的 65 歲以上人口比例超過 7% 時稱為「高齡化社會」。從 82 年的內政統計提要之資料來看，我國 65 歲以上人口所佔比例，由民國 71 年 4.6% 提高至民國 81 年 6.8%，在這 10 年間增加了 2.2%。依行政院經濟建設委員會估計，臺灣地區在 1993 年年底 65 歲以上之人口比例就會達到高齡化社會的水準（孫得雄，1993）。82 年 9 月底內政部正式宣稱我國已邁入高齡化社會，高齡人口 147 萬人，佔總人口之 7%。預計民國 120 年將達 517 萬高齡人口，平均每年增加 10 萬高齡人口。人口老化是一社會現象，非必然為一社會問題，如果未擬訂積極政策才會產生老人問題。

　　民國 82 年底，臺灣地區 65 歲以上的老年人口有 148.2 萬人，占總人口的 7.1%，已超過聯合國高齡化社會的標準（注：依聯合國劃分，老年人口佔 4% 以下為「青年國」，4% 至 7% 者為「成年國」，7% 以上者為「老年國」，即已達到高齡化社會的標準）。預估 20 年後，至民國 102 年時，老年人口將增為 266 萬人，在總人口中佔 10.9%；40 年後，至民國

122 年，則將更增爲 541 萬人，所佔比例爲 21%；而依各主要國家人口高齡化速度 65 歲以上人口比率由 7% 上升至 14% 所需年數，法國最長需要 125 年（1865～1990），瑞典次之爲 85 年（1890～1975），再次爲美國 70 年（1945～2015），英、德二國同爲 45 年（1930～1975），而我國（1993～2018）與日本（1970～1995）同爲 25 年（圖 3-1）。另據經建會研究報告指出 65 歲以上人口比率從 10% 升至 20% 所需經歷的年數，中華民國爲 21 年（2010～2031）、日本爲 24 年（1985～2009）、芬蘭爲 48 年（1973～2021）、荷蘭爲 52 年（1968～2020）、瑞士爲 54 年（1958～2012）、西德爲 56 年（1954～2010）、丹麥爲 61 年（1956～2017）、瑞典爲 85 年（1929～2014）（經建會，1995）。因此我國雖然剛進入老人

圖3-1 人口老化速度的國際比較

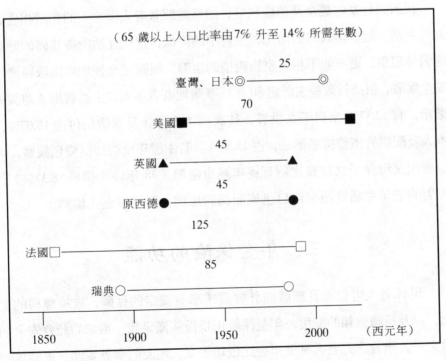

資料來源：經建會，1993.

國世界，但與其他國家比較起來，進程最短與來勢最快，故有關老人經濟
生活的保障，值得預為綢繆，並及早研擬對策因應。

二、家庭保障方式的改變

目前國內老人的依賴比為 9.75%（即 10 個青壯年負擔 1 個老人），
十年後依賴比為 11.24%（即 9 個青壯年負擔 1 個老人），至民國 125 年
依賴比為 35.44%（即每 3 個青壯年就要扶養 1 個老人）。傳統家庭扶養
老人的方式，因人口變遷而受到重大影響。人口高齡化，一方面老人所擁
有的成年子女數大幅減少，使得老人「家庭資源」也相對減少；另一方面
青壯勞動人口也相對於老年退休人口而顯著萎縮，老年人所需要照顧費
用相對增加。

我國固有家庭觀念及傳統制度，固然維繫著老人與家人的和諧相處與
共同生活，但老年人口的增加，生育率的降低，世代互助所得移轉的遞減
趨弱等現象，更不能不相信家族親情的溫馨，很難完全替代或換取經濟的
安全保障。根據行政院主計處 80 年底臺灣地區老年人口生活費用來源調查
顯示，有 52.37% 來自子女供養，其次為本人退休及保險給付占 16.07%，
本人及配偶的積蓄排名第三，占 15.87%。若由歷年來的比例變化觀察，可
以發現父母靠子女扶養比例有逐年減少趨勢（78 年底比例為 58.37%），
相對的老年生活費用來自自己或配偶的比例，則呈現上升趨勢。

三、年金保險的功能

現代老人可以而且應該向社會要求享有安定的保障，維持尊嚴的生
活，以及持續信賴的制度，年金保險正是扮演滿足此一需求的社會安全制
度之一。申言之，老人享受年金比依賴子女、親友的奉養資助，更能達到

適切與安定的保障目的，也能維持尊嚴的生活，更是在許多社會措施中，一種普遍受到肯定，可以繼續受人信賴，具有高度安全感的制度，此即年金保險的價值所在。老年年金保險並非一般所謂敬老金、老年津貼，或老年生活補助，而是一種長期契約終身受益的社會保險給付。

年金保險是將個人儲蓄轉換為社會儲蓄，進而可以促進個人有效需要的消費，長期積存準備，以供國家經濟建設或籌措社會資金的重要來源。除當代互助共濟外，尤具有世代間所得重分配的功能，這是其他社會福利制度所難望其項背者。

總之，有關老年期之福利需求，主要可區分為經濟、健康、居住、休閒等層面，因經濟能力為滿足其他需求之重要手段，故老年福利以經濟層面之保障為最基本（詹宜璋，1993）。涂肇慶與陳寬政二位學者在1989年〈臺灣地區人口變遷對社會安全制度的影響〉一文中提出，生育率下跌，子女數大幅減少之情況，可預期以家庭照料為主的老年人退休生活將於未來發生嚴重的問題，此問題則以社會移轉或生命週期移轉（社會安全制度）來解決老年人的生活問題。因此在維持老年人經濟生活的安全上，常有賴政府角色的適度介入，以提供更完整的福利支持網絡，從歐美各國的社會福利發展來看，政府角色介入家庭照顧老年人功能，似乎是不可避免的趨勢，全世界已有138個國家提供老年給付的措施(U.S. Dept. of H.H.S., 1992)（表3-1）。所以，政府應適度介入以保障老年人經濟生活，然而政府應以何方式介入？社會安全制度包括社會保險、社會救助、福利服務三項內容。歐美先進國家均以社會保險制度之舉辦來推展各項增進民眾福祉之措施，特別是以健康保險之實施來維護民眾健康安全，以舉辦年金保險來安定民眾基本經濟生活。而我國在健康保險方面，政府已於民國84年實施全民健康保險；在經濟保障方面，目前雖有公保、勞保老年給付採一次給付的方式，但此方式易受通貨膨脹與個人運用不當影響，無法確保老後生活安全。且尚有近46%的國民未能享有公保、勞保之保障，

為使全體國民在年老時經濟生活不虞匱乏，在衡酌我國社會變遷之需求及
國外制度之借鏡下，年金保險制度是我國因應高齡化社會需採的制度。

表 3-1　社會安全制度實施國家數

制　度　別	1940 年	1949 年	1958 年	1967 年	1977 年	1990 年
實施國家總數	57	58	80	120	129	146
老年、殘障、遺屬	33	44	58	92	114	138
生育、傷病	24	36	59	65	72	86
職業災害	57	57	77	117	129	139
失　　業	21	22	26	34	38	44
家庭津貼	7	27	38	62	65	63

資料來源：U.S. Dept. of H.H.S. (1992), *Social Security Programs Throughout the World–1991*.

四、國民年金保險的內涵

年金，係指一種定期性繼續支付給付金額方式，代表著按年、半年、
季、月或週等方式，支付給付金額之意。年金保險則以納費方式對參加一
定期間以上被保險人發生保險事故，提供定期性、繼續性長期年金給付的
一種保險制度，分為社會保險年金及商業保險年金兩種方式。國民年金
保險即屬社會保險年金的一種，以國民為對象，採社會保險方式，對參加
保險的被保險人，於繳納一定期間的保險費之後，發生老年、殘障或死亡
時，提供本人或遺屬經濟生活保障的一種社會保險制度。其性質為基礎年
金型態，以提供基本生活保障為目的，為第一層保障體系；至於因職業關
係提供薪資相關的附加年金則為第二層保障體系；以個人儲蓄購買商業
保險，則為個人年金，為第三層保障體系。三者之關係如圖 3–2：

圖3-2　年金保險三層（柱）保障體系

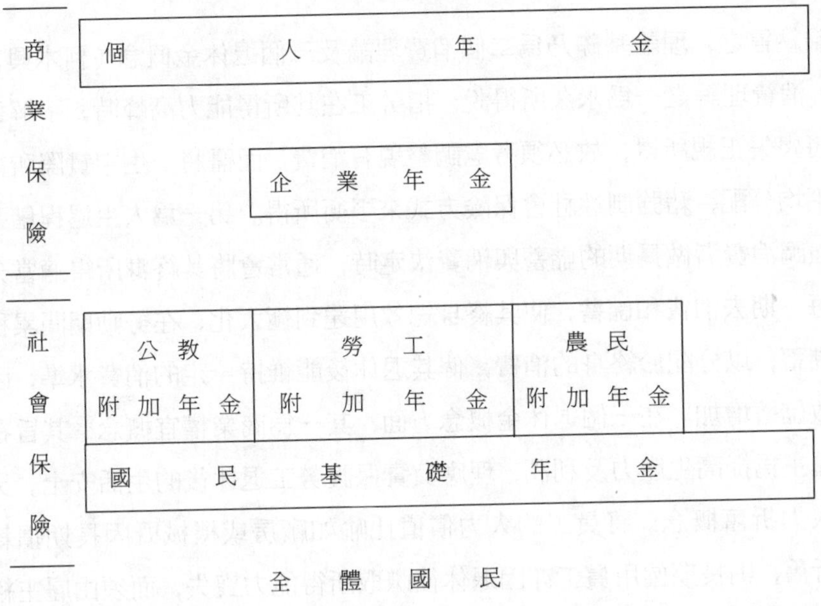

商業保險	個　　人　　年　　金		
		企　業　年　金	
社會保險	公　教附加年金	勞　工附加年金	農　民附加年金
	國　民　基　礎　年　金		
	全　體　國　民		

五、國民年金的基本概念

㈠國民年金的意義

　　國民年金制度應以納費制社會保險年金為主，其實施對象為全體國民，所要維持的是個人年老時基本經濟安全，其實施特色是「年輕時盡繳保費義務，年老時享給付權利」。實施內容包含三項：老年年金、殘障年金、遺屬年金，老年年金係指被保險人投保達一定年資且達規定年齡，所發給的定期性繼續的保險給付；殘障年金係指被保險人遭永久或部分之傷害，致喪失工作能力無法從事有酬活動所發給的定期性繼續的保險給付；遺屬年金係對年金受益者死亡後，其配偶及未成年子女所發給的定期性繼續性的保險給付。

㈡國民年金的理論基礎

歸納言之，理論基礎乃爲二個消費理論及三個退休金概念（柯木興，1992）消費理論之一爲永久所得說：指勞工在其所得能力高峰時，了解退休後將喪失正規所得，故必須考慮調整現有消費，而需將一生中實際所得加以平均分配，藉強制性社會保險方式來平衡所得。另一爲人生過程儲蓄說：強調消費者做長期的儲蓄與消費決定時，通常會將其終身所得適當分配到每一期去消費和儲蓄，使其終身總效用達到極大化，在勞動期間累積足夠儲蓄，以分配於終身的消費，俾其退休後能維持一定的消費水準，因此導致儲蓄增加。在三個退休金概念方面，其一爲商業權宜概念：其旨在認定雇主爲提高生產力及利潤，理應負責保護勞工退休後的生活安全。另一爲人力折舊概念：將員工的人力價值比喻如廠房或機械既因長期損耗而須折舊，則長期僱用員工亦因退休後賺取所得能力喪失，而須由雇主給予相當於充分折舊的退休金。最後一者爲延期工資概念：指勞工對現金工資增加與退休金制度二者間具有選擇權，若選擇後者時，則視退休金給付爲雇主支付勞工的一種延期工資，此一概念已將退休金給付視爲工資袋的一部分。

㈢國民年金與老人生活津貼之關係

國民年金制度是一種社會保險。年金保險是以老年年金給付爲主體，而以殘障年金和遺屬年金爲輔的保險制度，也就是說以被保險人達到老年年齡之後的生活保障爲主體，而以因故殘障或意外死亡而提供的生活保障爲輔（蔡宏昭，1991）。而年金保險和年金、老人生活津貼之定義迥異，年金係指一種定期性繼續支付金額的方式，代表著按年、按半年、按季、按月或按週等方式支付給付金額之意，蓋年金本身並非一種保險事故或保險標的（柯木興，1992），故不可將年金與年金保險劃上等號。現今

老年年金制度與老人生活扶養津貼意涵亦被嚴重混淆，所謂老人年金制度係指政府以社會保險方式對被保險人年老退休時，給予一種定期性繼續性支付給付而言，其前提必須是繳納保費滿一定期間以上。老人生活津貼，係屬社會救助性質，對所得在一定程度以下者，由政府編列預算按月給予生活津貼，當事人不必付費，完全由政府免費提供。兩者不僅意義不同經費財源不同，基本精神也互有差異。

　　年金保險確有維持退休高齡者一定收入，以保障不虞匱乏安定老人生活之功能，但殘障、無一技之長者、生而貧困者、因職業所限或其他因素所限未能納入年金保險（社會保險）體制者，為數亦復不少。社會救助（或稱公共救助、公共扶助、生活津貼）乃針對基本需求未完全或根本未納入社會保險各項計畫者而設計的。公共救助是一種以稅收支持的現金給付的計畫，用來補充納費制的社會保險（年金保險）計畫。從這種意義來看，在社會安全制度中，為保障高齡者的所得安定，公共救助（老人生活津貼）的設計是用來輔助社會保險（老年年金保險）計畫。

第二節　世界各主要國家年金保險制度

　　根據美國衛生暨人群服務部 1991 年出版《1991 年世界社會安全制度要覽》(U.S. Dept. of Health & Human Services, 1992, *Social Security Programs Throughout the World–1991.*) 刊載，1990 年全世界實施社會安全制的國家共有 146 國，其中提供老年、殘障、遺屬給付者 138 國，較 50 年前即 1940 年的 33 國增加了 105 國；提供生育、傷病給付者 86 國，較 1940 年的 24 國增加 62 國；提供職業災害給付者 139 國，較 1940 年的 57 國增加 82 國；提供失業給付者 44 國，較 1940 年的 21 國增加 23 國；提供家庭津貼者 63 國，較 1940 年的 7 國增加 56 國。可見近 50 年來各國均積極健全社會安

全制度，在各個方面均有相當可觀的突破，尤其是在職業災害保險與老年、殘障、遺屬給付方面的保障制度方面最受各國的重視，所以，實施的國家分別爲 138 與 139 國，相當的普遍（表 3–1）。而各國公共年金支出佔 GDP 相當的比率，且大都持續上升的趨勢 (OECD, 1986)（圖 3–3）。

圖 3–3　公共年金支出占 GDP 的比率（1960～ 1985 年）

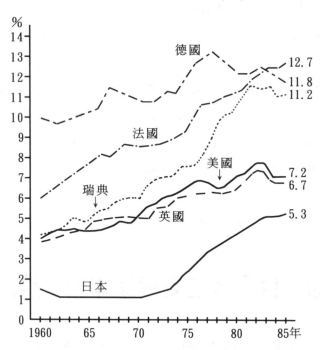

説　　明：年金成熟度（老年年金受益者占參加者的比率）如下
　　　　　日　本— 20.2%(1985)　　英　國— 20.6%(1981)
　　　　　法　國— 38.7%(1981)　　德　國— 28.0%(1982)
　　　　　瑞　典— 32.5%(1983)　　美　國— 18.9%(1983)
資料來源：1.年金支出來自 OECD: *Social Date File, 1986.*
　　　　　2.GDP 來自 OECD:*Annual National Accounts.*

　　世界各主要國家年金保險制度的建構與其文化背景、社會制度、政經發展、財政能力等因素息息相關，並歷經數十年的修正與改進，其現行制度的重點可歸納如下：

㈠英國

英國的社會安全制度，長期以來均被視爲福利國家的典範之一，其各項福利給付或服務，不僅起源甚早，且實施迄今，所涵蓋之對象範圍及項目極廣。不過，英國的各項福利措施實施至今亦經歷多次改革，而其改革方向與幅度，與其歷史、文化、經濟、政治與社會環境背景有密切的關聯。其中，政黨之更迭更常影響其福利政策的內容，老年年金制度亦不例外。與老年年金直接有關的福利法案，可說是 1908 年自由黨政府所通過的老年年金法 (The 1908 Old Age Pension Act)。此一老年年金法一方面代表英國政府爲解決工業革命後存在於英國社會貧窮問題的開端，另方面，此法之付諸實施，更反映出民間社會調查結果及民意，對於政府政策的內容和方向，開始產生顯著的影響。因爲，十九世紀末葉，查里布斯 (Charles Booth) 對倫敦地區的貧戶進行調查以及龍垂 (Seebohm Rowntree) 在英格蘭北部約克郡的貧民研究發現，儘管英國是工業革命的發源地，但民眾生活並未隨之改善，反而約三分之一的居民仍生活在十分貧困的境界，老年是最容易陷入貧困的階段之一。故英國首於 1908 年制定非繳費式的「老年年金法」，主要是爲了解決老年人的問題，使其免於經濟上之匱乏（楊瑩，1992）。基本上此法延續長久以來濟貧法的色彩，採用資產調查 (mean test) 方式，提供年金給付。所以，英國老年年金制最初的設計，並非以保險方案爲依歸，而是屬於以資產調查方式提供福利給付。究其原因，乃因當時老人貧困問題特別嚴重，爲協助已陷於貧窮之老人能維持基本生活水平，乃以非繳費式直接現金福利給付，取代了需費時較久而無法立即解決老年貧民問題的繳費式的保險方案。

英國真正開始引進繳費式的年金法乃是 1925 年訂頒的寡婦、孤兒及老年繳費式年金法 (The 1925 Widow, Orphans and Old Contributory Pension Act)。1942 年貝佛里奇提出「社會保險與相關服務報告書」(Report on

Social Insurance and Allied Service) 後，英國社會福利以及老年年金更有顯著革命性的改變。1946 年工黨政府訂頒的國民保險法 (The 1946 National Insurance Act)，老年年金被納入國民保險的主要給付項目之一。以後雖經三度修法改革，但均整合於國民保險法內修正，而未以單獨立法方式出現。目前，英國老年年金制度可分為下列幾類：

⑴均等給付老人年金 (flat-rate pension)，其立法依據為 1946 年國民保險法，屬基礎年金。

⑵法定所得相關老人年金 (State earning-related pension scheme)（簡稱SERPS），為附加年金。

圖 3-4　英國社會安全部組織架構

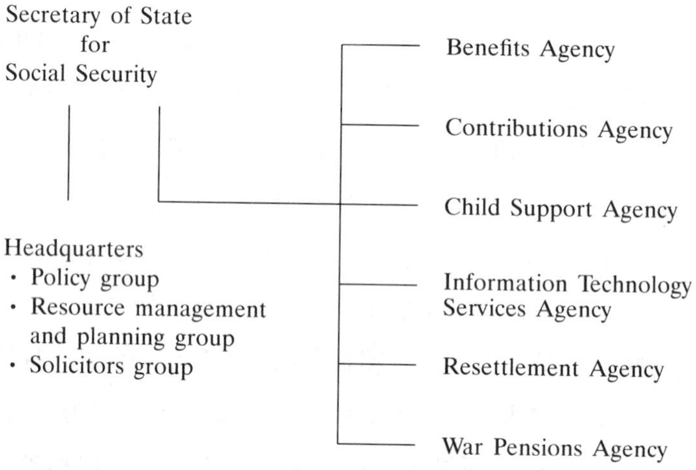

Secretary of State
for
Social Security

Headquarters
・Policy group
・Resource management and planning group
・Solicitors group

Benefits Agency

Contributions Agency

Child Support Agency

Information Technology Services Agency

Resettlement Agency

War Pensions Agency

資料來源：Dept. of Social Security, 1994.

現行英國年金保險制度係依據社會安全法辦理，其適用對象在基礎年金部分適用全體居民，附加年金部分則以受雇者為主；保險給付的受益資格期間必須具有應繳費期間四分之一以上年數者，給付開始年齡，男性為65 歲，女性 60 歲，保險給付項目包括老年、殘廢、遺屬三種年金；保險費率為國民保險綜合費率；保費負擔方面受雇者由勞雇雙方依不同比例

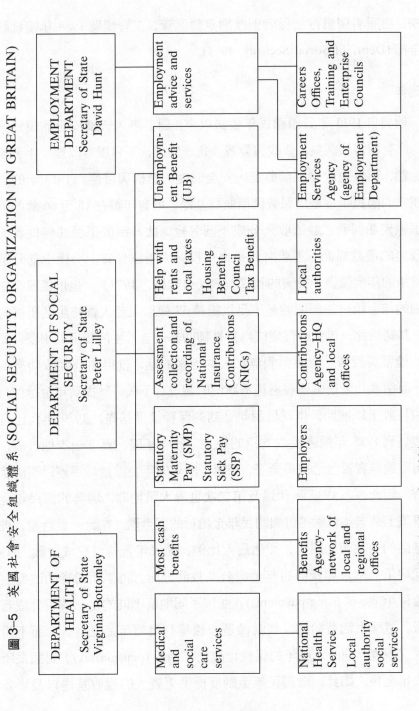

圖3-5 英國社會安全組織體系（SOCIAL SECURITY ORGANIZATION IN GREAT BRITAIN）

資料來源：Dept. of Social Security, 1994.

負擔，自雇者與自行加保者則繳納定額保費。主管機關 1988 年後爲社會安全部 (Dept. of Social Security, 1994)。

㈡瑞典

瑞典自 1913 年訂頒國民年金法以來，對其老人經濟安全的規定與保障，已有相當的調整、修改與變遷。此一變遷，不只根本改變了年金給付的金額，而且也改變了瑞典老人安全制度的結構與目標。1913 年的立法所建立的國民年金是以保費儲備制爲基礎，所有年齡在 16 至 66 歲的國民均須繳定額保費，並依收入分成不同等級。此一制度不受任何稅收支持或政府的撥款補助，主要財源是來自投保人所繳保費，另極少部分是來自累積的年金儲備金投資的利潤收入（白秀雄，1977）。但依據原來立法所領的年金給付很明顯的是不足以維持 67 歲以上老人維持生活所需的費用。其結果此一年金給付變成爲只是輔助其他老人生活費用的來源，如私人的儲蓄與投資。倘使他們無私人的儲蓄的話，就得由公共救助來負責了，而領救助金是需要經過經濟狀況的調查。不久，爲提高年金給付，只好由稅收予以補助，也就是說年金制的保費儲備基礎，1920 年代已有了折衷。到 1935 年通過稅收支持的規定，此一基礎，更進一步地折衷，或者可以說是實質上已被揚棄了。不過，所有的年金給付均須經過經濟狀況調查。因此，在 1930 年代以及第二次世界大戰期間，瑞典的國民年金給付實際上是老年救助給付與國民年金給付的混合體。在此一混合體，被當做輔助的公共救助給付，卻佔最大比例，國民年金給付反成少數。1946 年採取第一個重要步驟將年金與公共救助分開。將早期的補助改爲生活費給付 (Cost-of-living payments)，並按不同地區不同的生活費用分成若干等級。這種生活費給付，被當做是一種權利發給年金受益人，而不需經濟狀況調查。同時，每年的保費也改爲年金稅 (pension tax)。對國民所得徵收年金稅，如此，爲國民年金制度提供更廣大的稅收基礎以及更多的

收入。從 1948 年到 1960 年，瑞典老人安全制度逐步成為一個由年金稅支持及歲收撥款補助的制度。1950 年在國會成立年金委員會 (Parliamentary Committee on Pensions) 以研議老年安全計畫有關問題，老年安全的目標，獲得瑞典舉國上下的支持。不僅國會費時近 10 年研議，且於 1957 年舉行全國性投票，且為此而在 1958 年解散國會並改組內閣。最後，終於在 1959 年通過年金改革立法──附加（輔助）分級年金法 (National Supplementary Graduated Pensions Act)，增列「與薪資相關附加（輔助）年金」(Earning Related Supplementary National Pension)，使得瑞典國民年金制度更進一步地發展（白秀雄，1977）。此一附加年金改革開始於 1960 年代，而完成於 1980 年代，使瑞典年金保險達到成熟階段，使國民在退休後仍能維持趨近於退休前的生活水準，對瑞典而言，是一個全新的階段，進入制度化的境界。1976 年退休年齡從 67 歲降到 65 歲。同年，一個特別的「部分年金」(partial pensions) 通過，提供給 60 到 65 歲未滿的人，願意縮短其工時，可申請部分年金，以補償其損失之所得（林萬億，1994）。

目前，在瑞典社會安全體系下，年金保險包括基本年金、附加年金及部分年金三種。而基本年金的投保對象是全體國民，至其給付則包括老年年金、殘障年金、遺屬年金、殘障津貼及兒童照顧津貼等五種給付。另外還有特殊給付項目五種：年金附加給付、妻子附加給付、兒童附加給付、殘障津貼及都市住宅津貼。附加年金投保對象是每一位受雇或自雇國民，至其給付則包括老年年金、殘障年金及遺屬年金三種給付（林萬億，1994）。瑞典年金保險是屬整個社會保險的一環，其主要法源為 1962 年的國民保險法及 1979 年的部分年金保險法。其主管機關原為社會部，目前為衛生及社會部（國民保險局），至於計畫之執行則由國家社會保險委員會透過區域及地方的社會保險機構辦理。至財源方面，在基礎年金方面，原約 65% 由中央及地方政府撥補，目前為 25% 由政府補貼，附加年金部分全數由保費支應。

　　總之，現行瑞典年金保險制度係依據國民保險法及部分年金法辦理，其適用對象基礎年金部分適用全體居民，附加年金部分則以基本額以上的年所得受雇者及自營作業者爲對象；保險給付的受益資格期間，基礎年金無，附加年金爲三年；給付開始年齡爲 65 歲，但 60 歲至 64 歲得支給減額年金；保險給付項目在基礎年金方面包括老年年金、殘廢年金、遺屬年金、殘廢津貼、兒童照顧津貼五種給付，附加年金則包括前三種給付；保險費率基礎年金爲 7.45%，附加年金爲 13%，部分年金爲 0.5%，由雇主及自營作業者負擔，受雇者均不負擔，國庫僅負擔約 25% 的基礎年金給付。

㈢德國

　　德國是世界上最早實施社會保險強制性年金制的國家。早於 1889 年，在俾斯麥主政下，即已開辦老年及殘障年金保險，將年滿 16 歲以上之所有勞工及年薪在 2,000 馬克以下之某些類別職員納爲強制加保對象。保費由受雇者與雇主各負擔一半，而政府則給予每年 50 馬克的年金補貼。老年給付要件爲年滿 70 歲及加保繳費滿 1,200 週；但加保繳費滿 200 週，喪失三分之二以上工作能力者，可領殘障年金。1913 年開始實施職員年金保險，提供老年、殘障、遺屬及孤兒給付。1916 年各類年金保險老年給付年齡由原先的 70 歲調降爲男年滿 65 歲、女年滿 60 歲。1923 年統籌實施礦工年金保險，1938 年建構自營手工業者年金保險制度，1957 年則實施農民年金保險，形成今日德國五大主要勞動年金體系分立之總體架構（盧政春，1994）。同年，年金改革修訂法案，統一調整制度內容，制定勞動者年金保險法、職員年金保險法與礦工年金保險法，取消以往提存準備制，改以十年爲財務再計算期間，確立賦課制的世代契約原則，以求保險財務的收支平衡（周麗芳，1994）。1960 年擴辦本國人國外年金保險及本國難民年金保險，訂頒難民年金法及一般退休金改革法。1967 年修

法改爲實施一年期的賦課方式，1968 年統一非體力勞動者的年金保險，1969 年實施勞工年金與職員年金財務互通調整制度，1972 年訂頒年金改革法，開放居留國外的德國人得參加任意年金保險，並實施彈性給付年齡，63 歲得請領不必減額的老年年金，並訂定最低保障額。

　　1970 年代由於第一次石油危機爆發以後，失業者增加，勞動時間縮短，保險費收入隨之減少，又由於彈性給付年齡的實施，請領給付人數大增，年金給付支出增加，造成年金財務的惡化。爲了改革年金保險財務，德國政府於 1989 年提出「1992 年年金改革法」(RRG 1992)，主要改革原則有二：第一是維持由後代負擔的保險制度，第二是由政府、被保險人及受益者公平負擔費用（蔡宏昭，1991；邱明祥，1992）。

　　現行德國的年金保險，按性質可分爲老年年金、殘障年金及遺屬年金；按被保險人的職別身分可分爲受雇者年金保險與自雇者年金保險，前者含體力勞動者、非體力勞動者與礦工，即一般人俗稱的一般年金保險；後者含自雇勞動者、農民、自由職業者與公職人員及各種專業人員。現行年金制度是第二次世界大戰後 1957 年的年金改革以後確立，由五種主要制度構成，即勞工年金保險、職員年金保險、礦工年金保險、手工業者年金保險及農民老年年金等五種制度。每一種制度的投保資格、保費負擔、給付條件與給付水準各不相同，保險機構也互異。前四種制度提供老年年金、遺屬年金、殘障年金、復健給付等，農民老年年金提供養老津貼、農地轉讓（離農）年金及復地給付；而前三種屬受雇者年金保險制度，後兩種屬自雇者年金保險制度（邱明祥，1992）。財務方面，收入 80% 係保險收入（受雇者與雇主各付 50%），約 20% 由聯邦撥款補助。保險組織分爲三大部門：①勞工年金保險，由 23 個聯邦保險局、一個海事基金會及一個聯邦鐵路保險局負責；②職員年金保險，由職員聯邦保險局負責；③礦工年金保險，由聯邦礦工基金會負責（周麗芳，1992）。聯邦政府並不直接主持，僅由國會立法，並責成聯邦勞動社會部監督各邦的勞工局及聯邦所屬的社會局及專設特種社會保險機構辦理（邱明祥，1992）。

　　總之，現行德國年金保險制度係依據各職業類群所訂保險法或扶助法分別辦理，其適用對象分別涵蓋勞工、職員、礦工及農業者；保險給付的受益資格期間爲五年以上，給付開始年齡原則上爲 65 歲，保險費率在 1992 年爲 18.2%，保險給付項目包括老年、殘廢、遺屬三種年金，由勞資雙方各半負擔，國庫則在給付費用以外部分有一定的補助。

四日本

　　日本於 1945 年是一個第二次世界大戰的戰敗國，經過 16 年之後，即 1961 年同時建立全民健康保險及全民年金保險二種重要制度。日本自 1961 年實施國民年金制度以來，經過 30 幾年之改革，其間雖經歷數次經濟景氣的變動與衝擊，但國民年金制度一直在穩定發展，對日本社會安全確實提供了重大的貢獻。其全民健康保險適用對象涵蓋 100% 的國民，而全民年金保險受益家庭佔六十五歲以上老人的家庭高達 97%，老人所得中來自公共年金或恩給者約佔 55%，其餘爲工作收入佔 30%、資產收入佔 10%，對安定國民特別是老年人生活貢獻甚大（吳凱勳，1994）。

　　另據日本厚生省統計情報部所發表的《1993 年國民生活基礎調查之概況》提出在日本高齡者家庭公共年金的情況，高齡者家庭所得之種類別平均所得金額和結構比率，高齡者家庭平均所得金額爲 317.1 萬日圓，其中公共年金約 171.4 萬日圓佔 54.1%、工作所得 107.8 萬日圓佔 33.9%、財產所得 26.2 萬日圓佔 8.3%、公共年金以外之社會保障給付金 3.9 萬日圓佔 1.2%、生活補貼其他所得 8.1 萬日圓佔 2.5%（厚生省年金局，1994）（表 3-2），可見年金的給付額在整體所得所佔比率，已達相當高的水準，年金制在保障國民老後的生活上，可說名實相符的扮演重大的角色。而 1992 年公共年金受益者的高齡者家庭中，總所得額全靠公共年金支給的家庭達 49.7%，更可見其重要性了（厚生省年金局，1994）（表 3-3）。

表 3-2　日本高齡者家庭公共年金的情況(所得類別平均所得金額和結構比率)

高齡者家庭平均所得金額 317.1 萬日圓 (100%)			
工作所得 107.8 萬日圓 (33.9%)	公共年金 171.4 萬日圓 (54.1%)	財產所得 26.2 萬日圓 (8.3%)	其他 12 萬日圓 (3.7%)

注: 其他一項包括公共年金以外之社會保障給付金 3.9 萬日圓（佔 1.2%）以及生活補貼
　　其他所得 8.1 萬日圓（佔 2.5%）。

資料來源: 厚生省年金局，1994。

表 3-3　公共年金佔總所得之比例

佔所得之 100% 之家庭	未滿 100%～80% 之家戶	未滿 60%～80% 之家戶	未滿 40%～60% 之家戶	未滿 20%～40% 之家戶	未滿 20% 之家戶
49.7%	9.8%	10.9%	12.5%	10.5%	6.6%

資料來源: 同表 3-2。

　　日本的老年年金制度可以說是起源於軍公教人員的恩給制度，而 1875 年的海軍退隱令等就是最早的恩給制來源，在 1910 年以前陸續公布（公立學校）教職員恩給法等，構成了軍公教人員恩給制的完整體系，且於 1923 年整合為恩給法。不過，戰前日本公務系統受雇者的老年年金制仍十分紛歧。民間受雇者年金制度則始於 1939 年的船員保險，1942 年創辦以十人以上事業單位男性體力勞動者為對象的勞動者年金保險，1944 年改稱為厚生年金保險，並擴大適用對象到五人以上事業單位職員及女性受雇者在內。不過，以上所述均屬以受雇者為對象的年金保險制度，不僅農民、商人等自營作業者無法適用，連四人以下事業單位的受雇者亦無法參加。兼以戰後日本家庭制度及人口結構的改變，日本政府乃毅然於 1959 年 4 月制定國民年金法，同年 11 月先行實施福利年金（適用於建立制度當時，年齡上已無法符合參加繳費制年金保險要件者，自 70 歲起由國庫

負擔支給定額年金），旋於 1961 年 4 月實施繳費制國民年金及通算年金
制度，達成所有國民均須依法參加一種年金的全民年金制度的理想。

日本現行年金制度簡單可分爲三項，即公營（公共）年金、企業年
金、個人年金（個人儲蓄）等，一般稱這三種老後生活的財源爲「三大支
柱論」。

⑴公營（公共）年金

以國民年金的基礎年金爲第一層保障，是以全體國民爲對象；以依比
例所得的職域年金爲第二層保障，職域年金又有二種：一爲厚生年金（民
間機構的受僱人員），其二爲共濟年金（政府機構的公務員、教職員以及
公營、公共事業的職員）。因此，有人分成三層的保障。

在給付與保費方面，國民年金制的基礎年金是定額（依繳費期間計
算），職域年金乃依所得比例計算。

⑵企業年金

有厚生年金基金，具有公營年金精神，是厚生年金的非契約年金給付
(contracting-out pension)；稅制適格年金，有信託型及保險性年金二種；
自社年金，公司自行提存退職金給付。

⑶個人年金

國民年金基金，具有公營年金精神，附加在國民年金之上。財務年
金，扣除受僱人員一定的薪資，以個人儲蓄方式累積受僱人員財產的一種
個人年金（伊籐宗武，1994）。

日本自 1961 年 4 月實施全民年金之後，不斷因應實際需要做調整與
修改，逐漸確立了下列四個年金保險的政策原則爲今後努力的重點：①普
遍適用的原則，②平等待遇的原則，③雙重保障的原則，④行政效率的原
則。同時，今後對於推動制度的一元化、樹立兩性平等年金權、給付年齡
的延長、給付水準的調整以及保險財務的健全等課題必須慎重考量（蔡宏
昭，1994）。

總之，現行日本年金保險制度係依據厚生年金保險法、國民年金法及

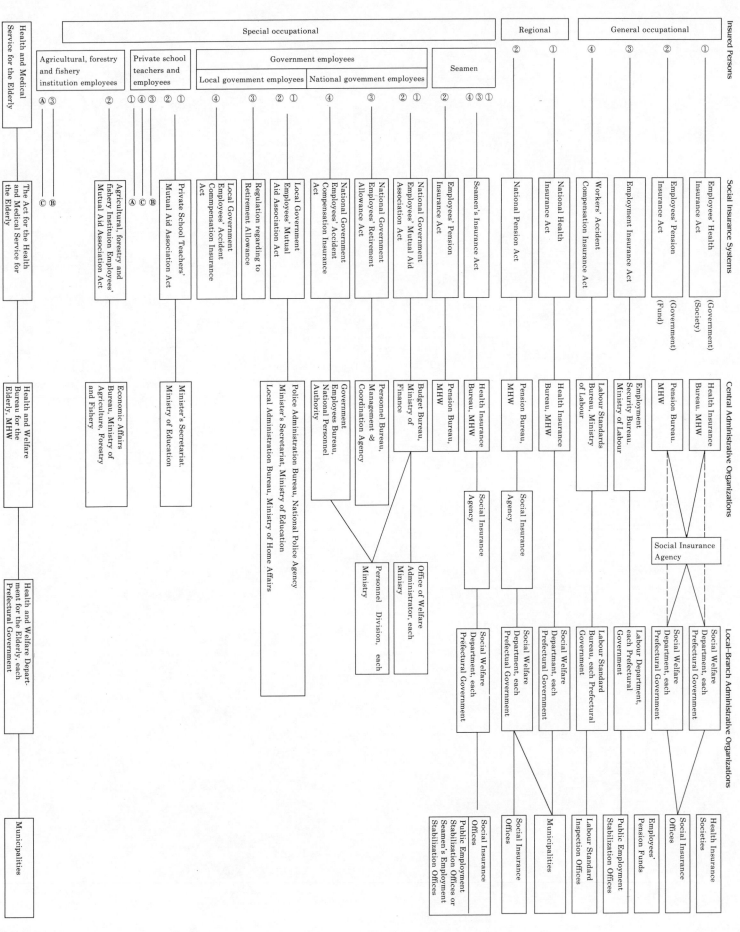

各種共濟組合法辦理，厚生年金保險法適用民間受雇者，國民年金法適用20 歲至 59 歲之國民，各種共濟組合法分別適用公務員、私校教職員、農林漁業團體職員等；保險給付的受益資格期間爲 25 年，給付開始年齡爲65 歲，保險給付項目在國民年金部分包括老年、殘障、遺屬三種基礎年金；厚生年金部分除上述三種外，並增加老年特別支給。保險費率在厚生年金部分在 14.5% 至 16.3% 之間，由勞資雙方各半負擔，國民年金爲每月繳交 10,500 日圓；國庫負擔基本年金給付費三分之一，附加年金給付費四分之一及事務費的全額。

　　日本國民之平均壽命男性 76.3 歲、女性 82.5 歲，屬全世界最長壽的國家，刻正迎向所謂成熟型「人生 80 年時代」的時期。一方面日本人口結構現在正進行其他各國所未曾經驗過的快速高齡化，由 65 歲以上年齡層所佔整體人口比例來看，1990 年爲 12.1%，但預期 2010 年將超過 20%，迎向高峯期，2025 年達 25.8%，將是高齡化發展最快速的國家。隨著高齡化的發展，15 ～ 64 歲之間的所謂生產年齡人口相對的減少，勞動人口也預期呈現相對的減少之趨勢。在此種狀況之下，爲使國民過著富裕的生活，維持經濟力，構築符合人生活到 80 歲有活力的長壽社會，成爲最重要的課題。再者，因應高齡者高度就業意願，建構一個使高齡者能過著安心和擁有充實感的社會，促進高齡者雇用，成爲極重要的課題。因此，從以往 60 歲退休的社會改爲新的 65 歲退休的社會。

　　而且，在 21 世紀的高齡社會，年金受益者將急劇增加，另方面支持此一制度（繳費者）之勞動者人數反而減少，對年金制也勢將產生重大影響。

圖3-7　日本厚生省(即衛生暨福利部)組織(有關健康及年金保險部分)

The Organization of Ministry of Health and Welfare(Part)

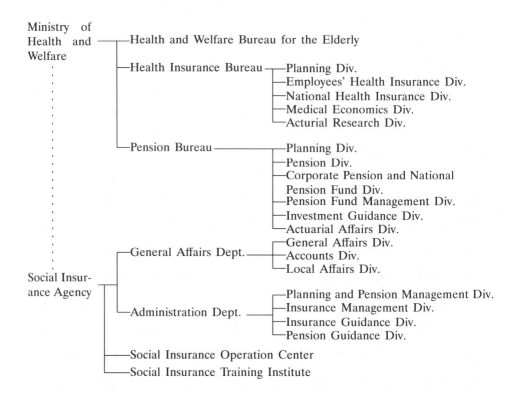

Ministry of Health and Welfare
- Health and Welfare Bureau for the Elderly
- Health Insurance Bureau
  - Planning Div.
  - Employees' Health Insurance Div.
  - National Health Insurance Div.
  - Medical Economics Div.
  - Acturial Research Div.
- Pension Bureau
  - Planning Div.
  - Pension Div.
  - Corporate Pension and National Pension Fund Div.
  - Pension Fund Management Div.
  - Investment Guidance Div.
  - Actuarial Affairs Div.

Social Insurance Agency
- General Affairs Dept.
  - General Affairs Div.
  - Accounts Div.
  - Local Affairs Div.
- Administration Dept.
  - Planning and Pension Management Div.
  - Insurance Management Div.
  - Insurance Guidance Div.
  - Pension Guidance Div.
- Social Insurance Operation Center
- Social Insurance Training Institute

㈤美國

　　由於美國早期異於歐洲各國的發展經驗與環境條件，致其社會安全制度遲遲未能建立（白秀雄，1970）。面對嚴重的不景氣問題，羅斯福總統於1934年6月8日在其致國會國情咨文中勇敢地指出美國當前需要及今後趨勢後，任命一個「經濟安全委員會」(An Economic Security Committee)，以研議並建設有關保障美國人民經濟安全的立法。此一委員會幾乎網羅所有社會保險及其他相關業務的學者專家，進行並完成一項美國有史以來最大一次對社會保險及社會救助的分析研究，並於1935年1月15日向

總統提出報告及建議書，其內容有四類，在其中之一類為老年人提供三種計畫以確保其經濟安全，此又包括：

①一個由聯邦辦理的強制性老年年金計畫。

②一個放任的老年年金計畫。

③聯邦撥款各州以建立依需要調查（Needs Test）為基礎的老年救助計畫。

羅斯福總統於第二天函送國會，並附總統特別咨文籲請國會迅將該報告之主要建議制定成法律。同日，參眾兩院分別提出「經濟安全法」(The Economic Security Act)，後經國會修正並定為「社會安全法」(The Social Security Act) 並於 8 月 14 日頒行，該法包括了一個由聯邦政府辦理強制性老年保險 (Old Age Insurance) 以及聯邦撥款補助各州建立老年救助計畫（白秀雄，1970）。1939 年由「老年保險」(Old Age Insurance) 擴大為「老年遺屬保險」(Old Age & Surviors' Insurance)，1956 年再修訂增加殘障年金給付為「老年遺屬殘障保險」(Old Age, Surviors' and Disability Insurance)。此項保險自 1950 年至 1970 年間的修正主要都是在薪資與給付公式方面，直到 1972 年，美國國會才首次將消費者物價指數 (CPI) 納入計算考慮。它設定如果 CPI 年上升幅度達 3%，則給付水準於 20 個百分點範圍內調整，以進一步保障退休老年人的經濟生活。1972 年的修正結果使得退休勞工不僅在給付上得以隨物價調整，以前的薪資累計也用 CPI 指數計算，亦即申請給付當年之物價水準用以核算以前累計薪資。因此，很可能高於退休前的平均薪資所得。因此，乃在 1977 年再次修正給付公式，CPI 指數不再每年隨通貨膨脹調整，而以開始領取給付當年之 CPI 指數為計算標準；而且，以前累計薪資亦不以給付當年之 CPI 指數核算。1977 年的修正案中並同時提高薪資計算基準和費率，因其修正目的即企圖得以改善社會安全基金的財務狀況。1983 年，社會安全法又再一次的修正，此次修正主要的考量，乃是未來美國人口結構的變化。美國

社會安全制度的發展，其在施行初期快速擴張，但給付結構並無根本的變化，給付可依當年屆齡退休勞工人數事先加以估計。直到 1956 年開辦傷殘保險，並隨申請人資格與給付案件之放寬，給付的不確定因素因而增加。不過，因戰後經濟景氣看好，且每年大量新加入者挹注了大量的保費，使得當時大家的注意力放在鼓勵不同團體的加入，至大社會計畫之推出，是美國社會安全制度全盛時期。然而，1972 年的修正案使得給付增加，加上 70 年代石油危機和高度的通貨膨脹，使得社會安全財務開始發生虧損的情事。於是，80 年代大家開始警覺到人口老化對制度面長遠的影響不得不做調整，未來給付結構也要因應人口的老化做相當程度的修正。首先是提高社會安全稅率，包括自雇者稅率亦提升，同時將社會安全稅基又再次提高 50%，而高所得者超過基本薪資部分的稅率並加重計算。同時也修正領取給付的年齡：2009 年以後開始領取年金給付的年齡為 66 歲，2027 年以後開始領取年金給付的年齡為 67 歲，並對提早領取年金給付者降低給付，以誘導其繼續留在勞動市場中，並達成由各方面擴充基金來源。1984 年又修正殘障給付中的醫療標準，且將嚴重殘障者之持續狀態重新予以嚴格的認定。其中修正以 1983 年的影響最大（王國羽，1993）。總之，1935 年實施以來經多次修訂，不斷擴充，日益精進，至1992 年有 1 億 3 千 2 百萬工作者參加社會安全制度，約佔全部受雇者與自雇者的 96%，至於未納入者乃係已加入公務人員退休計畫 (Civil Service Retirement System)、鐵路員工退休計畫 (Railroad Retirement Act) 或是部分兼職、無固定工作者。

　　現行美國老年年金保險制度係依據社會安全法及各特別制度相關法律辦理，老年、遺屬、殘障保險適用對象包括民間企業所有受雇者、總統、副總統、國會議員及 1984 年以後新任用的聯邦政府公務員等，其他尚有鐵路員工、職邦部分公務員等特別制度；保險給付的受益資格期間為滿 21 歲的翌年起 62 歲止合計 40 季，給付開始年齡為 65 歲，但 62 歲至 64 歲得

支給減額年金；保險給付項目包括老年、殘廢、遺屬三種年金；保險費率勞資雙方各 6.2%，自營作業者 12.4%，國庫原則上不負擔。老年年金保險制度主要財源為受雇者及其雇主或自雇者按其薪資之一定比率繳交之社會安全稅 (Social Security Tax)。其主管機關為聯邦政府衛生暨人群服務部 (Federal Dept. of Health & Human Services) 的社會安全署 (Social Security Administration)。該署透過區服務中心、區域機構及分支機構負責執行業務。

㈥加拿大

　　1908 年加國政府正式訂頒第一部「國家年金法」，加強老人經濟生活保障。1930 至 1950 年 20 年之間，零星發展一些民間團體協約性質年金保險；1952 年加國政府訂頒免資產調查之「老年安全法」，並不斷擴大適用範圍後，加國社會安全制度至此邁向一個新的里程碑。依據加國憲法規定，社會安全係聯邦政府及省政府共同職責，彼此在社會安全計畫之推動、執行及財務籌措方面，均扮演相當重要的角色，特別是在所得安全保障方面聯邦政府更是占有舉足輕重地位。加拿大有三層老年退休所得保障制度，第一層保障制度為老年安全年金計畫，第二層保障制度為加拿大年金計畫（或魁北克省年金計畫）；第三層保障制度為個人投資、儲蓄及商業年金之保障。其中第一層保障之老年安全年金計畫係屬免費制，免資產調查，凡年滿 65 歲以上者均適用之一種福利制度，財源來自政府預算；第二層保障之加拿大年金計畫（或魁北克省年金計畫），係屬繳費制之社會保險制度，以受雇者及自營作業者為對象，財源來自勞、雇雙方負擔保險費，政府不補助保費；第三層保障之個人投資、儲蓄及商業年金，則完全屬個人保障層面。加拿大這三層所得保障建構成一個完整的老人所得安全保障網路，並為其老人經濟生活保障的重要基石（陳琇惠，1994）。

　　第一層保障的老年安全計畫 (Old Age Security Program) 包括三大內

容：其一爲老年安全年金 (Old Age Security Pension)，係對年滿 65 歲以上者按月給予年金之保障；其二爲保證所得補助金 (The Guaranteed Income Supplement)，係對領有前項老年安全年金但其所得仍在一定程度以下者再每月給予補助金；其三爲配偶津貼 (The Spouses' Allowance)，乃是對老年安全年金受益者其配偶年齡在 60 至 64 歲之間且收入在一定等級以下者按月給予，以確保其基本所得保障，直到年滿 65 歲合於請領老年安全年金資格爲止。老年安全計畫財源來自稅收，由中央聯邦政府負責，1993 年 7 月以前由衛生暨福利部主管，1993 年 7 月以後改由人力資源部負責。

第二層保障的加拿大年金計畫 (Canada pension plan)，乃是一種納費制薪資相關的社會保障計畫，以確保每一參加之個人或家庭發生年老退休、殘障或死亡事故時，防止其所得損失影響正常生活，而給予一定金額之保障，以維持其經濟安全爲目的，此項計畫乃是一種綜合性、強制性及納費制之社會保險制度。換言之，加拿大居民不論是受雇者或自雇者都必須強制參加，給付金額爲與薪資相關，並每年隨物價指數薪資變動予以調整。此一計畫屬聯邦計畫，適用於全加拿大，但魁北克省例外，因其另有魁北克年金計畫 (Quebec pension plan)，參加魁北克省年金計畫者得不參加加拿大年金計畫。加拿大年金計畫適用對象爲年滿 18 歲至 70 歲之受雇者其年收入超過政府所定之「投保減免額」者（1991 年投保減免額爲 3,000 元，最高投保金額爲 30,500 元）。財源則來自保險費，由受雇者、自雇者及雇主負擔，政府不補助保費，只負擔行政事務費。主管機關原爲衛生福利部，1993 年 7 月改由人力資源部主管（陳琇惠，1994）。

表 3-4 主要國家年金保險制度（老年年金）概要

項別＼國別	英 國	德 國	法 國	瑞 典	美 國	日 本
根據法律	社會安全法（1986年）	德意志保險法（1911年）、職員保險法（1923年）、農業老年扶助法（1957年）	社會安全法典（1985年）各種特別制度相關法令	國民保險法（1962年）部分年金法（1976年）	社會安全法（1935年、1939年、1956年）各種特別制度相關法律	厚生年金保險法（1954年）國民年金法（1959年）
適用對象	全國居民	一般制度：勞工、職員、礦工、公務員、農業志願老年扶助：農業者	一般制度：商工業受雇者、特別制度：公務員、礦工、鐵路工、船員、自營作業等	全國居民	老年、遺屬、殘障保險：民間企業所得受雇者、政府議員、聯邦部分公務員等	厚生年金保險：民間受雇者、國民年金：20~59歲國民、農業漁業團體職員等
制度名稱	基本年金：受益者（1978年4月起）附加年金		一般制度其他制度	國民保險老年金附加年金	老年遺屬殘障保險附加年金（1992年約為33,700瑞典克朗）	老年基礎年金老年厚生年金（投保人或受益者及其眷屬）
受益條件	投保資格期間：具有必須繳費年數的14年以上保險期間	投保資格期間：5年以上、35年以上保險期間，重度殘障者60歲。給付開始年齡：男性65歲、女性60歲	投保資格期間：三個月以上（完全）給付開始年齡：60歲	受益資格期間：基本年金：全國居民。附加年金：於1950年及以上15年平均所得減額後，給付開始年齡：65歲（但60~64歲減額給付，延至70歲止者每月增額）	老年遺屬殘障保險：投保資格期間：任用期間。給付開始年齡：65歲（但62~64歲給付減額年金）	老年基礎年金：受益資格期間：25年。給付開始年齡：65歲（或60~65歲減額年金，65~70歲增額年金）
給付計算方式（老年年金）	基本年金：定額 × 必須投保年數。附加年金：56.1鎊/週、單身89.8鎊/週、夫婦（投保全期間平均薪資）× 0.2 × 投保年數	一般計算基礎 × 個人計算基礎 × 0.015。（一般計算基礎：一般計算基礎薪資，個人計算基礎：年付已納保費年數）、每年基礎薪資除以全體平均薪資得之。附加：一般投保年齡60歲，男性65歲，女性60歲，得提早或延遲3年受益	最高10年平均薪資額 × 0.5 × 投保年數/450	基本年金：夫婦基本額0.96倍、單身1.57倍。附加年金：於1950年以後計算15年平均所得×0.6×年金基礎數。（30歲以上基礎數以30除之）附加年金滿30年後全額給付，減額者二種，給付額20%	基本年金：（1991年計算）基本額三段：平均薪資月額分三段，最初401美元×0.9，401至2,420美元部分×0.32，2,420美元以上×0.15的累計部分，每年1年開始給付減額年金8%，每延1年增額部分8%	1993年：基本年金：夫婦每人737,300圓×加給年金。老年厚生年金（不含基本年金部分）：男性平均薪資月額×投保月數×0.75% + 加給年金。女性每人653美元、子女每人212,500圓、（但第3子增額74,800圓）附加年金調整
投保薪資上限	42.0鎊/週（但下限為56鎊/週，下限無上限）	1993年1月起86,400馬克/年（德西）、63,600馬克/年（德東）	1993年1月起12,360法郎/月	無（但下限為6,000瑞幣）（基本年金）	57,600美元/年	530,000圓/月
財源	保險費率：雇主：56~420鎊/週部分9%，56~420鎊/週部分4.6%，95~140鎊/週部分6.6%，140~195鎊/週部分8.6%，195鎊/週以上者為10.4%（1990年）。國庫：自擔負給付約4%（1990年）	保險費率：18.7%，其中雇主與勞工負擔方各半（德西）。國庫：給付費用的補助（1991年約為給付總額的18.5%）	保險費率：16.35%，其中主及以下各年金被保險人6.55%。國庫：重新撥補特殊給付的25%	保險費率：基本年金7.45%，附加年金1.6%，被保險人0.56%由雇主及自營作業者負擔，受雇者不負擔。國庫：僅支撥基本年金約25%	保險費率：勞資雙方各半6.2%。國庫：原則上無（但對72歲以上的特殊給付有子補助）	厚生年金保險：男性14.45%，坑內工14.63%，女性14.15%，勞資雙方各半（附加年金13%，被保險人0.75%×0.75%）×速動調整率。國民年金：10,500圓/月，事務費補助
老年年金（退休）月額	基本年金（1993年1月）：單身：243.10克、夫婦：383.14克	德西（不含附加年金）1,403馬克、德東（不含附加年金）872馬克（1991年7月）	1993年1月：單身：6,180法郎、夫婦：2,998法郎	1992年1月：單身：32,352瑞幣、夫婦：52,909瑞幣	1993年2月：單身：653美元、夫婦：990美元	1989年12月起：基本年金：39,600圓、國民年金：150,400圓
管理機構營運	社會安全事務所：監督；社會安全部：營運	勞工年金保險由地方州保險事務所、聯邦礦山保險事務所等；職員保險由聯邦基金營運，職員保險所：監督	國民老年保險金庫、地方社會保險保障金庫：營運管理	社會保險人群服務部：監督；社會保險所：營運管理	衛生服務部：監督；社會安全人群服務部：營運管理	厚生年金、國民年金：厚生省：監督；社會保險廳：營運管理
備註（1993年12月匯率）	1鎊 = 新臺幣40.48元	1馬克 = 新臺幣15.80元	1法郎 = 新臺幣4.62元	1瑞幣 = 新臺幣3.24元	1美元 = 新臺幣27.15元	1圓 = 新臺幣0.25元

資料來源：日本厚生統計協會，《保險と年金の動向》，1993年版。

第三節　建構我國老年所得保障制度之探討

　　政府的老人福利工作，係以高齡長輩的需求爲依歸，並作整體規劃，不能因爲突出某一部分，而忽略了其他部分。早在民國 69 年，政府就公布老人福利法，並據以推展各項老人福利措施，包括安養設施、生活補助、乘車優待、文康休閒、長青學苑、在宅服務、日間照顧等。嗣於 72 年完成老人福利 10 年計畫； 79 年 7 月開辦中低收入戶老人醫療補助； 81 年 2 月完成老人福利法修正草案陳報行政院審查，行政院已於 82 年 11 月送立法院審議； 82 年 4 月成立「國民年金保險制度研議小組」； 82 年 7 月開辦中低收入戶老人生活津貼； 82 年 10 月對老人的福利需求進行評估； 83 年 6 月召開全國社會福利（含老人福利組）會議，現正研擬老人福利政策報告書及老人福利近中長程計畫，期逐步建立完整的老人福利體制。

　　至於在預算編列上，內政部老人福利專列預算自民國 73 年度的 1 千 500 萬元， 79 年度的 2 億餘元，已增至 84 年度的 20 億 5 千萬元。惟 84 年度的預算如再加上編於社會救助項下的中低收入戶老人生活津貼 41 億餘元，以及農民健保、殘障福利、社會救助預算中與老人有關者，合計約 227 億元（詳見表 3-5），佔內政部社會福利預算的 45%，如再加上其他部會（尤其是退輔會）與老人福利有關的預算，當不在少數。凡此，充分顯示政府重視老人福利。

　　依據各項調查資料顯示，老人福利需求中，以醫療照顧佔首位，經濟生活其次。而在全面實施全民健康保險，老人的醫療需求滿足以後，老人的經濟需求（所得保障或稱所得安全）將成爲大家最重視的課題，故老年所得保障制度也就更顯其重要性。

表 3-5　内政部老人福利相關預算

單位: 千元

年度	專列預算	殘障福利、農民健保及社會救助有關者	合　　計
73	15,000	—	—
74	18,000	—	—
75	18,000	—	—
76	18,000	—	—
77	20,000	—	—
78	200,000	—	—
79	223,000	—	—
80	1,263,620	—	—
81	1,061,620	—	—
82	1,630,956	8,048,997	9,679,953
83	1,964,600	8,763,771	10,728,371
84	2,055,759	20,676,017	22,731,776

附注:　1.殘障人口中以 10%為老人估計之。
　　　　2.農民健保 65 歲以上老人約佔 44%。
　　　　3.低收入人口中以約 20%為老人估計之。
　　　　4.以前三項之預算各乘以比例,再加上編於社會救助項下
　　　　　中低收入戶老人生活津貼得第二欄數。

　　但是老年所得之保障應規劃妥善的制度,是以絕大部分的國家均建立
制度以老年年金保險爲主,使國民在年輕時繳保費,年老時享年金給付,
並鼓勵個人儲蓄及家庭奉養等。而政府亦應負擔必要的行政費以及補助
經濟弱勢者的部分保費等,另亦依社會救助原則給予老人家庭生活補助
費或生活津貼,俾相輔相成,以下將作更詳細的說明。

　　臺灣地區 65 歲以上老年人口數在民國 35 年底爲 15 萬餘人,佔總人
口比例爲 2%, 82 年 9 月爲 147 萬人,佔總人口比例爲 7%,已達聯合國
世界衛生組織所訂的高齡化社會標準;及至 82 年底爲 148 萬餘人,佔總
人口比例爲 7.1%;目前老年人口數已逾 150 萬人。

　　依據經建會的推估,我國人口老化的趨勢將加速,至民國 109 年,老
人人口佔總人口的比例爲 14.08%,人口數達 354 萬人(詳見表 3-6),約
爲 82 年 7.1% 的一倍,此人口加速老化的速度與日本大致相同,約爲 25 年

表3-6　臺灣地區年中總人口、依賴人口與工作年齡人口推計數中推計

項目 年別	人口數（千人）				百分比（%）		
	總計	0～14 歲	15～64 歲	65 歲以上	0～14 歲	15～64 歲	65 歲以上
83	21,062	5,209	14,334	1,518	24.73	68.06	7.21
84	21,256	5,120	14,547	1,589	24.09	68.44	7.48
85	21,448	5,038	14,753	1,657	23.49	68.79	7.72
86	21,639	4,970	14,949	1,719	22.97	69.09	7.94
87	21,827	4,917	15,135	1,775	22.53	69.34	8.13
88	22,014	4,876	15,312	1,826	22.15	69.56	8.29
89	22,200	4,844	15,481	1,875	21.82	69.73	8.45
90	22,385	4,819	15,641	1,925	21.53	69.87	8.60
91	22,568	4,799	15,791	1,978	21.27	69.97	8.76
92	22,750	4,785	15,930	2,035	21.03	70.02	8.95
93	22,929	4,777	16,057	2,096	20.83	70.03	9.14
94	23,108	4,779	16,171	2,158	20.68	69.98	9.34
95	23,284	4,797	16,271	2,216	20.60	69.88	9.52
96	23,458	4,816	16,374	2,268	20.53	69.80	9.67
97	23,628	4,826	16,489	2,313	20.43	69.78	9.79
98	23,795	4,834	16,606	2,355	20.32	69.79	9.90
99	23,956	4,840	16,717	2,400	20.20	69.78	10.02
100	24,113	4,843	16,815	2,455	20.08	69.73	10.18
101	24,264	4,842	16,897	2,524	19.96	69.64	10.41
102	24,407	4,837	16,961	2,609	19.82	69.49	10.69
103	24,542	4,827	17,007	2,707	19.67	69.30	11.03
104	24,670	4,813	17,037	2,820	19.51	69.06	11.43
105	24,788	4,794	17,050	2,944	19.34	69.78	11.88
106	24,899	4,770	17,048	3,081	19.16	68.47	12.37
107	25,001	4,741	17,032	3,228	18.96	68.13	12.91
108	25,096	4,708	17,003	3,384	18.76	67.75	13.48
109	25,183	4,672	16,966	3,545	18.55	67.37	14.08
110	25,264	4,634	16,922	3,708	18.34	66.98	14.68
111	25,340	4,596	16,874	3,869	18.14	66.59	15.27
112	25,410	4,558	16,823	4,029	17.94	66.20	15.86
113	25,475	4,522	16,766	4,187	17.75	65.81	16.44
114	25,535	4,488	16,704	4,343	17.58	65.42	17.01
115	25,590	4,458	16,635	4,496	17.42	65.01	17.57
116	25,639	4,433	16,560	4,646	17.29	64.59	18.12
117	25,683	4,413	16,479	4,791	17.18	64.16	18.65
118	25,720	4,398	16,393	4,929	17.10	63.74	19.16
119	25,750	4,389	16,305	5,057	17.04	63.32	19.64
120	25,774	4,384	16,217	5,173	17.01	62.92	20.07
121	25,791	4,385	16,131	5,275	17.00	62.55	20.45
122	25,801	4,390	16,046	5,365	17.01	62.19	20.79
123	25,804	4,398	16,964	5,442	17.04	61.87	21.09
124	25,799	4,409	16,884	5,507	17.09	61.57	21.34
125	25,788	4,420	16,805	5,563	17.14	61.29	21.57

資料來源：行政院經濟建設委員會，1993 年。

至 27 年之間加倍，比之歐美各國的 45 年以上至 125 年間（如法國爲 125 年、美國爲 70 年、德國爲 45 年、英國爲 45 年），相差甚大。及至民國 120 年，老年人口將達 517 萬人，佔總人口比例將逾 20%，也就是說每五個人中就有一人是高齡長者。

另外，隨著醫藥衛生的進步，我國國民的平均餘命亦逐年增加，也就是活得更久。民國 81 年國民的平均餘命爲 74.26 歲（82 年粗估數爲 74.45 歲），但 65 歲至 69 歲長者的平均餘命爲 15.65 歲，亦即國人 65 歲退休以後，平均尚有 15 年以上的生活。

根據先進國家實施老年所得保障制度的經驗，因爲低估了人口結構老化及平均餘命延長的速度，造成政府財政沈重負擔，亦即加重後代國民的沈重負擔，這是我國在規劃該項制度所應避免的。

老年人口的福利需求，根據調查研究主要可區分爲醫療、經濟、居住安養、休閒與社會適應、精神生活等層面；醫療需求雖佔首位，但經濟能力爲滿足其他需求的重要手段，是以老人福利以經濟層面的保障爲最基本。

依內政部民國 82 年 12 月間的調查資料，老人生活費用主要來源由其子女供應者佔 52.3%（詳見表 3-7）。但由於大部分家庭的收入僅夠維持家庭的支出，已不容易；是以老人最基本的支出，尚能勉予支應，如遇有額外支出，或緊急所需，就非一般家庭所能應付。尤其是目前生育率下降，每一家庭平均子女數未及二人，可預期由子女奉養父母的能力，將因子女數的減少而減弱。

另外老年人以儲蓄或工作收入爲主要來源者佔 28.1%，但可能由於不善理財或停止工作、或通貨膨脹、或贈與其子女、或爲人所誘騙等，而不再有積蓄或收入；如此，生活頓陷入困境。因此，透過建立妥善的老年所得保障制度以確保老年期穩定而持續的所得收入來源，才能真正解決老人的經濟需求。

表3-7　臺灣地區六十五歲以上老人最近三個月生活費用之最主要來源

單位: %

項　　目　　別	八十二年 (10～12月) ①	八十年 (10～12月) ②	差額 ③＝①－②
總　　　計	100.00	100.00	
1.子女供應	52.30	52.37	−0.07
2.本人退休及保險給付	14.76	16.07	−1.31
3.本人或配偶的積蓄(含變賣財物)	17.25	15.87	1.38
4.本人工作收入	6.60	8.10	−1.50
5.配偶工作收入	4.25	2.68	1.57
6.社會救助	1.61	1.57	0.04
7.房租及利息收入	1.90	1.54	0.36
8.親戚或朋友幫助	0.86	1.09	−0.23
9.買賣股票房地產等交易所得	0.03	−	−
10.其他	0.45	0.71	−0.26

資料來源: 內政部統計處，1994年9月23日。

　　老年所得保障的策略不外有四種: ①以傳統方式養兒防老依靠子女扶養。②以繳費自助互助方式，實施老年（年金）保險，提供老年一次或年金給付。③以扶助方式，事先不必繳費，對家庭所得在一定標準以下者，提供生活津貼或家庭生活補助。④以自助方式，由個人儲蓄或購買商業保險，獲得保障。

　　子女的奉養是一種責任，在強化家庭功能; 老年（年金）保險則是一種社會保險制度，是從年輕時就開始預繳保費，老年時才能領取養老給付，是一種以社會集體的力量來保障每一個人年老退休後所得安全，而不是不分貧富一律要求政府發給「年金」或津貼; 老人生活津貼則是兼具社會救助與社會福利性質，對高齡長者的一種尊崇，使得不是低收入老人但家庭清寒者，得以獲得扶助; 低收入戶家庭生活補助則完全是一種社會救助，對省、市政府列冊有案之低收入戶老人按月發給以確保其最低生活的滿足。

以上四種保障策略，雖然使用方法、保障範圍，未盡相同，但基本目標則完全一致（如表3-8），在確保老年人有固定的所得，以安定生活，且彼此之間環環相扣，相輔相成，四者之間交織成完整的所得保障網絡（如圖3-8、3-9、3-10、3-11），以確保高齡長輩經濟安全，生活安定。

表3-8　保險、津貼、救助之比較表

類別 \ 項目	保險（年金）	津貼	救助
相異性　性　質	自助互助	1.扶助或 2.權利	扶　助
對　象	被保險人	中、低收入戶或全面給付	低收入戶
功　能	預　防	補充	濟　助
範　圍	普　遍　性	選擇性	選　擇　性
特　色	強迫儲蓄	政府補助	政府補助
資　格	免資產調查（強制參加）	1.需資產調查或 2.不需調查但有排除規定	需資產調查
要　件	需繳費一定期間以上（十年、十五年、二十年）	不需繳費	不需繳費
標　準	基本生活保障	介於最低與基本生活保障	最低生活保障
財　源	保　險　費	政府預算	政府預算
相同性　目　的	所得安全	所得安全	所得安全
辦理機關	政府（亦可委託民營）	政　府	政　府
給付方式	現　金	現　金	現　金
發給方式	按月或按期	按　月	按　月

資料來源：白秀雄，1994。

年金是指一種定期、長期、繼續支付給付的方式，被保險人可按年、半年、季、月或週領取。年金保險是以納費方式對參加一定期間以上被保險人發生保險事故，提供定期性、繼續性長期給付的一種自助互助之保險制度。國民年金保險是以國民為參加對象，在參加滿一定期間後，於年滿65歲，或發生傷病成殘或死亡時，提供本人或遺屬年金給付，以保障其基本經濟生活安全的一種社會保險制度。國民年金保險的給付項目可分為三大類，即老年年金、殘障年金、遺屬年金給付。

圖3-8　我國目前老年生活費用的主要來源

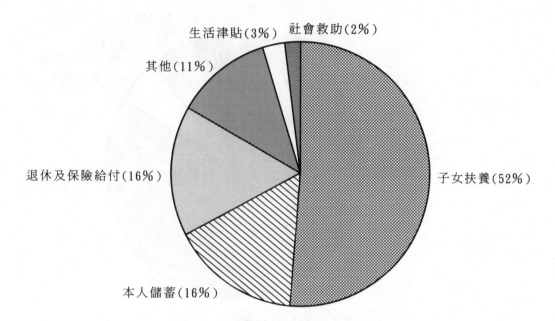

資料來源：1992 年臺灣地區老人狀況調查報告。

製表單位：內政部社會司。　製表時間：1994 年 9 月。

　　迎接高齡，針對需求，掌握策略，我國現行老年所得保障措施具體內容如下：

㈠規劃實施國民或老年（年金）保險，以保障老人經濟生活安全

　　目前雖有公保、勞保，其老年給付採一次給付方式，易受通貨膨脹及個人運用不當影響，無法確保年老退休後所得安全；且尚有 46% 的國民未享有公勞保之保障。所以如何擴大全面實施，並採年金給付方式，內政部乃於 82 年 4 月間即邀請學者專家，政府相關部門代表籌組「國民年金保險制度」研議小組，進行老年、殘障、遺屬年金保險之研議，其間並曾召開 27 場次年金保險系列演講座談會，7 次研議小組會議，2 次公聽會，

圖3-9 我國未來老年生活費用的主要來源

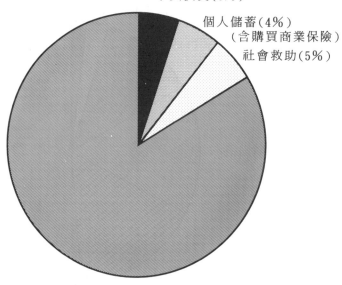

子女扶養(6%)

個人儲蓄(4%)
(含購買商業保險)

社會救助(5%)

老年年金保險(85%)

製表單位：內政部社會司。 製表時間：1994年9月。

圖3-10 我國現行老年所得保障措施

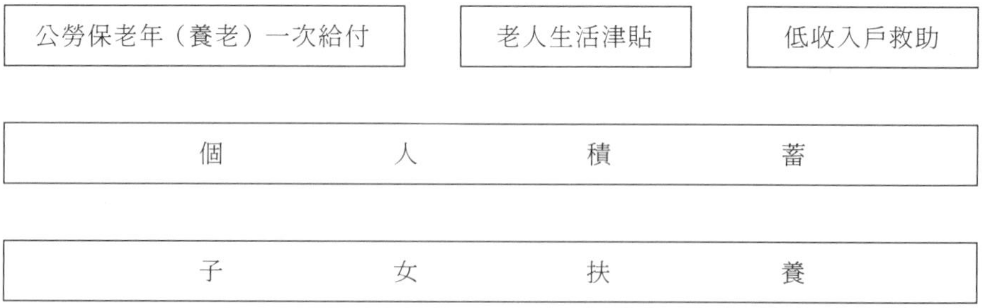

公勞保老年（養老）一次給付	老人生活津貼	低收入戶救助

個　　人　　積　　蓄

子　　女　　扶　　養

圖3-11　我國未來老年所得保障措施

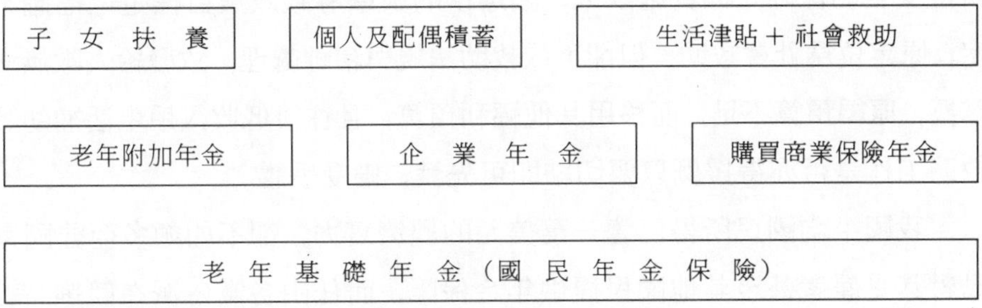

子 女 扶 養	個人及配偶積蓄	生活津貼 + 社會救助
老年附加年金	企 業 年 金	購買商業保險年金

老 年 基 礎 年 金（國 民 年 金 保 險）

於 83 年 2 月完成「建構我國國民年金保險制度建議書」暨「國民年金保
險法立案要點」草案，陳報行政院供作決策參考，目前正由行政院經建會
在有協調。經建會於 84 年 4 月間向行政院提出報告，但由於其內容並未
超出內政部的報告，另方面雖有協調整合之名，然在部會間，甚至與考試
院間無法建立共識。因此，可謂迄無任何進展（經建會,1995）。基本上，
國民或老年年金保險係以強迫儲蓄方式辦理，從個人儲蓄轉變爲社會儲
蓄，並由政府承擔一定比例責任，但並非全部責任。

㈡實施低收入戶家庭生活補助及中低收入戶老人生活津貼，以相輔相成

　　無依無靠、無恆產、亦無收入的低收入家庭，原由政府每人每月發給
5,000 元（臺北市爲5,730 元）的家庭生活補助。另因老人的特別經濟需
求，政府實施中低收入戶老人生活津貼，對低收入家庭的老年人，除原已
給予每月5,000 元（臺北市爲5,730 元）外，再加生活津貼每月 6,000 元，對
家庭總收入除以總人口，平均每人每月未達最低生活費用 1.5 倍的老人，
每月發給 6,000 元的生活津貼，而對 1.5 倍未達 2 倍者，發給 3,000 元。
（最低生活費標準，臺北市爲 6,290 元，臺灣省及高雄市均爲 5,000 元；
1.5 倍，臺北市爲 9,435 元，臺灣省及高雄市均爲 7,500 元； 2 倍，臺北市
爲 12,580 元，臺灣省及高雄市均爲 10,000 元，詳見表 3-9、 3-10）。本項

生活補助及生活津貼措施，原可與老年年金保險制度相輔相成，以維老年所得安全的保障。但實施以來，因選舉的衝擊導致政策目標定位搖擺不定，原定位為社會救助，但卻不依救助法規與精神處理，致發給人數無法掌握，原編預算不足，而移用其他福利預算，且往後低收入戶生活補助等救助工作是否亦得援例只要切結即可先發，備受爭議。

我國平均國民所得已達一萬美元的經濟實力，卻不如頗多亞非國家已對其受雇者甚至其他國民提供年金保障，而任由各黨各派在競選時，以「喊價」、「競賽」方式推出「老人年金」、「老人津貼」、「敬老津貼」、「老農津貼」等，使原本已支離破碎的社會安全制度，益形惡化。建立社會安全制度在我國憲法中明列為基本國策，而在各國經驗與世界潮流，均以實施社會保險為建立社會安全制度的重心。而社會保險的目標，除職業保險、失業保險外，健康保險、年金保險應普遍推展適用於全民。如今，全民健康保險已於84年實施，國民年金保險之規劃實施實刻不容緩。因此，我們提出下列建議事項：

1.整體規劃，策訂具體老年所得保障方案

針對老人需求與時代潮流，加緊腳步，整體規劃並整合各界力量，以家庭為軸心，老年（年金）保險為基礎，老年生活津貼及家庭生活補助為輔助，並佐以各種稅捐之減免優惠，鼓勵子女奉養父母，擬訂具體老年所得保障制度積極辦理。（圖3-10、3-11）

2.植基家庭，強調社會整體連帶責任

發揚孝道精神，以敬老倫理為張本，直接或間接鼓勵成年子女負擔照顧父母的責任，對實際照顧父母的子女研究規劃給予課稅上的優惠，或無息貸款，或國民住宅優先配售（有三代同堂事實之家庭得優先申購國宅已納入老人福利法修正案，並已送立法院審議）。讓民眾了解，照顧老人固然是政府責任，而民眾亦應盡其家庭的本分與義務，也就是說老人福利的推動，政府與民眾都有責任。

3.鼓勵互助，加速規劃國民年金保險制度

　　老年（年金）保險為老人生活保障的基石，是一種普遍性的保障措施強調自助互助，優點是可以確保每一位老人生活無虞匱乏，缺點是如規劃不當，財務運作失靈，則將造成政府龐大經費負擔。因此，在加速規劃之同時，也應朝穩健、審慎步驟作縝密周全的規劃，以提供老人基本生活保障的國民基礎年金（老年、殘障或遺屬），應為當務之急，附加年金、商業年金、企業年金則宜次第展開規劃，以提昇年老後的生活水準。

4.擴大參與，結合民間力量攜手共創新境

　　政府的力量是有限的，民間的力量則是無窮的，推動老年福利，必須有效結合民間團體的力量，共同參與，並積極檢討研修相關法令，使民間參與，法制化、透明化，讓老人福利工作，吸引更多民間力量，共同開拓老人福利新意境。

5.充實人力，健全社會福利行政體制

　　福利措施的增加，必須增設機構及增置人員予以配合。目前臺灣省各縣市之鄉鎮市區公所，多僅一人承辦所有的社會行政業務，實難因應日益增加的社會福利業務量。 82 年 7 月開辦的中低收入戶老人生活津貼，甚多縣市就因人力不足，影響效率。 83 年 7 月擴大辦理，受益對象由 3 萬 5 千人擴大至預估的 22 萬人，但承辦人力仍未增加。現已積極協調省市加強調派村里幹事協助辦理，以及簡化多項申請或審核手續，但人力問題如不予以解決，以鄉鎮市區公所一個人的力量實難推動日愈增加的基層社區福利服務工作量，而政府的福利服務措施亦難在基層社區貫徹實施。

　　高齡化社會，是社會進步的表徵，帶來喜悅，也帶來新的情勢、新的需求、新的挑戰，我們的作法是將高齡長者從社會邊陲帶入社會核心，提供物質與精神上必要的協助，確保老年的基本權益，建立自主、安樂、尊嚴、和諧的生命共同體，人人生命延長，個個生活愉快，使得我們居住的地方，能成為名實相符的尊老、敬老、崇老的社會。

表3-9　84年度低收入戶及中低收入戶家庭老人生活津貼簡表

單位：每人，每月，新臺幣

項目＼地區	無收入低收入戶家庭老人			中低收入戶家庭老人	
	(1)依低收入戶家庭生活補助辦法	(2)依老人生活津貼辦法	(1)＋(2)合計	未超過最低生活費 1.5 倍者	超過最低生活費 1.5 倍但在 2 倍之內者
臺灣省	5,000 元	6,000 元	11,000 元	6,000 元	3,000 元
臺北市	5,730 元	6,000 元	11,730 元	6,000 元	3,000 元
高雄市	5,000 元	6,000 元	11,000 元	6,000 元	3,000 元
金門縣	4,400 元	6,000 元	10,400 元	6,000 元	3,000 元
連江縣	4,000 元	6,000 元	10,000 元	6,000 元	3,000 元

表 3-10　低收入戶及中低收入戶老人生活津貼核發金額

八十四年度 項目 地區	最低生活費用標準	低收入戶家庭生活補助及老人生活津貼核發總金額			中低收入戶家庭內若有65歲以上老人其生活津貼核發金額				84年度內政部預估補助人數
		地方政府發放金額	內政部補助後發放金額	低收入戶內若有65歲以上老人其生活津貼核發總金額	最低生活費用1.5倍之標準以下	核發金額	最近生活費用二倍之標準以下	核發金額	
臺灣省	5,000 元	一款：2,200 元 二款兒童：1,600 元 三款兒童：0 元	一款：5,000 元（每人每月）二款：3,800 元（每戶每月）兒童：1,600 元（二人為限）三款兒童：1,400 元	每位老人每月加發 6,000 元	7,500 元	6,000 元	10,000 元	3,000 元	139,002 人
臺北市	6,290 元	戶長：7,730 元 戶內人口：3,730 元	生活照顧戶：5,730 元（每人）生活輔導戶：3,800 元（每戶）	每位老人每月加發 6,000 元	9,435 元	6,000 元	12,580 元	3,000 元	58,603 人
高雄市	5,000 元	一類：2,100 元 二類：1,800 元 一類戶內人口：1,500 元 孤苦兒童 600 元	一類：5,000 元（每人每月）二類：3,800 元（每戶每月）孤苦兒童：1,600 元	每位老人每月加發 6,000 元	7,500 元	6,000 元	10,000 元	3,000 元	21,600 人
金門縣	4,400 元	800 元	一款：4,400 元（每人每月）二款：3,800 元（每戶每月）	每位老人每月加發 6,000 元	6,600 元	6,000 元	8,800 元	3,000 元	700 人
連江縣	4,000 元	1,600 元	每人每月 4,000 元	每位老人每月加發 6,000 元	6,000 元	6,000 元	8,000 元	3,000 元	95 人
						合計			220,000 人

備註：省市現行低收入戶家庭生活補助辦法各自為政，標準不一，至為混亂，內政部在修訂社會救助法時已予以改進。

第四節　建構我國國民（老年）年金制度之探討

一、緣起

我國老年經濟生活的保障，目前除省市政府列冊有案的低收入戶，經資產調查之中、低收入戶及榮民分別依社會救助法、老人福利法及榮民就養辦法，按月給與生活津貼（又稱生活給與）3 仟元至 1 萬 1 仟元不等外，公務人員、勞工、私立學校教職員則分別依公務人員保險法、勞工保險條例、私立學校教職員保險條例規定，給與一次老年（養老）給付，上開老人人口約佔老人總人口的 50%，其餘 50% 的老人，除靠自身儲蓄或子女扶養，或購買商業保險等方式尋求保障外，則無其他的經濟安全保障措施。鑑於老年人口逐年遞增，家庭扶養功能逐漸減弱，且由於現行公、勞保老年一次給付制，因易受通貨膨脹而貶值，或因投資運用不當而耗盡，不易發揮確切保障退休後經濟生活的功能。長久以來，迭有學者專家建議應改採年金保險制度，以落實政府照顧老年生活的政策，並促進我國社會保險制度的健全發展。

依據美國社會安全署 1992 年出版《世界各國社會安全制度要覽》統計，1990 年全世界實施社會安全制度的國家共有 146 國，其中提供老年、殘障、遺屬給付者 138 國，以社會保險方式施行者最多計 107 國，其中除中華民國及黎巴嫩二國採行一次給付外，其餘 105 國均實施年金給付。年金給付的實施已為世界潮流趨勢。根據國際貨幣基金 (IMF) 發表 1991 年 49 個國家的平均每人國民生產毛額 (GNP) 的統計，與其老年、殘障、遺

屬保障制度予以對照比較，我國位處中間，但卻是唯一實施一次給付的國家（表 3-11）。

二、研議過程

對於國民年金保險的研議，內政部至為重視，除成立「國民年金制度研議小組」進行研議外，並已完成及展開各種凝聚共識，建立正確觀念的宣導措施，茲將其重要過程分述如後：

㈠國民年金保險制度的研議

⑴82 年 4 月 9 日　　邀請涵蓋社會福利、保險、財政、經濟、精算等方面十四位學者專家（並於82 年 12 月 8 日增邀一位經濟學者）及政府相關單位代表九位共同組成「國民年金制度研議小組」（名單如附錄二）。

⑵82 年 5 月25 日　　召開「國民年金制度研議小組」第一次會議。

⑶82 年 6 月25 日　　召開「國民年金制度研議小組」第二次會議。

⑷82 年 8 月10 日　　召開「國民年金制度研議小組」第三次會議。

⑸82 年 11 月 2 日　　召開「國民年金制度研議小組」第四次會議。

⑹82 年 11 月 5 日　　召開「國民年金制度研議小組」第五次會議。

⑺82 年 11 月 22 日　　邀請勞工、婦女、社會福利、資方團體及財經學者專家召開國民年金保險制度架構草案第一次公聽會。

⑻83 年 1 月25 日　　召開「國民年金制度研議小組」第六次會議。

⑼83 年 2 月1 日　　再邀請社會學、社會福利學者專家及資方團體召開國民年金保險制度建議書第二次公聽會。

⑽83 年 2 月23 日　　召開「國民年金制度研議小組」第七次會議。

表 3-11　各國 1991 年平均國民生產毛額與老年、殘障、遺屬保障制度

國家別	平均每人 GNP（美元）	老年、殘障、遺屬保障制度				國家別	平均每人 GNP（美元）	老年、殘障、遺屬保障制度			
		全民制度	年金給付	一次給付	儲金			全民制度	年金給付	一次給付	儲金
瑞　士	35,586		✓			中華民國	8,788			✓	
盧森堡	31,271 (1)		✓			希　臘	6,988		✓		
瑞　典 (3)	27,488	✓				韓　國	6,513		✓		
日　本	27,196		✓			葡　萄　牙	6,024 (1)		✓		
挪　威	25,316	✓				沙　烏　地阿　拉　伯	5,968 (2)		✓		
芬　蘭 (3)	24,760	✓				墨　西　哥	3,182		✓		
德　國	24,728		✓			南　非	2,902		✓		
丹　麥	24,248	✓				委內瑞拉	2,637		✓		
美　國	22,537		✓			巴　西	2,576		✓		
加拿大	21,054	✓				馬來西亞	2,283 (1)				✓
法　國 (3)	20,961		✓			智　利	2,203		✓		
奧地利	20,859		✓			巴　拿　馬	2,129		✓		
比利時	19,797 (1)		✓			土　耳　其	1,964		✓		
義大利	19,768		✓			泰　國	1,415 (1)		✓		
荷　蘭	19,261		✓			哥倫比亞	1,240 (1)		✓		
英　國	17,612		✓			摩　洛　哥	1,117		✓		
澳　洲	15,946	✓				薩爾瓦多	1,081		✓		
科威特	15,204					多明尼加	989 (3)		✓		
新加坡	14,775				✓	厄瓜多爾	985		✓		
香　港 (3)	14,102	✓				瓜地馬拉	934		✓		
西班牙	13,380		✓			菲　律　賓	730		✓		
伊　朗	12,662		✓			印　尼	591				✓
紐西蘭	11,944	✓				宏都拉斯	533		✓		
以色列 (3)	11,897		✓			印　度	312		✓		
愛爾蘭	11,130		✓								

說　　明：(1)為 1990 年資料，(2)為 1989 年資料，(3)為 GDP 資料。
資料來源：International Monetary Fund , *International Statistics*, Nov. 1993.

㈡國民年金保險制度的宣導

1.82 年 9 月 18 日至 12 月 30 日　內政部與中國社會保險學會舉辦十場先進國家年金保險制度演講座談會，計介紹英、美、德、日、韓、加、瑞典等國並加以比較。

2.82 年 10 月 12 日至 11 月 16 日　內政部與臺視「妙語如珠」節目製作國民年金制度電視宣導座談，計有六集包括認識年金保險、年金保險與生活津貼關係、介紹外國年金保險制度、如何實施年金保險、年金保險對個人家庭與社會影響、年金與公勞保關係等。

3.82 年 12 月 22 日至 83 年 2 月　內政部與國立政治大學廣告學系合作編印「您認識國民年金保險嗎?」宣導資料。

4.83 年 1 月 8 日至 4 月 30 日　內政部與中華民國社會福利學會合作舉辦十四場國民年金保險制度專題演講，從人口結構、財務均衡、財務責任、經濟發展、國民儲蓄、行政組織管理及社會救助配合等方面進行研討。

三、研議原則

　　先進國家的年金保險方式對老人經濟生活提供三層保障，第一層保障為公共年金；第二層保障為企業年金；第三層保障為個人年金。本部研議的國民年金保險即提供第一層的基礎公共（社會）保險年金保障，至於第一層的附加年金、及第二、三層的企業年金、個人年金等均不在研議範圍。研議中的國民年金保險係以保障國民於老年、殘障或死亡時，其本人或遺屬的基本經濟生活為基本目標，其研議原則如下：

　⑴繳費互助原則：以社會保險方式，實施國民年金保險，發揮自助互助的福利效能。

　⑵強制參加原則：以強制參加方式，凡合於資格者均應參加，因投保人

數愈多,基於大數法則,費用負擔愈低,制度較易推行。

(3)基本保障原則:提供最低收入保障,並反映生活水準的變動,適時予以調整,以應需要。

(4)重分配原則:以繳費能力高者負擔較多費用,繳費能力低者負擔較少費用,但領受相同年金給付金額,發揮社會互助的效果。

(5)自給自足原則:以財務自給自足爲目標,財務收支不平衡時,應即調高保險費,以健全財務基礎。

(6)給付權利原則:以盡到繳費的義務,符合一定請領要件者,不論其所得高低,均可領取給付。

四、國民年金保險實施方式

現行公保、勞保老年一次給付制,施行已久,且自成體系,對於國民年金保險制度的施行,研議小組幾度研商確立甲乙二案實施方式:甲案單一式國民年金保險,明確區分爲雙層保障,即以國民年金作爲基礎年金,現有公保、勞保、私校教保及規劃中的農民年金保險改採附加方式辦理;乙案分立式國民年金保險,僅對未參加公保、勞保、私校教保的國民提供年金保障,現有公保、勞保、私校教保則自行規劃辦理,或農民年金保險單獨規劃實施(圖 3–12~ 3–15、表 3–12、3–13)。

單一制

〈甲案〉

現制公保、私校教保、勞工保險老年一次給付制,改爲年金制並爲基礎年金型態,歸併入全部參加之基礎年金制。(圖 3–12)

圖3-12　全部參加基礎年金制【單一制】

公教人員 附加年金	勞　　　　　　附　　　加　　　年　　　金　　　　　工		農　　　民 附加年金
銓敘部	勞委會		農委會

國　　　民　　　基　　　礎		年	金
(公教人員)	(勞　　　工)	(農民)	(其餘國民)
銓敘部	勞委會	農委會	內政部

內政部統籌協調國民基礎年金有關事宜

約70萬人　　　　　　約800萬人　　　　　　約100萬人　　約380萬人

注：　1.斜線部分表示為現制公、勞保老年一次給付制及規劃中農民年金制。
　　　2.軍人保險部分將予排除不納入國民基礎年金，估計約40萬人。
　　　3.81年底臺灣地區15～65歲人口計約13,908千人。

〈乙案〉

　　現制公保、私校教保、勞工保險老年一次制改為年金制，並為附加年金型態，國民基礎年金重新建制作為基礎保障之底層。（圖3–13）

圖3–13　全部參加基礎年金制【單一制】

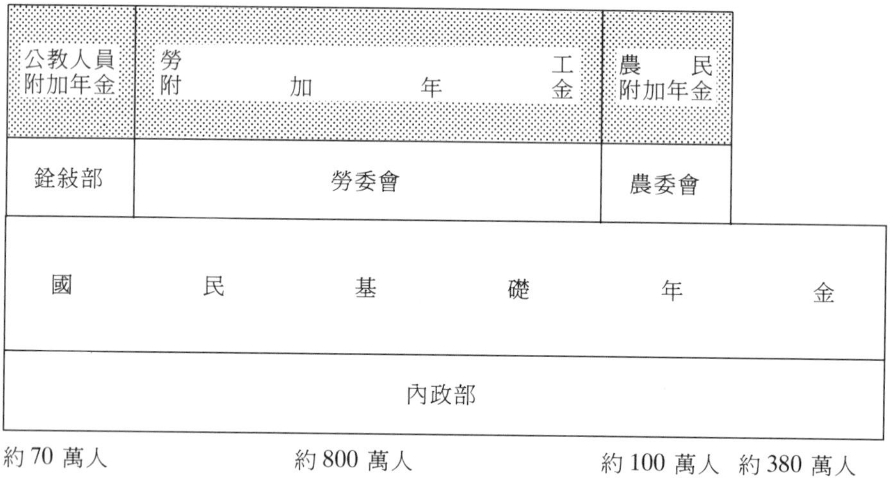

公教人員 附加年金	勞　　　　　附　　　加　　　年　　　金　　　　　工	農　　　民 附加年金
銓敍部	勞委會	農委會
國　　民　　基　　礎　　年　　　金		
內政部		

約70萬人　　　　　　　　約800萬人　　　　　　　約100萬人　約380萬人

注：　1.斜線部分表示為現制公、勞保老年一次給付制及規劃中農民年金制。
　　　2.軍人保險部分將予排除不納入國民基礎年金，估計約40萬人。
　　　3.81年底臺灣地區15～65歲人口計約13,908千人。

分立制

〈甲案〉

1.維持公保、私校教保、勞工保險及規劃之農民年金保險既有型態。

2.國民年金保險（基礎年金）以未參加公、勞、農保為適用對象。（圖3-14）

圖 3-14　部分參加基礎年金制【分立制】

公教保險	勞工保險	農民年金保險	國民年金保險（基礎年金）
銓敍部	勞委會	農委會	內政部
約 70 萬人	約 800 萬人	約 100 萬人	約 380 萬人

注：1.軍人保險部分將予排除不納入國民基礎年金，估計約 40 萬人。

　　2.81 年底臺灣地區 15～65 歲人口計約 13,908 千人。

〈乙案〉

維持公保、私校教保、勞工保險既有型態，規劃中農民年金保險併入國民年金保險內，並另行規劃農民附加年金保險。（圖3-15）

圖3-15　部分參加基礎年金制【分立制】

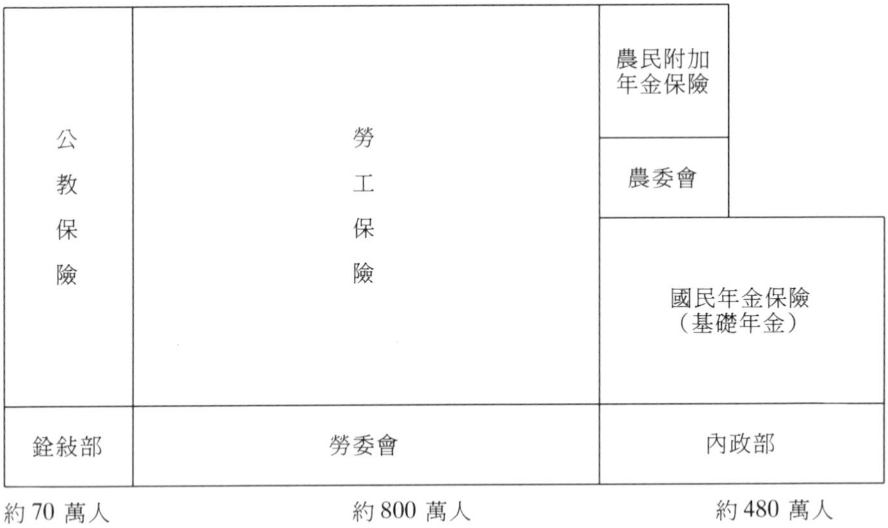

公 教 保 險	勞 工 保 險	農民附加 年金保險
		農委會
		國民年金保險 （基礎年金）
銓敍部	勞委會	內政部
約70萬人	約800萬人	約480萬人

注：　1.軍人保險部分將予排除不納入國民基礎年金，估計約40萬人。
　　　2.81年底臺灣地區15～65歲人口計約13,908千人。

表3-12　全部參加之基礎年金制 —— 單一制（草案）

優　　　　點	缺　　　　點
1.由中央進行統一規劃，將現行各種制度的老年給付作統籌調整，提供民眾基本同等之基礎年金。 2.避免各自年金給付標準不一。 3.事權統一，資源利用及行政管理效率較高。 4.財務籌措較為靈活，易發揮自助、互助之效果。	1.現行公、勞保老年給付已行之有年，採行單一制涉及既有年資採計併算困難。 2.各自特性不一，如何合併為單一制，爭議較大，涉及範圍較廣，短期間內難以順利完成。 3.基礎年金單一制，勞工、公教人員、農民採薪資比例部分之附加年金，另立體制辦理，則將形成雙軌投保作業向不同承保單位領取給付，較為不便。 4.公、勞保過去服務債務龐大，老年給付準備不足問題，如採單一制，將使上項問題更形複雜化。

表3-13　部分參加之基礎年金制 —— 分立制（草案）

優　　　　點	缺　　　　點
1.可自現行老年給付一次給付制改採年金制，在其過程中發現缺失，檢討改進，再擴及其他國民之基礎年金較為妥適。 2.維持現行分立制，所涉及制度整合及體系轉換之阻力較小。 3.維持勞工、公教、農民不同職業群體，不同權利義務關係之給付。 4.勞工、公教、農民維持其獨立體制，使基礎年金及附加年金在同一體系中運作，行政處理單純化。	1.採分立制之給付標準不一，形成差別待遇。 2.制度間各自獨立，年資無法併計，身分移轉及銜接不易，影響年金權益。 3.體系各獨立經營，政出多門，資源重複浪費，造成行政成本提高及行政效率低落。 4.部分國民之基礎年金，其被保險人多依賴人口，繳費能力薄弱，保險財務及營運較難健全。

　　上述兩種實施方式，各有其優缺點，茲分析如後：

甲案：單一式國民年金保險

　(1)優點

　　①各種保險的老年給付提供國民同等的基礎年金，以劃一年金給付標準。

　　②統一事權，提高資訊利用及行政管理效率。

　　③較易發揮自助及所得重分配效果。

(2)缺點

①現行各種保險的老年給付已行之有年，採行單一式，涉及既有年資
採計，併算困難，短期間難以順利達成。

②若基礎年金採單一式，而勞工、公教人員採薪資比例的附加年金，
另立體制辦理，將形成雙軌投保作業，向不同承保單位領取給付，
較不便民。

③公、勞保過去服務債務龐大，老年給付準備不足，如採單一式，將
使上項問題複雜化。

乙案：分立式國民年金保險

(1)優點

①維持勞工、公教人員不同職業群體的既有保險給付水準。

②維持現行分立體制，實施年金保險的阻力較少。

③維持現行分立體制，行政處理在同一體系內運作，較為單純化。

(2)缺點

①採行分立式的給付標準不一，形成差別待遇。被保險人身分移轉及
保險年資銜接均不易，影響年金權益。

②各自獨立經營，資源重複使用，行政成本較高，行政效率較差。

③參加國民年金者多屬非受雇者，繳費能力薄弱，保險財務及營運較
難健全。

五、國民（老年）年金保險研議要點

㈠法律名稱

國民年金保險法。（草案）

㈡行政組織

1.主管機關：內政部（或研議中的厚生部，或社會福利部）

國民年金保險為社會保險制度的一環，社會保險業務現由內政部主管，故明定中央主管機關為內政部，嗣再依行政院組織法修正結果後，改隸社會福利主管機關。

2.承保機關：設中央國民年金保險局辦理

為集中事權，統籌辦理、提昇效率，由中央主管機關設中央國民年金保險局辦理國民年金保險業務。

3.監理機關：國民年金保險監理委員會

為監理保險業務，由中央主管機關設國民年金保險監理委員會。

4.爭議審議機關：國民年金保險爭議審議委員會

為審議保險爭議事項，由中央主管機關設國民年金保險爭議審議委員會。

㈢投保單位與被保險人

1.投保單位

甲案：機關、學校、公民營企業、團體、農會、漁會、鄉鎮市區公所及公私立社會福利機構。

乙案：農會、鄉鎮市區公所及公私立社會福利機構。

2.被保險人

甲案：

①中華民國國民，年滿 15 歲未滿 65 歲在臺灣地區設籍且未參加軍人保險或未具有低收入戶資格者，依下列規定參加本保險：

(i) 強制對象：年滿 20 歲未滿 60 歲者。但未滿 25 歲在學且無工作者，不在此限。

(ii) 自願（任意）對象：年滿15 歲未滿 20 歲者、年滿20 歲未滿 25 歲在學且無工作者、年滿 60 歲未滿 65 歲者。

② 被保險人分為下列三類：

(i) 第一類：

受僱於政府機關、公私立學校及公民營事業機構之員工。

雇主、自營作業者、專門職業及技術人員自行執業者。

(ii) 第二類：

參加職業工會、海員總工會或船長公會為會員之外僱船員。

農、漁會會員或年滿 15 歲以上實際從事農、漁業工作者。

(iii) 第三類：

前二類被保險人以外的國民。

其辦理方式可分為兩種制度類型：第一種：現制公保、私校教保、勞工保險老年一次給付制，改為年金制並為基礎年金型態，連同規劃中農民年金保險歸併入全部參加之基礎年金制。第二種：現制公保、私校教保、勞工保險老年一次制改為年金制，並為附加年金型態，規劃中農民年金保險改為離農附加年金型態，國民基礎年金重新建制作為基礎保障之底層。

乙案：

① 中華民國國民，年滿 15 歲未滿 65 歲在臺灣地區設籍且未參加公務人員保險、勞工保險、軍人保險及私立學校教職員保險或未具有低收入戶資格者，依下列規定參加本保險：

(i) 強制對象：年滿 20 歲未滿 60 歲者。但未滿 25 歲在學且無工作者，不在此限。

(ii) 自願對象：年滿15 歲未滿 20 歲者、年滿20 歲未滿 25 歲在學且無工作者、年滿 60 歲未滿 65 歲者。

② 被保險人分為下列二類：

(i) 第一類：農會會員或年滿 15 歲以上實際從事農業工作者（如農民年金制度單獨規劃實施則其被保險人予以刪除）。

(ii) 第二類：第一類被保險人以外之國民。

其辦理方式可分爲兩種制度類型：第一種：維持公保、私校教保、勞工保險及規劃之農民年金保險既有型態；國民年金保險以未參加公、勞、農保者爲適用對象。第二種：維持公保、私校教保、勞工保險既有型態，規劃中農民年金保險併入國民年金保險內，並另行規劃農民附加年金保險。

㈣保險給付

1.給付項目

①老年基礎年金。

②殘障基礎年金（含殘障一次給付金）。

③遺屬基礎年金（鰥寡年金、母（父）子年金、孤兒年金）。

2.給付方式

年金給付按季（每年 2、5、8、11 月）分期給付。

3.給付條件

①老年基礎年金：

(i) 全額基礎年金：被保險人年滿 65 歲，參加保險年資合計滿 25 年者。

(ii) 減額基礎年金：

被保險人年滿 65 歲，參加保險年資合計滿 5 年未滿 25 年者。

被保險人年滿 60 歲，參加保險年資合計已滿 25 年，喪失職業能力且轉業困難者。

(iii)增額基礎年金：被保險人年滿 65 歲，參加保險年資合計超過 25 年者。

②殘障基礎年金：被保險人合於殘障福利法第三條所定極重度、重度、中度、輕度殘障等級者。

③遺屬基礎年金：

(i) 鰥寡年金：被保險人或年金受益者死亡，其配偶年滿 55 歲或屆滿 55 歲且無工作的未再婚者。

(ii) 母（父）子年金：被保險人或年金受益者死亡，其配偶年滿 50 歲且無工作及未再婚，需扶養未滿 18 歲或年滿 18 歲未滿 22 歲在學且無工作或殘障且無工作的子女者。

(iii)孤兒年金：被保險人或年金受益者及其配偶雙亡，其未滿 18 歲或年滿 18 歲未滿 22 歲在學且無工作或殘障且無工作的子女。

4.給付計算基準

以本法公布實施前一年行政院主計處家庭收支調查個人經常性支出為給付計算基準。

5.給付標準

①老年基礎年金：

(i) 全額基礎年金：採定額制，第一年以本法公布實施前一年行政院主計處家庭收支調查個人經常性支出 60% 至 80% 訂定（81 年家庭經常性支出為 11,086 元）。

(ii) 減額基礎年金：被保險人按其全額基礎年金額每少 1 年保險年資遞減 1.5%；每少一歲遞減 3%。

(iii)增額基礎年金：被保險人按其全額基礎年金額每多一年保險年資遞增 2.5%。

②殘障基礎年金：

(i) 殘障年金給付：

極重度殘障者，按老年全額年金 100% 發給。

重度殘障者，按老年全額年金之 80% 發給。

(ii) 殘障一次給付金：

中度殘障者，按老年全額年金之 30 倍一次發給。

　　輕度殘障者，按老年全額年金之 15 倍一次發給。

　　已領取殘障一次給付金者，仍得繼續參加國民年金保險，惟其加保年資，自新加保之當日起重新起算。

③遺屬基礎年金：

(i) 鰥寡年金：以被保險人或年金受益者死亡時，其既領或可領年金金額 75% 核給。

(ii) 母（父）子年金：以被保險人或年金受益者死亡時，其既領或可領年金金額 85% 核給。

(iii)孤兒年金：以被保險人或年金受益者死亡時，其既領或可領年金金額 40% 至 80% 核給。

(五)保險費

甲案：

⑴第一類及第二類被保險人的保險費

①投保金額：

(i) 第一類被保險人投保金額依下列各款定之：

受雇者以其薪資所得為投保金額。

雇主及自營作業者以其營利所得為投保金額。

專門職業及技術人員自行執業者以執行業務所得為投保金額。

(ii) 第二類被保險人投保金額依下列各款定之：

參加職業工會、海員總工會或船長公會為會員之外僱船員，參照全民健康保險法第22 條規定辦理。

農、漁會會員及實際從事農、漁業工作者，參照全民健康保險法第 23 條規定辦理。

②保險費率：採階梯式費率，並由保險人依修正提存準備方式，每 5 年精算一次。

(2)第三類被保險人的保險費，以其總人數及精算結果的全體被保險人每人平均保險費計算之。

乙案：

(1)第一類被保險人參照全民健康保險法第 22 條規定辦理。

(2)第二類被保險人以其總人數及精算結果的全體被保險人每人平均保險費計算之。

㈥年金給付額的調整

年金給付金額依行政院主計處公布前一年平均全國消費者物價指數，於累計超過 5% 時，按累計比率調整之。

㈦保險費負擔

甲案：

(1)第一類被保險人除雇主、自營作業者、專門職業及技術人員自行執業者，自付全額保險費外，其餘被保險人自付百分之○○，投保單位負擔百分之○○。

(2)①第二類被保險人參加職業工會、海員總工會或船長公會為會員者自付百分之○○，政府補助百分之○○。

②第二類被保險人為農、漁會會員或從事農、漁業工作者自付百分之○○，政府補助百分之○○。

(3)第三類被保險人自付百分之○○，政府補助百分之○○。

乙案：

(1)第一類被保險人，自付百分之○○，政府補助百分之○○。

(2)第二類被保險人，自付百分之○○，政府補助百分之○○。

以上甲、乙兩案各類被保險人、政府、雇主保險費之負擔比例，將陳報行政院作政策決定。

㈧保險費繳納義務人

甲案:

⑴第一類被保險人除雇主、自營作業者、專門職業及技術人員自行執業者，爲繳納保險費的義務人外，受僱者及第二類被保險人的保險費以投保單位爲扣繳或轉繳之義務人。

⑵第三類被保險人之保險費以戶長爲繳納義務人。

乙案:

⑴第一類被保險人以投保單位爲扣繳或轉繳義務人。

⑵第二類被保險人以戶長爲繳納義務人。

㈨保險財務處理方式

本保險的財務處理，採修正準備提存方式辦理。

㈩行政事務費

由政府負擔行政事務費用或由保險費提撥一定比例中支應。

㈠配合措施

本法公布實施時，凡年滿 60 歲以上，未參加本保險，而其家庭所得在一定標準以下者，經過資產調查，以生活津貼方式，保障其基本經濟生活。

㈡附加年金

國民年金保險提供基礎年金，勞工、公教、農漁民附加年金依其相關法規辦理。

六、國民年金保險規劃課題

㈠在政策上

　　宜先確定實施方式採單一式抑或分立式國民年金保險，以利建制。

㈡在規劃內容上

1. 研訂國民年金保險與各種附加年金保險、職業災害保險、失業保險的關聯性及其保障範圍。
2. 規劃現行各種保險現金給付轉化爲年金給付問題。
3. 規劃現行各種保險過去服務債務彌補問題。
4. 精算國民年金保險的費率，建立財務獨立責任制度。
5. 規劃政府對國民年金保險經費負擔及來源問題。
6. 規劃國民年金保險的保險責任準備金管理問題。
7. 研究國民年金保險的實施，對整體社會安全體制的影響，特別是福利服務與社會救助體制的配合銜接問題。
8. 研究國民年金保險對我國傳統孝親敬老扶養制度的影響。
9. 研究國民年金保險對總體經濟、個人儲蓄及勞動意願的影響。
10. 建議比照全民健保規劃模式，於行政院對制度內涵作政策性指示後，由內政部成立專案小組，或跨部會的專案小組，聘請社會福利、保險、財政、經濟、精算等專家學者，置專職工作人員，進行規劃。

第四章 醫療保健與照顧服務需求及措施

第一節 慢性病與醫療保健、長期照護

　　迎接高齡化社會的來臨，我們希望老年人不但要活得更長久，亦要活得更好、更健康、更快樂。不只要提供老年人各項醫療保健服務與照顧，更要加強尋求慢性病防治之道。甚至於青少年期即要開始預防疾病與殘障的發生，使老年健康狀況良好，以創造積極的健康餘命（余玉眉，1993）。依據81、82 年衛生統計，65 歲以上人口之主要死亡原因分別為惡性腫瘤、腦血管疾病、心臟疾病、糖尿病、意外事故及不良影響，此五大疾病亦同時高居臺灣地區十大死因之前五位。由此顯示，國內公共衛生與醫療技術之進步，使得國內十大死因，已從光復初期以急性病或傳染疾病為主的時代，轉為以慢性病為主的新紀元（行政院衛生署，1993；楊漢湶，1993）（圖4-1）。

　　當一個社會的衛生環境差、醫療服務不普及時，傳染病、細菌性疾病常為其成員主要死亡原因。然而由於科技發達，工業社會中現代人面對之問題反而是環境污染、職業傷害、人口高齡化後之各種慢性病，如惡性腫瘤、腦血管疾病、意外傷害、心臟疾病等「文明病」已逐漸在已開發國家的十大死因中名列前茅，而傳染病卻幾乎已被排除（余漢儀，1993）。

圖 4-1　臺灣地區十大死因之變化（民國 41 年至 80 年）

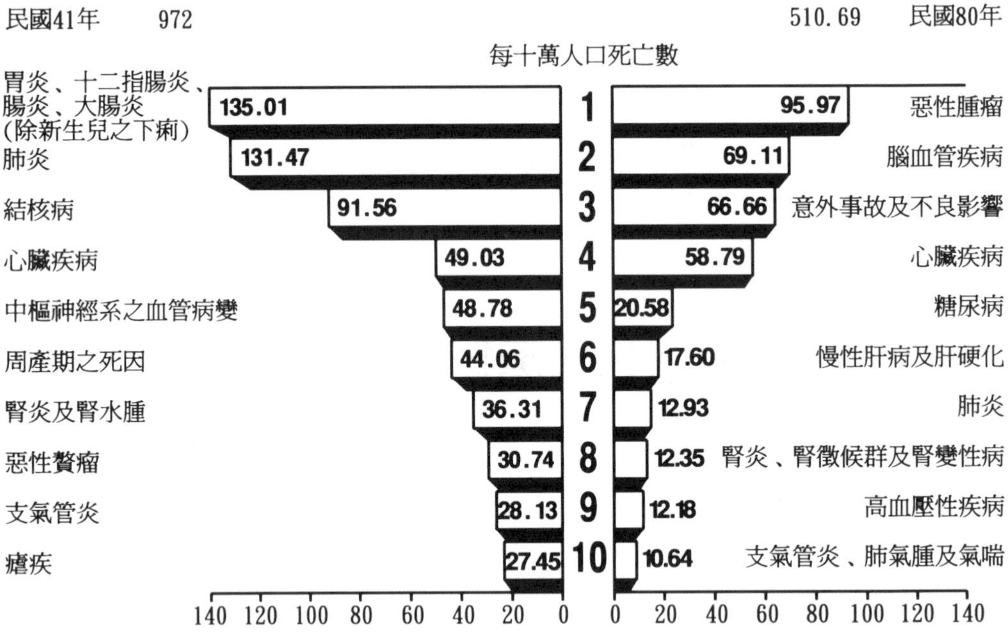

民國41年　　972　　　　　　　　　　　　　　　　510.69　　民國80年

每十萬人口死亡數

左（民國41年）	名次	右（民國80年）
胃炎、十二指腸炎、腸炎、大腸炎（除新生兒之下痢）　135.01	1	95.97　惡性腫瘤
肺炎　131.47	2	69.11　腦血管疾病
結核病　91.56	3	66.66　意外事故及不良影響
心臟疾病　49.03	4	58.79　心臟疾病
中樞神經系之血管病變　48.78	5	20.58　糖尿病
周產期之死因　44.06	6	17.60　慢性肝病及肝硬化
腎炎及腎水腫　36.31	7	12.93　肺炎
惡性贅瘤　30.74	8	12.35　腎炎、腎徵候群及腎變性病
支氣管炎　28.13	9	12.18　高血壓性疾病
瘧疾　27.45	10	10.64　支氣管炎、肺氣腫及氣喘

140 120 100 80 60 40 20 0　　0 20 40 60 80 100 120 140

資料來源：行政院衛生署，1992，《中華民國臺灣地區公共衛生概況》。

　　臺大醫學院李教授悌愷在美國心臟科醫學會發行之《中風》（*Stroke*）雜誌所發表的論文指出，追蹤了 2600 位 65 歲以上的老人，結果發現共有 156 位發生中風，比率高達 6%，歐美國家老人一般中風比率都在 3%，臺灣中風比率高居世界第一位（《聯合報》，84.8.14）。81 年行政院主計處「中華民國臺灣地區老人狀況調查報告」資料顯示，當時臺灣地區 65 歲以上之老人（1,329,000 人）中，在訪視期間（80年 10～12 月）三個月內，患有疾病者有 892,000 人，佔 67.1%。其中，高血壓患者有 447,000 人（33.6%），關節炎患者有 437,000 人（32.9%），心臟病患者 177,000 人（13.3%）。另外，與十大死因相關者，腦中風患者 37,000 人（2.77%），惡性腫瘤患者有 7,000 人（0.49%）（行政院主計處，1992）。而 1989 年臺

灣省家庭計畫研究所所做「臺灣地區老人健康與生活問題調查」，受訪老人在過去半年中有88.7%至少患有一種慢性疾病，有77.8%患有兩種以上的慢性疾病（梁浙西等，1993）。

圖4-2　臺灣地區常見慢性疾病死亡率之長期趨勢

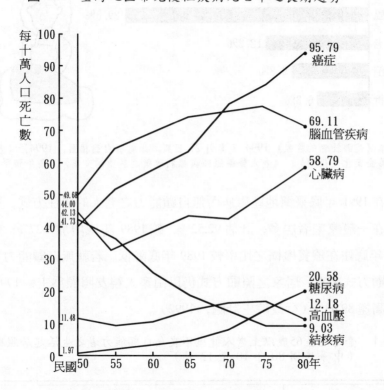

資料來源：行政院衛生署，1992，《中華民國臺灣地區公共衛生概況》。

　　依據1995年一項由臺北市衛生局進行的「臺北市老人醫療保健需求評估調查」，發現臺北市老人日常生活功能及健康方面，79.6%的老人罹患有一種以上的慢性病，其中，29.1%的老人罹患有一種慢性病，23.6%的老人罹患兩種慢性病，26.9%的老人罹患二種以上的慢性病（陳寶輝等，1995）。由上述事實，可見老人罹患慢性病的普遍性及其對健康照護需求的迫切性。

依據日本橫濱市 1986 年調查統計發現造成臥病在床的主要原因有四：
腦中風佔 29.6%、衰老佔 12.2%、跌倒佔 9.3%、骨折佔 6.3%，如圖 4-3：

圖 4-3　造成臥床的四大原因（日本潢濱市 1986 年統計）

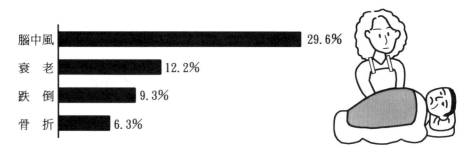

腦中風	29.6%
衰　老	12.2%
跌　倒	9.3%
骨　折	6.3%

※日本《長壽社會的住家》1994 年 1 月 27 日版。此處引自翁福居，1994，〈老人自費
　安養企業化之探討〉，《老人醫療照顧與福利政策之展望論文集》，高雄醫學院。

在 1991 年底臺灣地區患病而無自顧能力之老人的居住方式，則是以
仍住在一般家宅者居多，計佔 92.52%，較 1989 年底增加 4.27%；反之，
1991 年底住在療養機構之比率較 1989 年底降低。若就無自顧能力者之起
居照顧方式來看，居家之照顧方式仍以由家人親友照顧為主，1991 年底
合計高達 89.63%（行政院主計處，1992）。

表 4-1　臺灣地區 65 歲以上老人健康不良無自顧能力者之生活起居照顧方式
　　　　（中華民國 80 年 10 至 12 月）

單位: %

	總　　計		現住療養機構			現住一般家宅				
	人　數 (千人)	%	計	在醫院 長期療養	在療養 中心療養	在養老 院療養	計	在家由 家人照顧	在家僱 人照顧	親朋 照顧	其他
75 年 12 月	87	100.00	3.96	2.66	0.25	1.05	96.04	80.53	2.87	10.99	1.65
76 年 12 月	80	100.00	5.56	4.06	0.20	1.30	94.44	83.93	2.35	6.45	1.71
77 年 12 月	62	100.00	6.70	5.96	0.29	0.45	92.50	86.31	0.95	4.32	1.71
78 年 12 月	55	100.00	11.75	9.08	1.91	0.76	88.25	78.78	4.16	4.15	1.16
80 年 12 月	40	100.00	7.48	4.49	1.52	1.48	92.52	87.59	1.91	2.04	0.98

　　內政部臺灣地區婦女生活狀況調查報告顯示老人臥床的主要照顧者大多是女性，有68％的男性臥床者是由女性（配偶、女兒及媳婦）來照顧（內政部，1989）。（日本的情形見表4-7及圖4-7）

　　分析國內外研究，指出全國性資料顯示，男性重疾老人的主要看護者70％～80％為女性，其中又以配偶為主。但女性重疾之主要看護人，男性只在40％上下，配偶的比例比兒子還低，餘由媳婦、女兒承擔。而于博九（1989年）的住院中風病患之研究發現，即使在住院期間，大部分照顧職責仍在家人身上，當患者為男性時，其照顧者幾乎全是以妻子為主，女兒、媳婦有時亦會協助，但患者為女性時，其先生鮮少為主要照顧者，照顧之責便落在女兒或媳婦身上。戴玉慈（1990）與邱啟潤（1988）對中風病患的研究，均發現主要照顧者為女性者均超過80％（胡幼慧，1992、1994）。而此，對其社交活動、工作、求學，乃至身心健康、家庭關係衝擊影響不小，可見臺灣地區女性，在家裡照顧長期慢性病人的角色壓力甚大。隨著高齡化的發展趨勢，未來若是老年安養與照顧沒有相當的規劃與提供，社會價值觀沒有跟著調整，則未來女性突破家庭壓力投入社會中，也可能相當困難（王麗容，1995）。

　　陳建仁在〈老人人口結構、健康狀況與醫療保健需求資料之建立〉一文中指出民國77年十大死亡原因為癌症、腦血管疾病、意外災害、心臟疾病、糖尿病、慢性肝病及肝硬化……。除意外災害外，中老年慢性病已分居十大死因之列，並指痴呆（失智）症盛行率為2％～5％（陳建仁，1989）。李悌愷在〈老人之醫療需求〉一文中指出臺灣地區老人有13.7％罹病或行動不便，生活起居需他人長期照料（李悌愷，1989）。楊志良在〈我國老年民眾醫療保健行為及健康生活——以臺北市為例〉一文中則指出40歲以上臺北市民中患糖尿病比率隨年齡而提升：40～49歲罹患率2.8％、50～59歲為5.76％、60～69歲為8.38％、70歲以上為10.25％，而老人生活費中41.2％花在醫療照顧上（楊志良，1989）。王國裕則指出65歲以上老人每人平均醫療費用是65歲以下的國民的四倍（王國裕，1985）。

　　臺北市 65 歲以上老人最常見的慢性病依序爲高血壓 30.1%、白內障
17.5%、心臟疾病 15.2%、風濕症關節炎 13.6%、消化道潰瘍或胃痛 13.5%、
糖尿病 12.5%、背痛 6.9%、腦血管疾病 5.7%、肝膽疾病或結石 5.3%、骨
質疏鬆症 5.3%，臺北市老人常見十大疾病有五項爲臺灣地區 65 歲以上老
人主要死亡原因（陳寶輝等，1995）（表 4-2）。

表 4-2　臺灣地區 65 歲以上老年人口主要死因和臺北市 65 歲以上老年
　　　　人口常見疾病比較

順位	臺灣地區 65 歲以上老年人口主要死亡原因		臺北市 65 歲以上老年人口常見疾病（複選）	
1	惡性腫瘤	17.7	高血壓	30.1
2	腦血管疾病	15.3	白內障	17.5
3	心臟疾病	14.6	心臟疾病	15.2
4	糖尿病	6.0	風濕症關節炎	13.6
5	意外事故及不良影響	3.8	消化道潰瘍或胃痛	13.5
6	肺炎	3.4	糖尿病	12.5
7	腎炎、腎徵候群及腎變性病	3.1	背痛	6.9
8	高血壓性疾病	3.0	腦血管疾病	5.7
9	支氣管炎、肺氣腫及氣喘	2.3	肝膽疾病或結石	5.3
10	慢性肝病及肝硬化	2.0	骨質疏鬆症	5.3
	其　　他	29.0	其　　他	－
	合　　計	100%	合　　計	－

資料來源：陳寶輝等，1995。

　　老人罹患的疾病多是慢性退化性疾病，因此，醫療上多重於維持其生
活功能遠勝於治癒疾病。相對地亦希望罹患慢性病的失能老人能在生活適
應上獲得良好照護，早日離開醫院回到社區，享有更好生活品質，同時使
醫院的資源更能集中運用於照護急性期病人。就臺北市而言，市政府長期
以來提供了醫療保健服務（保健門診、健康檢查、醫療優待、醫療補助）
和居家生活照顧服務（在宅服務、居家看護服務、居家護理服務和日間託
老服務），這些服務不足以應付現代家庭變遷之需要和全民健保實施後

慢性病床、護理之家及居家照護之強烈需求。因此，部分老年人口在全民健保開辦後，紛紛住進大型急性醫院，在延遲不出院的情況下，增加了平均住院日、降低病床週轉率，影響一般醫院經營管理成效。全民健保實施後，因慢性醫療照護需求增加，而將老人長期照護需求爆發突顯出來（陳寶輝等，1995）。

慢性疾病的主要特色，乃在於疾病對病患所產生的影響為長期性、永久性或治療後仍有某種程度的後遺症或傷害。其治療過程必需經過特殊的復健工作及長期繼續照護、督導和觀察。慢性疾病是造成老人醫療服務利用率及其他社會性、支持性及復健服務需求高增的主要原因。而此，一方面引發了長期醫療照護資源不足的嚴重問題，另方面，老人長期的醫療費用負擔的問題乃成為當前最迫切亟待解決的老人福利課題。

可見老人所患疾病是屬於慢性的、退化性的、新陳代謝性的疾病，老年人常罹患的這些疾病，在醫療需求上的特性有①所需看病的頻率次數及住院平均日數特別長；②醫療的費用特別高。因此，老年人若無儲蓄或退休後沒有很好的所得保障，醫療的負擔將是相當沈重，尤其是人到老年容易致病，形成長期的拖累（藍忠孚，1990）。以目前臺灣的統計數據來看，值得大家重視的一項事實，死亡前的醫療費用可能是目前以及未來最大的負擔，甚至於一個人一生所花費的醫療費用大部分是耗費在死亡前的數個月中（藍忠孚，1990；黃文山、柯瓊芳，1994）。然而，瀕臨死亡及死亡前幾個月的醫療照顧及花費，是大家最容易忽視的課題。

老人的醫療及照護問題乃是一連續性、綜合性的問題，包括社會支持、保健、醫療、復健以及財務等。促進健康生活，使人人享有完善與均等的保健服務，以使國人長壽又健康，安享老有所終的境域。至復健、恢復、維護性照護，亦稱為長期照護，其服務範圍包括慢性病醫院、慢性病床、護理之家、居家護理、日間照護及安寧照護等機構。廣義的長期照護服務，亦將社會性、支持性照護，如在宅服務、日間託老、家庭照護或非

　　正式照顧及養護機構等服務包括在內。長期照護如此看來，不但是具有連續性的照顧觀念，更是跨醫療及社會服務領域的照顧（楊漢湶， 1993；謝美娥， 1993）。如何協助病人及家屬取得有效且適當的醫療及社會服務，建立連續性、綜合性之健康照護體系乃成為老人福利體系中的首要工作；而建立各層級間之轉介、追蹤、資訊分享服務體系的轉介與資訊網路，更是連續性服務體系之重要關鍵。

　　高齡化社會的來臨，老人醫療保健服務（即含保健服務體系之預防保健與健康促進服務；急性醫療服務體系之各層級急性醫療機構；復健、恢復、維護性照護等）費用，可以預期將帶來國家財政上的負擔或家庭成員的壓力，尤其是長期照護服務不論是由政府負責或私人自己負責，未來均將是一筆沈重的經費支出。以美國為例，其醫療補助 (Medicaid) 支出中，有 68% 是用於養護機構， 17% 為醫院費用， 3% 為醫師費用， 12% 為其他種類照護費用 (Kane & Kane, 1987)。是以如何建立老人醫療費用財務來源制度化，使各種老人醫療費用有固定來源，即逐步建立國民年金或老人年金制度，使老人有能力自行負擔日常生活費用及部分醫療費用，或是實施國民健康保險或老人健康保險制度，將老人納入健康保險體系是現代老人福利政策的核心。最基本的老人安全保障，除了老年適當所得水準的維持，亦應包括老年醫療費用的危險保障以及老年照護費用的危險保障等要素（周麗芳， 1994）。至健康保險制度之設計，是由政府來提供老人健康保障，財源由稅收來籌措，或由保險費來籌措財源，主要取決於老年年金給付的型式（周麗芳， 1994）。總之，健康保險制度自 1883 年由德國首相俾斯麥首創以來，歷經福利國家概念的興起，特別是聯合國宣言，強調人類有免於疾病的自由， 1978 年世界衛生組織更提出 "Health for all by the year 2000" 的口號，現代健康保險係以提供全面性的醫療保健服務，達成全民健康為目的，是透過運用社會保險的原理原則與技術，以集體社會的力量，保障每一位國民的健康（楊志良， 1993）。強制性國民健康保

險的主要目標，乃爲確保國民醫療服務的可近性，消除國民獲得醫療服務的經費障礙，亦即國民健康保險是要確保國民均享有公平均等及良好的醫療照顧的基本權利。

惟全民健康保險實施後，掛號費提高，部分負擔及轉診制度實施，老人醫療費用負擔並未減輕，有的老人反而負擔更多。中風老人不宜久佔急性病床，而慢性病床不負擔照護、看護費用，老人或其家人實不堪長期負擔此種費用。健保單位以爲此種費用屬社會福利行政部門的責任，但卻未與社會福利行政部協調妥善處理。類似此種問題甚多，致臺灣地區 1995 年社會滿意度民意調查顯示今年是健保實施的第一年，可做爲參考指標的「醫療服務品質」一項，民眾不滿意者高達 46.4%，較去年的 21%，不滿意者大幅增加 25.4%，遠超過滿意者 33.5%，滿意度較去年的 42.5%下降（21 世紀基金會， 1995）。顯示針對去年才開始的全民健保，民眾已將具體的意見反映在醫療服務項目，民眾不滿意程度提高，滿意程度下降。

第二節　當前醫療照護工作現況

因應高齡社會保健需求，迎接全民健保時代的來臨，邁向全民健康目標，衛生署實施國民保健計畫（專案計畫辦理，計畫期程爲 82 年度至 86 年度），以促進各年齡層國民之健康，並擬於 89 年達成下列各項目標，以奠定老人之健康基礎: ①健康的嬰兒、②健康的兒童、③健康的青少年、④健康的成年人、⑤健康的老人。事實上，衛生署在民國 75 年於「醫療保健計畫 —— 籌建醫療網計畫」中推展「中老年疾病防治工作」，針對高血壓及糖尿病做全面性的篩檢與追蹤工作，著重在老人健康保健與疾病預防。醫療網第二期計畫則更進一步增列「加強復健醫療及長期照護服務」，計畫內容明列: 建立慢性病及復健之醫療服務體系; 推展護理之家、居家護理，增置並培訓各級醫療院所慢性及復健之醫療人員。

　　衛生署積極規劃長期後續照護體系係希望能對出院病人或居住社區內之重症病人，能在生活適應上獲得良好的照護，也使病人能早日離開醫院，回到社區，享有更好的生活品質，同時縮短住院日數，使醫院的資源能更集中運用於急性需密集照顧的病人，使整體醫療資源的運用更為完善。為加強復健醫療與長期照護，更自 80 年度起，配合「醫療保健計劃 —— 建立全國醫療網第二期計畫」擴大辦理如下（行政院衛生署，1992）：

一、建立慢性病及復健醫療服務體系

　　⑴配合臺灣地區醫療區域，分區分級規劃復健醫療人力與設施，普及復健醫療服務，使慢性病及殘障病患能就近獲得妥善之復健醫療照護。

　　⑵以各醫療區域之醫學中心為復健醫療服務網核心，劃分責任區域負責教學訓練研究諮詢等工作，並定期支援、輔導區域及地區醫院復健科；委託中華民國復健醫學會辦理復健醫療業務輔導訪查。

二、試辦護理之家實驗計畫

　　鑑於社區中有些家庭無法負擔長期慢性病人之照顧，故已於 80 年開始以前趨計畫辦理以社區為基礎的照護機構，配合民眾之需要提供全日照護、日間照護或短期照護，並藉以使社區資源達到更有效的運用，80 年開始分別委託臺北耕莘醫院、臺東關山聖十字架療養院以及雲林福安療養院等辦理護理之家實驗計畫以服務民眾。

　　護理人員法於 80 年 5 月 17 日經由總統明令公布實施，衛生署針對老年慢性病人出院後療養之需求，特於護理人員法第三章訂有護理機構之設置及管理，而護理機構設置標準亦已經行政院核備公告，護理機構可依法設置，納入常規管理，對提升老人養護品質將有甚大助益。

三、辦理社區照護及居家護理

　　依人口之分布狀況試辦各種不同型態居家護理服務，第一種型態是臺北市、臺中市、高雄市成立之三所獨立型態居家護理機構，80 年度並於7 個縣市推廣同樣模式居家照護服務，合約醫院增至 70 所，可以轉介個案至居家護理機構。第二種型態是醫院自行辦理居家護理服務，共有 20所醫院，依 80 年資料顯示共服務近一千個案，提供一萬訪視人次，較 79年成長約 50％。衛生署並於 78 年 11 月與銓敘部公保處試辦「居家護理項目納入保險給付」計畫，針對生活依賴程度較大且仍有醫療需求之居家公保個案提供居家照護服務，其所需費用由衛生署、公保處及個案本身共同負擔，試辦結果可作為居家照護納入全民健康決策及執行之參考。

四、增置各級醫療院所慢性病及復健醫療員額，培訓有關專業人才

　　委託中華民國復健醫學會、中華民國物理治療學會、中華民國職能治療學會、中華民國聽力語言學會辦理在職人員訓練，並委託相關醫學會及醫院辦理 11 項復健醫療服務調查研究計畫。

五、擴充各級衛生醫療機構慢性病及復健醫療有關設施

　　補助臺灣省立宜蘭、豐原、雲林、嘉義、屏東、臺東、澎湖等 7 家醫院及彰化縣立員林醫院、高雄縣立岡山醫院、臺北縣立三重醫院、礦工醫院頭份分院、彰化基督教醫院、彰化基督教醫院二林分院、埔里基督教醫

院、嘉義基督教醫院、屏東基督醫院、臺東聖母醫院等，計 17 家醫院加強復健醫療服務工作，並編印完成「復健醫療工作手冊」分送各醫療機構參考，俾順利推展復健醫療工作。

至於退輔會所屬之榮民醫療服務體系，對於國內老人醫療服務之提供，亦扮演了重要角色。截至民國82 年5 月，該會所屬榮民醫院共有11,120張病床，其中，慢性病床4,350 張。另臺北、臺中及高雄 3 所榮民總醫院亦提供 4,883 張病床。在上述病床中，榮民醫院總病床數之 80%以及榮民總醫院總病床數之 60%共提供約 58 萬榮民之醫療服務。該 58 萬榮民中，65 歲以上榮民佔 53.5%（行政院科技顧問組， 1993）。由於慢性醫療及長期照護設施普遍不足，亦尚未全面性建立慢性醫療及長期照護模式與財務機轉，致使慢性病人長期佔用急性醫療設施之現象極為普遍。依財團法人長庚紀念醫院統計資料顯示，該院住院 30 天以上之慢性病患佔全部住院病患之 5.27 %，而住院人日卻佔總住院人日之 25.4%，且慢性病患平均住院日為 54 天，比一般急性病患高出甚多。慢性病患中年齡65 歲以上者佔 27.9%， 60 歲以上者佔 43.8%，此種現象顯示我國老人醫療照護體系尚存在若干問題亟待解決（楊漢湶， 1993）。

第三節　各國醫療照護經費負擔之探討

人口老化使歐洲國家的福利負擔更重，人口老化迅速在工業國家進行，瑞典是目前世界上老年人口比率最高的國家，約18%是 65 歲以上的老年人。到 2010 年，德國、瑞士將有 20%，日本目前 11.7%，到 2010 年則將有 18.6%老年人口，美國目前為 12.8%，到 2020 年，將有 16.2%，而丹麥、芬蘭、瑞典、德國、盧森堡、日本將達 20%，瑞士人口中更將有 1/4 是老人。人口老化對福利國家的支出影響很大，目前大部分國家都將 55%至

70%的社會福利支出用在老人身上，包括醫療照顧、年金、住宅以及社會服務。而其中年金、醫療照顧的成本增加最是驚人（林萬億， 1994）。在日本，年金給付佔國民所得之 7.3%、醫療給付佔 5.8%，美國年金給付佔 8.4%、醫療給付佔 5.1%，英國年金給付佔 10.2%、醫療給付 6.1%，原西德年金給付 14%、醫療給付 7.9%，法國醫療給付 8.6%，瑞典年金給付 14.5 %、醫療給付 10%（如圖 4-4）。日本、美國等各國老年年金保險、健康保險給付成長極爲可觀（表 4-3、圖 4-5、 4-6）。

圖4-4　社會保險給付費（與國民所得比）部門別比例之國際比較

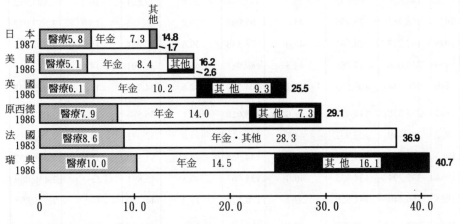

資料來源：《厚生白書》， 1993， 此處引自李光廷， 1994。

　　據彭淑華指出各國健康照護制度逐漸發展成爲三種主要形態：一爲傳統疾病保險、二爲全民健康保險、三爲國民健康服務。而美國制度無法納入上述任何一種形態內，屬「混合型」，其經費支出佔整體國民生產毛額的比例自 1960 年的 5.2%到 1986 年增加至 10.9%，並自 1975 年至 1979 年，健康照護經費以平均每年增加 13% 的比例成長。到了 1980 年代，增

表4-3 美國社會安全給付支出（部門別）

年度	社會安全給付支出（億美元）							全國收入
	支出總數	醫療照護	佔支出總數百分比	年 金	佔支出總數百分比	其 他	佔支出總數百分比	（億美元）
1970	35,239	20,758	58.9	8,548	24.3	5,933	16.8	610,297
1971	39,670	22,498	56.7	10,152	25.6	7,020	17.7	659,105
1972	48,937	27,938	57.1	12,323	25.2	8,676	17.7	779,369
1973	61,152	33,726	55.2	16,702	27.3	10,724	17.5	958,396
1974	88,894	46,912	52.8	26,708	30.0	15,273	17.2	1,124,716
1975	116,726	56,881	48.7	38,865	33.3	20,981	18.0	1,239,907
1976	144,828	67,862	46.9	53,344	36.8	23,621	16.3	1,403,972
1977	168,462	75,755	45.0	65,993	39.2	26,715	15.9	1,557,032
1978	197,213	88,661	45.0	78,538	39.8	30,014	15.2	1,717,785
1979	219,066	97,088	44.3	89,987	41.1	31,991	14.6	1,822,066
1980	246,044	106,582	43.3	104,709	42.6	34,753	14.1	1,995,902
1981	273,578	114,424	41.8	120,616	44.1	38,539	14.1	2,097,489
1982	299,489	122,982	41.1	134,115	44.8	42,391	14.2	2,193,918
1983	319,016	129,931	40.7	144,966	45.4	44,120	13.8	2,308,057
1984	335,794	134,335	40.0	155,567	46.3	45,891	13.7	2,436,089
1985	356,440	141,550	39.7	170,170	47.7	44,720	12.5	2,595,898
1986	385,886	150,702	39.1	188,806	48.9	46,378	12.0	2,693,947
1987	406,546	158,573	39.0	201,331	49.5	46,643	11.5	2,817,375
1988	422,777	165,303	39.1	212,107	50.2	45,367	10.7	2,995,894
1989	446,404	173,713	38.9	227,231	50.9	45,459	10.2	3,202,186
1990	471,122	182,133	38.7	242,485	51.5	46,503	9.9	3,429,676
1991	500,922	193,254	38.6	258,327	51.6	49,341	9.9	3,589,991

資料來源: 1970～91 Policy Planning and Evaluation Division, Minister's Secretariat, MHW from 1982–Survey by the Social Development Research Institute National Income– *"National Economic Calculations"*, Economic Planning Agency.

圖 4-5　1990 年度日本一般會計預算與社會保險

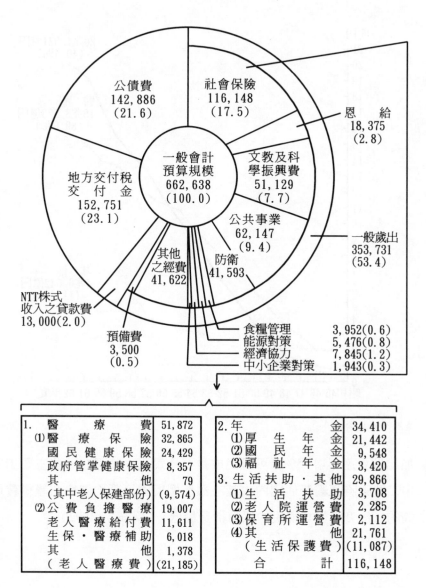

1. 醫　　　　　療　　　　　費	51,872
(1)醫　療　保　險	32,865
國 民 健 康 保 險	24,429
政府管掌健康保險	8,357
其　　　　他	79
(其中老人保建部份)	(9,574)
(2)公 費 負 擔 醫 療	19,007
老 人 醫 療 給 付 費	11,611
生 保・醫 療 補 助	6,018
其　　　　他	1,378
(老 人 醫 療 費)	(21,185)

2. 年　　　　　　　　　金	34,410
(1)厚　生　年　金	21,442
(2)國　民　年　金	9,548
(3)福　祉　年　金	3,420
3. 生 活 扶 助・其 他	29,866
(1)生　活　扶　助	3,708
(2)老 人 院 運 營 費	2,285
(3)保 育 所 運 營 費	2,112
(4)其　　　　他	21,761
(生 活 保 護 費)	(11,087)
合　　　　　計	116,148

資料來源: 引自吳素倩，1992。

圖4-6　日本社會保險各項給付成長情形

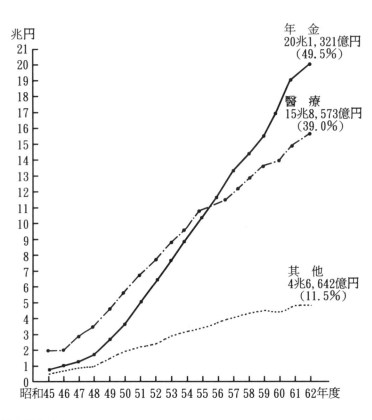

兆円

年　金
20兆1,321億円
(49.5%)

醫　療
15兆8,573億円
(39.0%)

其　他
4兆6,642億円
(11.5%)

昭和45 46 47 48 49 50 51 52 53 54 55 56 57 58 59 60 61 62年度

資料來源: 同圖4-5。

加比例更達年增15%, 可以說成長至爲驚人。美國在一些主要工業國家
中, 健康照護經費佔國內生產毛額比例與國民平均健康照護經費均爲最
高的, 然美國對其國民的保障卻是最低（彭淑華, 1992）。

表4-4　美國國民生產毛額與全國健康照護經費(1929～1986年)

年代	國民生產毛額 （單位：十億元）	全國健康照護經費		
		經　　　　費 （單位：十億元）	佔國民生產毛額 的　百　分　比	每人平均支出
1929	$　103.9	$　3.6	3.5 %	$　29
1940	100.4	4.0	4.0	29
1950	288.3	12.7	4.4	80
1960	515.3	26.9	5.2	142
1965	705.1	41.9	5.9	205
1970	1,015.5	75.0	7.4	349
1975	1,598.4	132.7	8.3	590
1980	2,731.9	248.1	9.1	1,054
1982	3,166.0	323.6	10.2	1,348
1984	3,765.0	391.1	10.4	1,598
1986	4,206.1	458.2	10.9	1,837

資料來源：Karger & Stoesz, 1990:193. 此處引自彭淑華，1992。

表4-5　各國健康照護經費百分比與每人平均健康照護經費(1987)

	佔國內生產毛額的百分比	每　人　平　均　費　用
美　國	11.2 %	$ 2,051
加拿大	8.6	1,483
法　國	8.6	1,105
西　德	8.2	1,093
日　本	6.8	915
英　國	6.1	758

資料來源：Schieber & Poullier 1989:170–172. 此處資料引自彭淑華，1992。

表4-6　各國公共體制對其國民醫院照護成本保障的人口比例

澳　洲	100%	日　本	100%
奧地利	99	盧森堡	100
比利時	98	荷　蘭	100
加拿大	100	紐西蘭	88
丹　麥	100	挪　威	100
芬　蘭	100	葡萄牙	100
法　國	100	西班牙	87
德　國	95	瑞　典	100
希　臘	98	瑞　士	97
冰　島	100	英　國	100
愛爾蘭	100	美　國	40
義大利	100		

資料來源：OECD, 1985:68. 此處資料引自彭淑華，1992。

第四節　日本高齡者保健福利推展十年策略

　　高齡化社會的國家，為因應高齡化社會的龐大的醫療保健與福利需求，紛紛提出近、中、長期策略，以日本為例，自 1989 年開始，即提出「高齡者保健福利推進十年戰略（黃金計畫）」，從長期觀點改革現有的保健與福利制度，針對老人身心特性，提供適切的照護服務，充分運用地區資源，以因應高齡化社會生活與環境。黃金計畫之最後目的在建立高齡社會應有的生活環境與空間。

　　日本高齡人口之快速成長，已與北歐國家並駕齊驅，成為高齡化社會；而且從高齡人口佔總人口 7%增加為 14%所需時間只有 25 年，與臺灣地區同樣為世界第一。為使日本高齡人口人人都能健康生活，充滿生命活

力，安享晚年生活，日本政府特在 20 世紀最後十年規劃並提出有關高齡
者保健與福利服務措施，並全力推展「十年策略為目標」。事實上，日本
政府在 1986（昭和 61）年 6 月內閣會議就通過了「長壽社會對策大綱」，
其內容包括保健、醫療、福祉、所得保障、雇用、生涯學習、住宅、研究
發展等。此項日本長壽社會對策大綱旨在根據下列基本方針來推展綜合性
長壽社會對策①圖謀經濟社會之活性化，建立富有生命活力的長壽社會。
②建設以社會連帶精神為基礎之富有包容力之長壽社會。③建設豐裕長
壽社會，使高齡者能安享健康快樂之生涯生活。此一對策大綱包括建立保
障雇用與所得之體制、健全健康福祉體系、鼓勵學習與社會參與之體系以
及提昇住宅與生活環境品質等重要內容。在建立保障雇用與所得之體制
方面，①維持、擴大雇用就業市場，以供高齡者能力活用之需；②積極推
展縮短勞工工作時間，普及週休二日制；③促進在職工作人員之活力，開
發職業能力，發揮女性之工作能力；④保障公共年金制度之老年所得；⑤
普及企業年金制與個人年金。在建全健康福祉體系方面，①推展生涯健康
—— 自壯年期起之健康維護；②加強保健醫療福祉服務，依區域之實情，
整備服務供給體制、擴充居家服務、充實機構服務等；③健全醫療服務費
用負擔之合理化，訂定醫療費用合理化對策、醫療保險制度給付與負擔之
合理化，使用者負擔之合理化等；私人性服務之活用，銀髮族服務之培養
活用等。在鼓勵學習與社會參與之體系方面，①整備生涯學習體制，保障
赴大學之學習機會；②促進參與社會活動，推展培養義工之活動。在提昇
住宅與生活環境品質方面，①確保居住之安全，提高居住品質對應多元化
之居住形態；②建設安全良好居住之生活環境，改善各種公共公益設施之
結構設備，創造都市之綠化，留住農漁村青年人之辦法。而推展長壽社會
對策重視研究開發、研究推展之整備、人才之養成，並重視重點化、效率
化、綜合化、重視個人自力努力以及家庭、區域社會之角色任務，活用民
間資源，亦重視地區之特性，尊重其自主性（吳素倩，1992）。

　　第二次世界大戰後的日本，自 1955 年起，即快速工業化、都市化，產業經濟快速起飛，帶動全國經濟持續成長，人口快速向都市集中，家庭結構與功能逐漸變遷，家庭形態由原來是三代四代的大家庭縮小為三人四人的小家庭，都市社會中已婚子女越來越少與年長父母同居奉養。老人問題及其因應對策乃受到日本社會普遍重視。為建立老人福利制度，闡明有關老人福利的社會責任，於是制定了專以老人為對象的法律 —— 老人福利法，以確保老人的權益。日本的老人福利法自 1963 年 8 月 1 日起開始實施，一本老人福利之基本理念，為增進老人福利而釐定國家與地方公共團體之必要措施：如實施健康檢查、辦理安養院所進住申請、建設並提供各種老人福利設施、制定老人日（敬老日）、規定老人福利政策中國家與地方團體之費用負擔等。第二次世界大戰以後日本的老人福利發展可分為三個階段：

1. 1963 年老人福利法制定以前屬第一階段

　　在此一時期，老人福利事實上僅限於低收入的貧困老人，由生活保護之行政機關負責；至於身體殘障之老年人，則由一般殘障行政機關處理。

2. 1960 年代至 1980 年代初期則屬第二階段

　　在經濟高成長、財力充沛的優勢背景下，各種老人福利服務急速擴充，接受照顧服務對象及老人人數亦逐年增加。

3. 自 1980 年代至今則屬第三階段

　　長期經濟穩定成長中，日本對高齡社會的福利服務開始由量的擴進而兼顧質的提昇。高齡化的社會發展，老人壽命延長到 70、80 歲，甚至 80 歲以上，為照顧行動不便長期臥病在床的老人形成一場漫長艱辛的奮戰，單靠家屬的獨撐已不勝負荷。根據 1984 年日本厚生省統計情報部的「厚生行政基礎調查」，在日本長期臥床的老人之照顧者最多為子女之配偶佔 34.4%（其中媳婦佔 34%、女婿 0.4%），其次為配偶佔 31.5%（其中妻 26.8%、夫 4.7%），再次為子女 14.0%（其中女兒 11.8%、兒子 2.2%），再

其次依序為非親屬 12.4%、不同住之親屬 5.1%、其他親屬 2.5% 以及父母 0.1%，絕大多數均為女性擔任照顧者，而其照護期短者 3 、 5 年，長者十數年，真是艱辛萬分（表 4–7）、（圖 4–7）（李光延， 1994）。

表 4–7　長期臥床老人之照顧者

子女之配偶 34.4%		配偶 31.5%		子女 14%		非親屬 12.4%	不同住之親屬 5.1%	其他親屬 2.5%	父母 0.1%
媳婦 34%	女婿 0.4%	妻 26.8%	夫 4.7%	女兒 11.8%	兒子 2.2%				

資料來源: 厚生省統計情報部《厚生省行政基礎調查》,1984。

圖 4–7　照顧長期臥床老人者（男女別）之比率

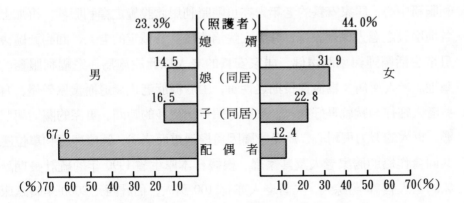

資料來源: 京都市《老人實態調查》， 1982。此處引自李光延， 1994。

　　日本老人福利制度不斷隨著社會變遷而調整，由特定對象發展為一般對象。過去，由於社會狀況不同，福利服務對象只限於特定對象，即低所得生活窮困者，但在高齡化社會的發展趨勢，一般人均有一段相當長的老後生活，不論經濟狀況如何，老年的照護問題乃至各種福利需求，必要

時仍希望獲得適當的滿足，所以，其對象乃從特定的少數的貧困失依普及一般老年人。日本自 1950 年代後期（昭和 30 年初期），一部分地方已實施家庭服務工作。而且，因實施頗有成效，自 1962 年起，開始對全國需要生活保護的貧困家庭提供家庭服務。1963 年日本老人福利法訂頒時，老人家庭服務員正式納入編制，其服務對象以低收入家庭中的老人為對象，免費派遣家庭服務員前往服務。其後，經數度修訂，1982 年改為凡需要家事服務者皆可申請派遣家庭服務員，惟費用負擔得依家庭收入多寡而酌收。日本老人福利法在 1988 年修訂時，除特別重視老人家庭服務員派遣制度，並明定短期照護及日間照護等工作為在宅服務的主要內容。地方公益團體得自行設計提供膳食、協助沐浴及其他各種服務。另加強社區照護，以往安老院所大都設在遍遠僻靜的地方而孤立在社區之外，晚近漸將安老院所改設在人口稠密交通便利的商店街附近，如此一來，不但申請進住者方便，其家屬經常探訪亦極為便利；同時，開放作為社區老人福利服務中心，居家安養的老年人亦可隨時利用此設施之福利服務，再加上各地增設之老人保健設施，專供入院治療後病情穩定的老人，回到社區後日常生活照護與協助復健，居家安養的老人以此設施為在宅福利服務的基地。老人疾病多為慢性長期之性質，由於機能老化衰退而復原較慢，有些老人往往一躺就是好幾年，家屬必須付出更多的時間、更深的關切與照顧、更大的努力與耐心，為免家屬因負擔過重而崩潰，醫療與福利單位應共同合作協助居家老人及其家屬。根據日本厚生省 1990 年的統計長期臥床的老人有 70 萬餘人、失智老人亦有 100 萬人，估計西元 2000 年時臥床老人將達 100 萬人，另失智（痴呆）老人有 213 萬人，對家屬將帶來莫大的負擔（日本《厚生白書》，1992）。為使在日本邁入 21 世紀時，高齡長者能有良好的生活環境品質，目前這十年是重要的關鍵期。因此，日本乃策劃一個 10 年策略計畫，旨在為日本老人公共福利服務奠定一個良好的基石。日本高齡者保健福利推展十年策略內容至為詳備，其主要內容如下（表 4-8）（吳素倩，1992；李光延，1994）：

㈠區域性居家福利服務對策

在這十年計畫中，特別加強居家福利服務，主要包括居家看護、短期照護、老人臨托服務、日間托老服務等。爲健全此一制度必須整備 10 萬人力、5 萬床位及一萬處收容所。 規劃設立「居家照護支援中心」，對

圖4-8　十年戰略計畫中在宅服務之目標

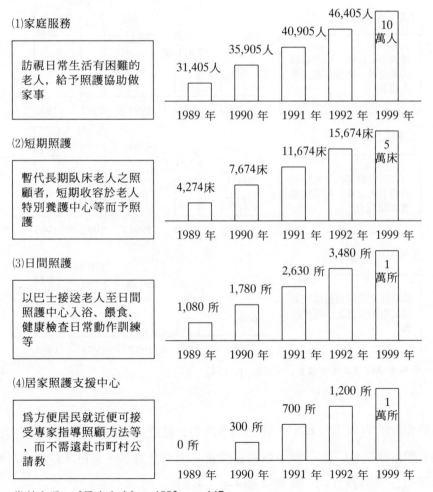

(1)家庭服務

訪視日常生活有困難的老人，給予照護協助做家事

31,405人　35,905人　40,905人　46,405人　10萬人

1989 年　1990 年　1991 年　1992 年　1999 年

(2)短期照護

暫代長期臥床老人之照顧者，短期收容於老人特別養護中心等而予照護

4,274床　7,674床　11,674床　15,674床　5萬床

1989 年　1990 年　1991 年　1992 年　1999 年

(3)日間照護

以巴士接送老人至日間照護中心入浴、餵食、健康檢查日常動作訓練等

1,080 所　1,780 所　2,630 所　3,480 所　1萬所

1989 年　1990 年　1991 年　1992 年　1999 年

(4)居家照護支援中心

爲方便居民就近便可接受專家指導照顧方法等，而不需遠赴市町村公請教

0 所　300 所　700 所　1,200 所　1萬所

1989 年　1990 年　1991 年　1992 年　1999 年

資料來源:《厚生白書》, 1993, p. 147。

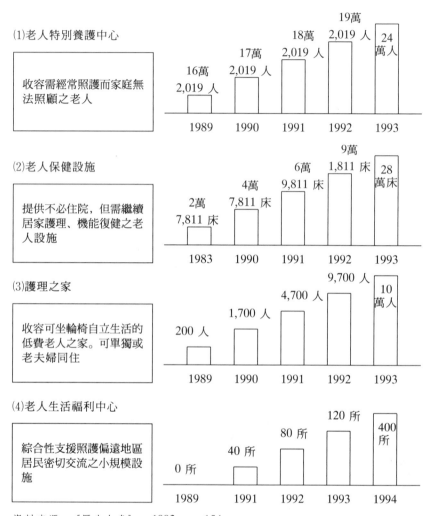

圖4-9 十年戰略計畫中設施整備之目標

(1)老人特別養護中心

收容需經常照護而家庭無法照顧之老人

16萬 2,019 人 — 1989
17萬 2,019 人 — 1990
18萬 2,019 人 — 1991
19萬 2,019 人 — 1992
24 萬人 — 1993

(2)老人保健設施

提供不必住院,但需繼續居家護理、機能復健之老人設施

2萬 7,811 床 — 1983
4萬 7,811 床 — 1990
6萬 9,811 床 — 1991
9萬 1,811 床 — 1992
28 萬床 — 1993

(3)護理之家

收容可坐輪椅自立生活的低費老人之家。可單獨或老夫婦同住

200 人 — 1989
1,700 人 — 1990
4,700 人 — 1991
9,700 人 — 1992
10 萬人 — 1993

(4)老人生活福利中心

綜合性支援照護偏遠地區居民密切交流之小規模設施

0 所 — 1989
40 所 — 1991
80 所 — 1992
120 所 — 1993
400 所 — 1994

資料來源:《厚生白書》,1993,p. 154。

需要協助的老年人及其家人間的調適問題,就近提供諮詢、協調或直接提供具體解決方法。以一個中學校區設置一處來計算,在全日本以各市町村為單位,則需設立約一萬處(圖4-8、4-9)。

㈡無癱瘓老人的零策略或零長期臨床老人計畫

在日本，居家或住院癱瘓的老人很多，但由養護所及醫院實際試驗的結果證明，這種癱瘓是可以治癒的，因此希望能全國性的推展而達到消減這類老人的人數。透過老人的自我訓練與家人的適當的照顧，可減低臥床老人之發生。本項十年計畫，改變過去針對老人臥床後的處理對策，而將重點轉移至長期臨床前的預防工作，此「零長期臥床老人計畫」，正是整個計畫中的重點。爲灌輸全民對長期臥床是可以預防的認識，於 1991 年擬訂「免於臥床十守則」，以教育民眾預防老人成爲需要長期照護的臥病在床的老人，並在全日本各都道府縣設置防止老人長期臥床的指導部門，強力推行此方案。

㈢設置長壽社會福利基金

利用社會福利中醫療事業基金 7 百億之收益設立基金，由民間自由運用，以充實地方實際需要的居家老人福利，以期渡過健康幸福的老年生活。

㈣充實各機構設施

對於無法居家的老人，必須送至適當的機構設施，如老人特別安養中心、老人保健設施等機構，不單只是收容機構，老人特別安養中心備有日間照護、短期照護；而老人保健中心有日間護理、短期入院護理等服務。這些設施不僅應成爲在宅服務的據點，並應是各區域保健福利的基礎設施。

表 4-8　高齡者保健福利十年推進計畫 (Gold Plan)

事　項	1990 年度	1991 年度預算	1992 年度預算	整備目錄 (11 年度)
1.在宅服務對策之緊急準備措施				
①充實家庭服務員	35,905 人 (+4,500 人)	40,905 人 (+5,000 人)	46,405 人 (+5,500 人)	100,000 人
②短期照護	7,674 床 (+3,400 床)	11,674 床 (+4,000 床)	15,674 床 (+4,000 床)	50,000 床
③日間照護	1,780 所 (+700 所)	2,630 所 (+850 所)	3,480 所 (+850 所)	10,000 所
④充實居家照護支援中心	300 所 (新規)	700 所 (+400 所)	1,200 所 (+500 所)	10,000 所
⑤推動「居住舒適的福利市鎮」	80 市町村 (新規 50 市町村)	100 市町村 (新規 50 市町村)	150 市町村 (新規 50 市町村)	－
2.展開「零長期臥床老人戰時計劃」				
①充實機能訓練				
a.確保機能訓練之場所 (活用市町村保健中心)	4,316 所 (+467 所)	4,783 所 (+467 所)	4,998 所 (+215 所)	－
b.補充接送老人之升降梯巴士配備	1,054 臺 (新規)	1,287 臺 (+233 臺)	1,502 臺 (+215 臺)	－
②腦中風情報系統之整備	10 縣 (新規)	15 縣 (+5 縣)	15 縣	－
③強化預防腦中風、意外傷害等之衛生教育	17,779 百萬圓	18,026 百萬圓	22,992 百萬圓	－
3.籌備長壽社會福利基金，以充實在宅服務	63 年度補正 100 億圓 元年度補正 600 億圓	－	－	7,000 億圓
4.設施之緊急準備 (整備費)				
①老人特別養護中心之整備	172,019 床 (+10,000 床)	182,019 床 (+10,000 床)	192,019 床 (+10,000 床)	240,000 床
②老人保健設施之整備	47,811 床 (+20,000 床)	69,811 床 (+22,000 床)	91,811 床 (+22,000 床)	280,000 床
③低費老人之家 (護理之家) 之整備	1,700 人 (+1,500 人)	4,700 人 (+3,000 人)	9,700 人 (+5,000 人)	100,000 人
④老人生活福利中心之整備	40 所 (新規)	80 所 (+40 所)	120 所 (+40 所)	400 所
5.老人生活樂趣政策之推進				
①設置「建設充滿活力長壽社會推進機構」	30 縣 (+15 縣)	47 縣 (+17 縣)	47 縣	47 縣
②推進建設老人生活樂趣與促進健康之示範工作	304 市町村 (新規 152 市町村)	304 市町村 (新規 152 市町村)	305 市町村 (新規 153 市町村)	－
6.長壽科學研究之推進				
①為確立長壽科醫療體制而整備國立醫院設施	－	－	509 百萬圓	－
②籌備長壽科學綜合研究經費	1,002 百萬圓	1,392 百萬圓	1,654 百萬圓	－
7.高齡者綜合性福利設施之整備「傳統與 21 世紀健康長壽市鎮作業」基本計劃制定費	60 百萬圓	60 百萬圓	60 百萬圓	－
8.推進支援 Gold Plan 方案 (1991 年度始實施)				
①確保福利服務之人力				
a.設置福利服務人力銀行	－	15 所	32 所 (+17 所)	－
b.擴充福利服務人力銀行	－	95 所	95 所	－
②在宅服務推進等作業	－	1,000 百萬圓	1,000 百萬圓	－
③普遍設置照護實習中心 (1992 年度始實施)	－	－	7 所	－

資料來源:《厚生白書》, 1993, p. 147。

第五節　今後努力重點

　　首先，如何有效落實促進老人健康與做好預防保健工作至為重要。從調查研究發現老人普遍有不良的生活習慣，或吸菸、喝酒、不運動或無法運動，或吃高鹽食品、高膽固醇食品，均影響老人的健康。事實上，老人的五大死因（腦血管疾病、癌症、心臟病、糖尿病和意外事故）與生活型態密切相關。因此，為了確保老人的健康，首先要提倡和指導老人從事合適的運動、菸害防治、建立正確的飲食習慣、增進老人的心理健康，建立老人健康生活型態。其次，要建立適合老人的交通安全設施、公共安全設施，改善家庭及社區生活環境，建立無障礙的生活環境，方便老人活動，加強教育宣導，防範老人意外事故的發生；維護老人嚼食功能，以維持適當營養之攝取，避免老人視力障礙之發生，提升老人獨立生活之能力，以維護老人健康安全；提供預防保健服務，早期篩檢早期治療以預防慢性疾病，預防高血壓、高血脂和糖尿病併發症的發生，並減低癌症的危害；實施國民保健計畫，以促進各年齡層國民之健康，以奠定老年人之健康基礎。使高齡者不僅從年輕開始即能維持健康、促進健康，過著健康的生活，而且要更有品質的生活，不僅活的長，活得好，活得有尊嚴。

　　其次，建立老人、醫療及長期照護之連續性健康照護體系，老人之醫療及照護問題乃一連續性、綜合性的問題，包括社會支持、保健、醫療、復健、住宅及財務等服務。如何協助病人及家屬取得有效且適當之醫療及社會服務，建立連續性之健康照護體系至為重要，而建立各層級間之轉介、追蹤、資訊分享服務體系的轉介與資訊網路，更是連續性服務體系的重要關鍵。我國目前各類之服務分散於不同之行政與服務體系，有不同的法源依據，分化的體系對需要醫療照護與生活照顧的老人及其家人，常造

成莫大困擾與不便。而各自爲政的發展結果，不但易造成資源重複投資，亦易形成服務斷層的現象。參考各國（尤其是加拿大與日本）的經驗，亟需在中央政府成立專責單位，負責研擬近中長程計畫，整體規劃統整性、連續性及綜合性的老人醫療照護體系，以因應未來之需求。此外，更需協調整合不同體系之政策、法令、財務、服務體系與服務內容，以避免服務體系之重疊與斷層現象，如衛生行政與社會福利行政部門之間。另外，建立不同體系、不同部門、不同層級之間的合作關係，使不同體系內之人員得以充分利用彼此的資源，達到相輔相成、相互支援，並且透過彼此間良好的合作關係，減少資源的浪費。同時，由於國內有關轉介系統尚屬起步階段，各種不同體系之間、各種不同部門之間、各種不同層級之間甚或各種不同服務模式之間（如居家與社區照護、機構照護）的轉介僅能透過私人關係進行。目前一般安養機構內老人因身體日漸老化乃附設殘疾所或提供療養服務，以照護院內身體狀況較差或無法自我照顧的老人，並有另設養護中心的情形。然此類機構或設施所面臨最大問題乃醫事人力不足，又無法取得院外醫療機構的簽約支持，致無法解決院內老人急、慢性之就醫需求。應避免設施及人力之重疊、重複，促使醫療資源有效運用，並增進老人接受照護之便利性與完整性。

　　爲使有限醫療資源能藉管理技巧提供以患者取向之整合服務，醫學教育體系內應增設健康照護組織管理專業訓練科系，以發掘培育具人群服務組織管理訓練背景之人員。同時健康照護組織亦應由醫務社會工作人員協助案主順利進出服務輸送體系。促進護理、復健、公共衛生、社會工作及家庭醫學等相關專業之團隊合作，以取代傳統醫學的單打獨拼。目前這些專業人員之嚴重流失來自長期以來社會未予應有的重視，而社會認可與證照制度之建立不僅有助專業品質控制且能提振專業人員的士氣。

　　各層級醫療服務機構功能、設置標準及作業規範應予明確釐清，目前我國針對老人所提供之保健、醫療、社會支持及相關服務體系與機構

包括：保健服務體系（含預防保健與健康促進服務）、急性醫療服務體系
（含各層級之急性醫療服務機構）、慢性醫療服務體系（含慢性醫院及慢
性病床）、長期照護服務體系（含護理之家、居家護理、日間照護、安寧
照護）、社會支持服務體系（含日間託老、居家服務、安養及養護機構服
務）。其中養護機構、護理之家及慢性醫院三者分別隸屬社政與衛生行政
二種體系管理。目前，除護理之家之設置標準（含收案對象、服務功能、
人力配置等）有較明確規定外，其他類型機構僅有概略性敘述，導致不同
層級護理需求的老年患者，被錯置不適當的機構中，而且，醫療照護品質
良莠不齊，社政單位所管轄之養護機構又面臨醫療人力、醫療支援普遍不
足的問題，使老人無法得到適當之護理照護及醫療服務。國內現有醫療機
構對急、慢性病床功能界定、服務範圍及作業規範未有明確界定，且國內
老人慢性醫療、長期照護與養護機構普遍不足，形成慢性病患長期佔用急
性醫療設施，造成醫療資源浪費。各醫療機構雖已不斷提出新建或擴建慢
性病床計畫，醫療發展基金亦將慢性病床列爲獎勵對象，內政部並訂頒
「加強推展社會福利獎助作業要點」以加強安養療養服務之推廣，近年更
將重點訂在療養服務，惟該等計畫目前均在規劃或興建中，實際可利用床
位仍然十分有限，故慢性病患老人多分散在急性醫療機構或到處林立的民
間未立案的「安養中心」。此外，未將護理之家及居家照護納入給付，慢
性病床 181 日以後住院部分負擔爲 30%，護理師等又屬不給付項目，成爲
慢性病患長期佔用急性醫療設施之另一主因。目前全民健保僅對居家護
理之費用有設限的予以給付，此缺乏誘因使罹患慢性疾病之老人從急性
醫療機構（其醫療給付上限及期間均未加限制）轉至慢性醫療照護機構。
期望能速建立完善的老人照護體系，並就不同體系予以適當納入保險給
付。對上述未立案的安（療）養中心，到目前迄乏可以有效輔導與管理的
辦法。對若干醫院佔床率不高，可輔導、鼓勵改設慢性醫院或護理機構，
明確劃分養護機構、護理之家及慢性醫院之功能，檢討修訂養護及護理機

構輔導與管理辦法，使未立案者能納入管理，以確保服務品質與功效。

　　此外，應充實老人醫療照護與長期照護服務與設施、培訓老人醫療與長期照護相關人才以及鼓勵相關研究發展、建立老人醫療費用與長期照護財務來源制度化以及建立醫療資訊系統，確實掌握老人保健醫療服務之資訊。總之，誠如加拿大「連續性照護的未來對策」所給予的啟示，老人醫療與長期照護不只是一種服務的提供，其更深遠的意義是一種服務體系的建立。要解決老人的醫療與長期照護問題，必需透過各層級衛生行政與社會福利行政部門間相互密切配合，整合並建立連續性、綜合性之照護體系，釐清各層級醫療服務機構功能與作業規範，建立各層級服務之轉介系統，增設所需之醫療與福利機構，加強相關人員之專業訓練與服務體系間之相互支援，推動老人保健及健康促進計畫，並建立老人醫療費用與財務來源制度化與資源設施之供給與需求資訊系統化（楊漢湶，1994）。基於「健康」是國民（當然包括資深國民）的基本人權，基於「全民健康」是西元 2000 年世界性的衛生目標，基於人人「生得正常，老得健康」的實踐理念，基於資源必須合理分配妥善運用，基於政策規劃需要宏觀、前瞻、具體，建立完善的慢性疾病醫療及長期照護體系以及穩固周全的財務基礎是我國醫療保健及社會福利政策之當務之急。

圖4-10　我國老人醫療及服務體系

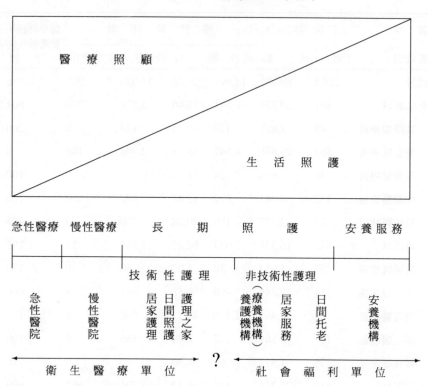

資料來源：楊漢湶，1993。

表4-9 臺灣地區醫療院所慢性病床數 —— 按醫療區域分 (民國81 年底)

醫 療 區域別	人口數 (萬人)	醫院病床 總 數	慢 性 病 床 數				醫療發展基金 獎勵慢性病床 總 數
			總 數	%	精神病床	結核病床	
總計	2,075	89,981	18,699	20.78	11,928	965	3,086
北部區域	881	39,735	6,541	16.46	3,524	206	604
基隆醫療區	48	1,895	128	6.75	128	0	200
臺北醫療區	583	29,836	4,647	15.58	2,904	146	0
宜蘭醫療區	46	2,626	824	31.38	0	60	100
桃園醫療區	132	3,061	472	15.42	472	0	100
新竹醫療區	72	2,317	470	20.28	20	0	204
中部區域	523	16,346	2,037	12.46	1,187	57	1,292
苗栗醫療區	55	1,657	50	3.02	50	0	176
臺中醫療區	211	7,446	490	6.58	381	9	666
南投醫療區	54	2,463	1,210	49.13	550	0	120
彰化醫療區	127	3,269	222	6.79	166	48	120
雲林醫療區	75	1,511	65	4.30	40	0	210
南部區域	611	25,258	4,123	16.32	1,791	552	990
嘉義醫療區	82	2,994	826	27.59	90	436	400
臺南醫療區	174	6,465	1,193	18.45	335	116	450
高雄醫療區	255	12,742	1,675	13.15	1,285	0	0
屏東醫療區	90	2,631	379	14.41	37	0	60
澎湖醫療區	10	426	50	11.74	50	0	80
東部區域	61	8,642	5,998	69.41	5,420	150	200
臺東醫療區	26	888	0	0.00	0	0	0
花蓮醫療區	36	7,754	5,998	77.35	5,420	150	200

資料來源: 楊漢湶, 1993。

表 4-10　行政院衛生署輔導之長期照護機構實驗計畫

機　構　名　稱	居家護理	護理之家	日間照護
臺北市護理師護士公會	∨		
苗栗縣護理師護士公會	∨		
臺中市護理師護士公會	∨		
高雄市護理師護士公會	∨		
臺北榮民總醫院	∨		
高雄醫學院附設中和紀念醫院	∨		
馬偕紀念醫院	∨		
三軍總醫院	∨		
成大醫院	∨		
*省立豐原醫院	∨		∨
市立陽明醫院	∨		
市立臺南醫院	∨		
省立新竹醫院	∨		
省立臺南醫院	∨		
省立花蓮醫院	∨		
臺灣省慢性病防治局	∨		
慈濟醫院	∨		
*天主教耕莘醫院	∨	∨	
*嘉義基督教醫院	∨		∨
羅東聖母醫院	∨		
彰化基督教醫院	∨		
彰化秀傳紀念醫院	∨		
嘉義聖馬爾定醫院	∨		
雲林若瑟醫院	∨		
屏東基督教醫院	∨		
臺東聖母醫院	∨		
*花蓮門諾會醫院	∨		∨
亞東紀念醫院	∨		
順天綜合醫院	∨		
*沙鹿童綜合醫院	∨		∨
礦工醫院頭份分院		∨	
安生醫院		∨	
天主教福安老人療養院		∨	
天主教聖十字架療養所		∨	
合　　　計	30	5	4

*同時提供兩種長期照護服務。

資料來源：楊漢湶, 1993,〈臺灣地區老人醫療照顧現況與問題探討〉,《社
　　　　　區發展季刊》, 64 期。

表4-11　臺灣地區立案之公私療、扶養機構（民國82年7月）

機構類別	家數	類別	預定收容人數		實際收容人數	實際收容人數（實際使用率%）
養護機構（療養機構）	14*	公費	1,336	702	947 (70.9%)	561 (79.9%)
		自費		634		386 (60.9%)
殘疾所（療養機構）	5**	公費	640	565	438 (68.4%)	395 (69.9%)
		自費		75		43 (57.3%)
扶養機構（安養機構）	40	公費	9,605	6,528	6,666 (69.5%)	4,408 (67.5%)
		自費		3,077		2,258 (73.4%)
總　　　計	49	公費	11,581	7,795	8,051 (69.5%)	5,364 (68.8%)
		自費		3,786		2,687 (70.9%)

*　含扶養機構兼辦養護業務，計5所。
**扶養機構針對院內殘療者增設養護業務，計5所。
資料來源：臺灣省社會處、臺北市社會局、高雄市社會局，83年度評鑑資料。

表4-12　「慢性醫院」、「護理之家」與「老人福利機構」功能比較表

類　　　別	慢性醫院 (78.10.9)	護理之家 (82.8.27)	療養機構 (70.11.30)	扶養機構 (82.7.3)**
服務對象	指從事平均住院日在 30 日以上須長期住院療養病人	1.罹患慢性病須長期護理之病人 2.出院後須繼續護理之病人	照顧罹患長期慢性病或癱瘓老人 * 提供慢性疾病或癱瘓老人	1.收養自費老人或留養無扶養義務親屬之老人 2.扶養義務親屬無扶養能力之老人
病患評估原則	1.除應視病人需要予以診療外，每週應評估病人病情至少一次 2.除應視病人需要予以物理治療外，每週應評估病人病情至少一次 3.除應視病人需要予以職能治療外，每週應評估病人病情至少一次	對其服務對象，應於收案 48小時內，由醫師予以診察。其後，應依病人病情需要，至少每個月由醫師再予診察一次		
主管單位	衛生主管機關	衛生主管機關	社會福利主管機構	社會福利主管機構
申請資格限制	公立、私立、財團法人	公立、私立、財團法人	財團法人	財團法人

*以「老人福利機構設置標準」為主，另參考「臺北市私立老人養護所設置管理辦法」（民國80 年 1 月 30 日）。
**「老人福利法」修正草案。

第五章 居住安養服務需求與措施

第一節 居住安養問題與需求

　　高齡化社會除了帶來老年人口在疾病醫療保健照護和經濟安定的福利需求外，在老人的安養與居住安排方面，也是老年人口在未來必須面對的重大問題之一。老年人口日益增加，然而傳統的家庭養老的功能又趨於式微，社會在工業化、都市化的衝擊下，產生許多重大變遷，其中家庭的結構與功能的變遷，影響至深且鉅。在家庭結構方面由過去的擴展家庭改變為折衷家庭和核心家庭，此即體積小化的現象；在家庭功能方面，育幼和養老功能已逐漸由家庭以外的專門化機構所取代，造成家庭功能萎縮的現象。這種現象，對於都市地區繁忙急促的生活形態下的家庭而言，當然是壓力沈重，產生極大困難。在傳統的農業社會，家庭組織穩固而確定，安土重遷與落葉歸根觀念深植人心，社會上重視經驗、智慧，正是老人的長處，故老年人備受重視，敬老孝親、敬老尊賢以及尊老崇老乃成傳統文化的特色，再加上在傳統農業社會中，大家庭的組織型態所產生的親族鄉黨的互助網絡，以及重視孝道，建構成傳統社會文化中最佳的老年人安養的制度（王阿保，1990；林仲筱，1988）。不過，自從社會經過工業化、都

市化的衝擊後，許多狀況對於老年人的安養生活極為不利。社會流動升高及大型都市興起，吸引子女離鄉背井，致使老年人無所依靠，生活艱苦。家庭人口的減少，加上家庭不再是個自給自足的單位，功能減弱，造成老年人孤寂落寞，晚景淒涼。人際關係由親密而疏遠，初級關係轉變到次級關係，導致親人互動的疏離，尤其是老年人被冷落在一旁，無人過問。而現代社會強調創新、效率及速度，正是年輕人的所長，老年人根本無法適應（蔡文輝，1988）。婦女家庭以外就業，改變其家庭角色，婦女就業率的大幅提高，使家庭的醫護功能日趨式微，形成老人慢性疾病照顧上的難題。家庭人手缺乏，老人又需要長期照顧，使成年子女照顧父母的意願大打折扣。當社會工業化、都市化，都市地區吸收大量來自農村的青壯人力，亦即是說農村青壯人力大量外流，其結果，一方面農村人力不足且人力、人口老化，使農村地區到處是老年人家庭，老年人在家裡乏人照顧、奉養；另一方面，都市地區核心式小家庭大量湧現，婦女外出工作日益增加，致無法奉養老年人，老年人居住安養問題乃隨之發生並日益嚴重。

　　目前臺灣地區老人的居住安養型態有三種類型：一是居家安養型，即老年父母與已（未）婚子女同住。二是獨居型，即老年人單獨居住。三是機構安養型，即老年人居住在各公私立安養中心。研究調查結果，發現目前臺灣地區老人主要的居住安養型態仍是以與子女同住的居家安養為主，這也顯示，我們的家庭關係並沒有因家庭變遷而全面瓦解，家庭，仍是老年人最重要的居住地方（白秀雄，1970；蘇金蟬，1988；蕭新煌、張苙雲、陳寬政，1981；江亮演，1981；周惠玲，1983；詹火生，1991；謝高橋，1994），但對居住不滿者比例增加，同時，倘若探究老人的意願及主觀感受，老人開始對其他的居住安養的方式有所期待。不可諱言的，代間共居正在減少中，老人與子女同住比例降低，是一種國際性現象。臺灣地區老人獨居的比例，近十幾年來有日漸增加的趨勢，由1976年的8.79%，至1985年已升至17.28%（表5-1）。而與子女同住的比例則日趨

表5-1　臺灣地區65歲以上老人之居住方式

單位: %

| 總計 | | 現　住　一　般　家　宅 | | | | | | | 現住扶養、療養機構 | 其他 |
| 人數(千人) | % | 計 | 獨居 | 僅與配偶同住 | 與子女同住 | | | 與親朋同住 | | |
					小計	固定與某些子女同住	至子女家中輪住			
75 年 12 月　1031	100.00	98.86	11.58	14.01	70.24	64.99	5.25	3.03	0.78	0.36
76 年 12 月　1083	100.00	98.90	11.49	13.42	70.97	–	–	3.02	0.64	0.46
77 年 12 月　1143	100.00	99.03	13.73	14.98	67.88	–	–	2.44	0.36	0.60
78 年 12 月　1188	100.00	98.90	12.90	18.17	65.65	61.33	4.32	2.18	0.87	0.23
80 年 12 月　1329	100.00	98.58	14.52	18.70	62.93	58.94	3.99	2.42	1.19	0.24

資料來源: 行政院主計處，1992。

降低，由 1976 年的 83.68%（含與未婚子女同住 16.82%、與已婚子女同住 66.86%），至 1985 年已降至 78.30%（含與未婚子女同住 23.03%、與已婚子女同住 55.27%）。另據 1989 年 12 月間行政院主計處的調查發現，臺灣地區老年人居住安養方式，雖仍以與子女同住爲主，但所佔比例卻呈逐年減低，由 1986 年的 70.24%降至 1989 年之 65.65%，短短三年間即降 4.59 個百分點（行政院主計處，1989，1991 年與子女同住爲 62.93%），而老年夫婦同住及獨居之比例由 1986 年之 25.59%上升到 1989 年爲 31.07%，三年間增 5.5%，1991 年爲 33.22%（獨居爲 14.52%）（行政院主計處，1992）。

　　詹火生在一項「臺北都會地區老人福利需求與家庭結構間關係之研究」，針對居家安養的老年人訪查，受訪老人居住安養方式，與子女同住者 73.8%、未與子女同住者有 26.2%，而未與子女同住原因爲無子女或子女在國外（40%）、因子女工作關係或子女婚後自組家庭所致（38.1%）、老人自己再婚或因個人原因不與子女同住（12.8%）、相處不融洽或子女不願同住（4.6%）、房舍空間太小（4%）等。58.3% 受訪老人認爲年輕

人婚後仍應與父母同住，78.7%受訪老人願意與已婚子女同住，73.8%受訪老人對自己目前居住安養型態感覺滿意。有72.7%受訪老人不希望改變居住安養型態。只有22.8%受訪老人表示將願入養老院居住（伊慶春、朱瑞玲，1989）。

表5-2　臺灣地區65歲以上老人理想之居住方式

單位：%

目前居住方式 ＼ 理想居住方式	總計 人數(千人)	計 %	獨居	僅與配偶同住	固定與某些子女同住	至子女家中輪住	與親朋同住	遷入扶養機構	其他
總　　　　　計	1,329	100.00	7.58	13.78	65.54	7.53	1.39	4.09	0.09
現住一般家宅	1,310	100.00	7.58	13.97	66.28	7.61	1.32	3.19	0.06
獨居	193	100.00	42.67	3.81	28.75	7.02	2.67	14.74	0.34
僅與配偶同住	249	100.00	2.20	55.96	33.50	6.51	–	1.84	–
固定與某些子女同住	783	100.00	1.08	4.06	89.38	4.58	0.07	0.82	0.01
至子女家中輪住	53	100.00	2.17	3.65	30.82	61.99	–	1.37	–
與親朋同住	32	100.00	5.96	9.06	40.75	3.70	35.73	4.80	–
現住扶養、療養機構	16	100.00	4.70	–	13.51	3.14	5.93	71.14	1.57
其　　　　　他	3	100.00	23.50	–	19.08	–	9.03	42.35	6.05

資料來源：行政院主計處，1992。

老年人在家、在社區中安養是有很多的優點，老年人仍住在熟悉的環境中，維持原有的人際關係、與親朋往來，不會產生適應的困難，能享天倫之樂、親情的樂趣，較有安全感、參與感與有成就價值、被尊重感。然而，隨著老邁，身體健康日益衰退，親友無法或不願照顧，家庭內部結構、關係及成員間互動等變項，影響老人在家庭安養過程中的感受、實況與品質。國內學者多提倡以家庭為取向的老人福利政策（蕭新煌，1983；詹火生，1984；陳寬政、陳宇嘉，1982），認為家庭制度的奉養是自願的、個別的、含有情感的精神的安慰，尤其是子女充分表現愛與責任，老年人在家安養才能有效的利用家庭的人力、物力，以提供老年人最適合其需要的生活照顧。不過，以家庭取向的老人安養制度，能否為當前以子女

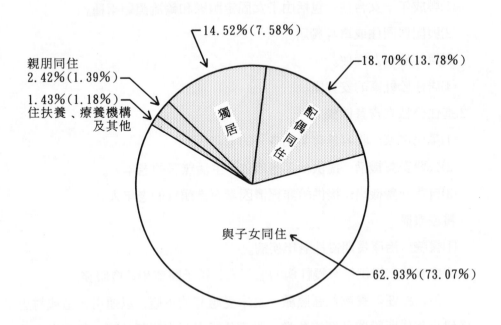

圖5-1　老人的居住情形

資料來源：行政院主計處 1993 年 12 月調查（括弧內數字是老人的希望）

爲主的一般小家庭所能接納，已引起關注，未來考量老年安養的問題，雖應重視以家庭取向的老人安養制度，但基本上更應重視老人本身的生活品質；要重視子女的扶養意識及扶養能力，更要重視老年人人格尊嚴的維護、生活方式、安養型態選擇的自由。國內學者多認爲讓老年人能相當自由地選擇何種居住安排，且透過社會福利政策的推行，能免於「羞愧」地滿足其需要，對已屆風燭殘年的老人，乃是一種最起碼的人道措施（張苙雲，1984；蕭新煌，1985）。所以，基於老年人自主的自決權，老年人居住安養安排，應朝多元化方向發展，即一方面強調、鼓勵三代同堂、家庭爲老人主要的社會支持系統，另方面要重視社區安養及機構安養制度的建立及其服務品質的提升。另有對臺灣地區老人居住安養分爲下列三種型態（王阿保，1990）：

1.居住於社區內

　⑴與成年子女合住，包括由子女固定照顧和輪流照顧兩種。

　⑵與配偶同住或單身獨居。

　⑶與其他親友同住。

　⑷居住於社區的安養堂。

2.進住公私立安養機構

　⑴榮民之家：收容具有榮民身分的老年人。

　⑵公費安養機構：提供給年邁無依、生活無著的老年人。

　⑶自費安養機構：提供給非經濟因素而需頤養的老年人。

3.醫療機構

　⑴醫院：治療長期慢性老年疾病。

　⑵療養院：提供給有慢性病的老年人，給予醫療和社會服務。

　　然，社區安養或社區照顧一直未受應有的重視，以運用社區或村里修建小型住所設置社區安養堂，運用社區資源來照顧社區中無依老人為例，1980 年底社區安養堂有 45 個，安養人數 462 人（周建卿，1983；白秀雄，1992），到了 1995 年，社區安養堂減為 26 所，可收容 630 人，實收 513 人（內政部，1995）（表 5-4）。明顯可見社區安養堂數減少，因部分地區基於營運理由將之合併，所以，社區安養堂規模變大了。倘若規模越大就距離住宅區越遠，也就距離親朋好友越遠了，要探訪就越不容易了，老人家就開始會感受被遺棄而生孤寂感了。一項由內政部統計處進行的「82 年臺灣地區老人福利機構需求概況調查」結果發現，多數人認為安療養機構的理想地點，擬設在居住地社區內者最多佔 32.68%；設在鄰近市（鎮、區）中心之郊區者次之佔 26.36%；而設在距離市（鎮、區）中心較遠之環境幽雅地區者再次之佔 19%（內政部，1994）。

　　醫院是健康服務的主要場所、治療疾病的地方；福利設施是照護、看護、戒護的場所；家庭是安身之處。而目前較欠缺的是慢性病人的安養處

所。由於醫療機構病床不足，醫事人力不足，以及經濟方面不勝負荷，醫院經常是設法不要將慢性病人留置在醫院太久的時間。因此，在醫院附近就很自然地應運而生的安養中心，就如雨後春筍般設立。以現有的法令及實際的設備、專業的人力言，大多為不合格，不但缺乏整體規劃，甚至危及老人生命與安全。老年人的疾病所產生的問題，經常造成家庭與社會的

表5-3　臺灣地區50歲以上國民認為老人安療養機構理想之設置地點　　　　（民國82年10月）

單位：%

項目別	總計	居住地社區內	鄰　近　市（鎮、區）中心之郊區	距離市（鎮、區）中心較遠之環境幽雅地區	市（鎮、區）中心	無意見
總　　計	100.00	32.68	26.36	19.00	6.14	15.82
性　　別						
男	100.00	31.50	27.14	20.24	5.95	15.17
女	100.00	33.99	25.50	17.62	6.36	16.54
年　　齡						
50～64歲	100.00	32.03	27.01	20.36	5.98	14.62
65歲及以上	100.00	33.73	25.31	16.79	6.40	17.77

資料來源：內政部，1994。

表5-4　社區安養堂收容現況

單位：%

縣市別　　　堂數及收容人數	堂　數	可收容人數	目前實收人數
臺北縣	17	515	425
宜蘭縣	1	12	6
新竹縣	1	12	5
臺中縣	1	5	5
南投縣	1	20	20
苗栗縣	2	45	31
嘉義縣	3	21	21
合　計	26	630	513

資料來源：內政部，1995。

負擔、困擾，若是急性病患可透過急性醫療服務體系之各層級急性醫療機構，倘若是慢性疾病，則因其涵蓋復健、恢復、維護性照顧，亦即所謂長期照護，其服務範圍則包括慢性病醫院（慢性病床）、護理之家、日間照護及安寧照護等機構。廣義的長期照護服務，亦將社會性及支持性之照護，如在宅服務、日間托老與養護機構等服務包括在內。因此，健全安養復健的體系，乃為刻不容緩的要務。

在急性醫療照護方面，目前已有 6 家省立醫院及一家市立醫院有高年科，另有十家省立醫院設有高年科特別門診，1989 年臺中市開辦第一所老人保健醫院，提供慢性病患之醫療照護、中老年人健康檢查、70 歲以上老人免費健康檢查及全日與日間托護服務。在長期照護方面，復健、恢復、維護性照護階段，依其所提供的服務類型可劃分為居家式、社區式及機構式照護。居家照護方面，1971 年起，馬偕醫院成立「社區健康部」，提供居家護理的服務；1986 年行政院衛生署開始進行居家護理實驗性計畫，1992 年至 1993 年止，共補助 30 所居家護理單位。社區照護則以日間照護為主，1992 年衛生署以實驗計畫方式，補助 4 家醫院開辦老人日間照護中心，其中耕莘醫院在內政部及衛生署獎助下辦理老人社區日間照護服務成效卓著。另有私人醫院及市立醫院陸續開辦社區日間照護服務。在提供老人機構式照護服務方面，目前有慢性病醫院（病床）、護理之家、復健科及復健醫療院所與精神病醫療院所，截至 1992 年底止共有 5,806 床，以退輔會之慢性病床佔大多數（3,883 床、66.9%）。另外，醫院復健科及復健醫療院所目前正配合醫療網計畫，發展分級之復健醫療服務網路，使慢性病患及殘障病患能就近取得復健醫療照護。目前臺灣地區有 127 家醫院設有復健科，臺中市立復健醫院為臺灣地區首創之復健專科醫院。此外，退輔會所屬榮民醫療體系，對於國內老人醫療服務之提供扮演著重要角色，至 1994 年 1 月止，榮民總數為 583,347 人，其中 65 歲以上者佔 55.3%，60 歲以上者更佔七成以上。就養榮民有 134,605 人（佔

全體榮民之 23.1%），其中 60 歲以上者有 131,574 人，佔 99%。正於機構內就養的 17,715 人中，病殘癱瘓者 5,500 人，佔三成左右，目前是分佈於13 家榮民之家及一所大陸榮胞輔導中心。由於榮民多半是以單身或少有親人、獨居或數位單身榮民合住而經濟狀況較差者居多，如果外加上慢性疾病纏身，將使榮民成為老人醫療及長期照護就醫、就養及支持性服務之高危險群。至 1993 年 5 月止，退輔會之醫療體系計有 3 家榮民總醫院，有 4,883 張病床， 11 家榮民醫院，有 11,120 張病床合計 16,003 床，其中三家榮民總醫院總病床數之 60%以及 11 家榮民醫院總病床數之 80% 係專供榮民提供醫療服務。未來榮民在數量上將逐漸減少，但將面臨榮民人口結構快速高齡化的問題，退輔會之醫療及照護服務體系以及就養服務中之長期照護服務是否足夠因應，有待評估（楊漢湶， 1994）。

第二節　居住安養服務的供給

　　這種人口高齡化趨勢是不可避免的既定趨勢（蕭新煌， 1983），顯示政府老年福利政策及措施的重要性，各級政府亦尚能因應此一發展情勢，適時主動而且很積極地推展各項老年福利措施（白秀雄， 1987）。而 69年 1 月 26 日訂頒施行老人福利法，乃是我國老年福利政策及措施上的一重要分界。在此之前，一直因襲傳統上的救濟作為，只做到對貧困失依者消極性救濟、收容，如依據 32 年中央政府公佈的社會救濟法第 5 條規定凡年在 60 歲以上之男女，應受救濟者，得於安養所留養之，以及 33 年 9月行政院公佈之「救濟院規程」的規定而設置的（周建卿， 1983），是在綜合性的救濟院設立安老所。其中以 30 年代設立 12 個仁愛之家（原稱救濟院， 57 年 7 月改稱仁愛之家），因限於當時物質條件，多係因陋就簡利用書院或工廠改設成立，其後政府逐年予以改善。 50 年代後期及 60 年代

興建的有 14 家，其建築設備較佳，惟其規模係衡量各地需求與能力所規劃，各地財力不一，尤其民間所設立者，個別差距大（白秀雄， 1970）。若干地方政府為因應家庭結構與功能上變遷所引發的新需求，已突破傳統上僅限於對貧困失依者收容安養的作為，開辦自費安養設施。為照顧追隨政府來臺並對確保國家安全最有貢獻之軍人退役後的生活，政府自42 年起先後設立 12 個榮譽國民之家（簡稱榮民之家）。到 69 年底據內政部統計，安養老人的仁愛之家 38 所 9,540 人，加上榮民之家 12 所 38,948人，合計 50 所 48,488 人。仁愛之家部分，至 78 年 12 月底，有 14 所收容10,843 人（行政院主計處， 1990）。另外，鑑於我國老人，多有安土重遷的傳統觀念，雖老弱貧病，也不願遠離故鄉住進救濟院所，臺灣省乃運用社區或村里修建小型住所，設置社區安養堂，運用社區資源來照顧無依老人，至 69 年底社區安養堂 45 個，安養人數 462 人（周建卿， 1983 ；白秀雄， 1992）。

我國安養機構最早設立是在民國 12 年，在大陸淪陷後國民政府遷臺期間，尤其是在 34～ 39 年間，安養機構的設立數量大量增加，民國 69 年老人福利法公佈實施前後，臺灣地區安養機構的設立再次大量增加。基於臺灣地區老人機構安養型態的發展有較為特殊的時代背景，因此，不論是安養、療養或是公費、自費安養，大多有混合收容安養的現象。早期機構安養的主要目的係針對國民政府從大陸遷臺，許多追隨者退休或退役孤苦無依的老人需要照顧，而設立了榮民之家或仁愛之家，由政府免費安養。然後這些老年人隨著年齡的增加，終至有人變成重度障礙者或臥病在床需要長期醫療與看護，又因為衛生醫療部門遲遲在這方面未能有所作為因應，乃逐漸形成在同一個安老院所內設立養護、療養病床或養護所，致安養、養護或療養設施、現象並存於同一個安養機構的特殊現象。另方面，由於家庭結構與功能的變遷，部分有經濟能力而希望有自己生活的計畫安排，願意付費居住於安老機構，以致許多原是公費安養機構，其對象是

貧困失依的老年人，現在也紛紛增建院舍來照顧經濟狀況不錯願意付費
的老人，形成同一個安養機構公私費混合、貧困失依與經濟狀況良好的老
人生活在一起的特殊現象。目前臺灣地區依據老人福利法及老人福利機
構設立標準之規定而設立的安（扶）養機構46家、療養機構21家合計67
所安養機構（內政部，1996）。

圖5-2 臺灣地區老人安養機構數量成長情形

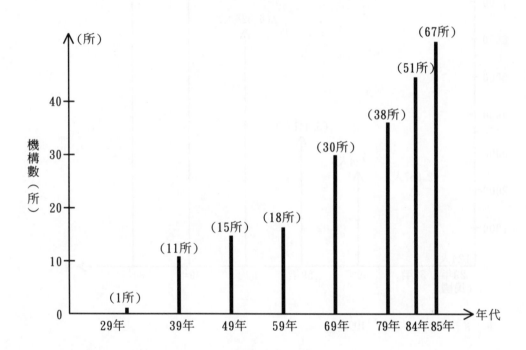

附注：85年67所，未含尚未啓用或尚在興建中的8所。
資料來源：內政部，1996。

圖 5-3 臺灣地區老人（實際）進住安養機構人數成長情形

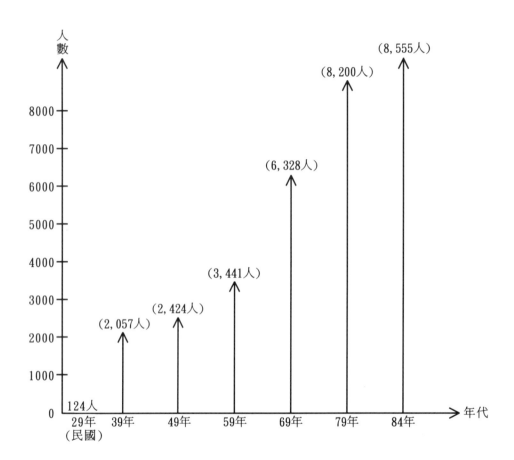

資料來源: 內政部, 1995。

表5-5　臺灣地區安養及養護設施統計表

機構別		地區別	臺灣省	臺北市	高雄市	小計	總計	備　　註
安養機構	機　構　數		38	4	1	43	43	
	可扶養人數	公費	4,336	1,718	418	6,535	9,461人	
		自費	2,292	447	187	2,926		
	實際扶養人數	公費	3,156	1,643	416	5,215	7,537人	
		自費	1,690	445	187	2,322		
	實際療養人數	公費	460	0	0	460	631人	
		自費	171	0	0	171		
	興建中機構數	新建	4	0	0	4	4	
	可扶養人數（自費）		1,200	0	0	1,200	1,200	
養護機構	機　構　數		6	3	0	9	9	
	可療養人數	公費	305	87	0	392	846	
		自費	454	0	0	454		
	實際療養人數	公費	256	85	0	341	547	
		自費	204	2	0	206		
	興建中機構數	附設	4	0	0	4	2	臺灣省興建中之4處養護所係附設於扶養機構不另計入總機構數，預定87年底完工
		新建	0	2	0	2		
	可療養人數		540	850	0	1,390	1,390	臺北市2處預定87年完工
老人公寓	所　　數		3	2	0	5	5	臺北市3處預定86年底完工
	可扶養人數		880	191	0	1,071	1,071	
社區安養堂	所　　數		26	0	0	26	26	
	可扶養人數		630	0	0	630	630	
	實際扶養人數		546	0	0	546	546	
榮民之家	機　構　數		14			14	14	
	內住榮民數		16,314			16,314		
	外住榮民數					114,632		

資料來源：內政部，1994, 1996。

附注：1. 截至1996年2月底，已正式收容的有67所，另有8所正興建中。

　　　2. 老人公寓部分，預計收容1,170人。

表5-6 臺閩地區各公私立老人扶療養機構統計 —— 按主管機關、公私立別與業務性質分

主管機關	業務性質											總計
	公費扶養	自費扶養	公費療養	自費療養	公費扶、療養	自費扶、療養	公、自費扶養	公、自費療養	公、自費扶療養	公自費扶養、與療養	公與、公費療養扶養	
公　　　立												
臺北市	1	1	0	0	1	0	0	0	0	0	0	3
高雄市	0	0	0	0	0	0	0	0	0	0	1	1
臺灣省	1	0	0	0	2	0	2	1	0	0	0	6
縣　市	3	0	0	0	1	0	2	0	0	1	0	7
總　計	5	1	0	0	4	0	4	1	0	1	1	17
私　　　立												
臺北市	0	0	0	1	0	0	1	4	0	0	0	6
高雄市	0	0	0	0	0	0	0	1	0	0	0	1
臺灣省	1	1	0	0	0	0	5	0	5	0	0	12
縣　市	2	2	1	0	1	0	5	4	1	0	0	17
總　計	3	3	1	1	1	0	12	9	6	0	0	36
總　　　計												
臺北市	1	1	0	1	1	0	1	4	0	0	0	9
高雄市	0	0	0	0	0	0	0	1	0	0	1	2
臺灣省	2	1	0	0	2	0	7	1	5	0	0	18
縣　市	5	2	1	0	2	0	8	4	1	1	0	24
總　計	8	4	1	1	5	0	16	10	6	1	1	53

說明：縣市部分包括金門縣、連江縣大同之家。
資料來源：內政部，1995。

表5-7 臺閩地區各公私立老人扶養機構應用率統計

主管機關	機構數目	公立								
		公 費			自 費			總 計		
		預定收容數	實際收容數	收容率 (%)	預定收容數	實際收容數	收容率 (%)	預定收容數	實際收容數	收容率 (%)
臺北市	3	1,762	1,598	90.7	380	380	100.0	2,142	1,978	92.3
高雄市	1	479	338	70.6	315	303	96.2	794	641	80.7
臺灣省	5	1,970	1,434	72.8	410	370	90.2	2,380	1,804	75.8
縣 市	7	1,783	1,269	71.2	378	234	61.9	2,162	1,503	69.6
總 計	16	5,994	4,639	77.4	1,483	1,287	86.8	7,477	5,926	79.3

主管機關	機構數目	私立								
		公 費			自 費			總 計		
		預定收容數	實際收容數	收容率 (%)	預定收容數	實際收容數	收容率 (%)	預定收容數	實際收容數	收容率 (%)
臺北市	1	110	97	88.2	80	77	96.3	190	174	91.6
高雄市	0	0	0	－	0	0	－	0	0	－
臺灣省	12	1,055	685	64.9	1,235	598	48.4	2,290	1,283	56.0
縣 市	12	649	459	70.7	943	713	75.6	1,592	1,172	73.6
總 計	25	1,814	1,241	68.4	2,258	1,388	61.5	4,072	2,629	64.6

説明：縣市部分包括金門縣、連江縣大同之家。
資料來源：內政部，1995。

表 5-8　臺閩地區各公私立老人扶療養機構上次評鑑和本次評鑑之扶養設施應用率比較（％）

主管機關	公　　　　　　立					
	公　　費		自　　費		小　　計	
	本次評鑑	上次評鑑	本次評鑑	上次評鑑	本次評鑑	上次評鑑
臺北市	90.7	√	100	100	92.3	√
高雄市	70.6	94	96.2	97	80.7	95
臺灣省	72.8	85	90.2	92	75.8	85
縣　市	71.2	72	61.9	67	69.6	71
總　計	77.4	86	86.8	90	79.3	87

主管機關	私　　　　　　立					
	公　　費		自　　費		小　　計	
	本次評鑑	上次評鑑	本次評鑑	上次評鑑	本次評鑑	上次評鑑
臺北市	88.2	82	96.3	67	91.6	76
高雄市	－	－	－	－	－	－
臺灣省	64.9	49	48.4	50	56	49
縣　市	70.7	71	75.6	93	73.6	83
總　計	68.4	60	61.5	69	64.6	65

說明：　1.√表示實際收容數超過預定收容數。
　　　　2.上次評鑑不包括金門縣、連江縣大同之家。
資料來源：內政部，1995。

表5-9 臺閩地區各公私立老人療養機構應用率統計

主管機關	機構數目	公	立							
		公 費			自 費			總 計		
		預定收容數	實際收容數	收容率(%)	預定收容數	實際收容數	收容率(%)	預定收容數	實際收容數	收容率(%)
臺北市	0	0	0	–	0	0	–	0	0	–
高雄市	0	0	0	–	0	0	–	0	0	–
臺灣省	1	120	117	97.5	322	152	47.2	442	269	60.9
縣 市	0	0	0	–	0	0	–	0	0	–
總 計	1	120	117	97.5	322	152	47.2	442	269	60.9

主管機關	機構數目	私	立							
		公 費			自 費			總 計		
		預定收容數	實際收容數	收容率(%)	預定收容數	實際收容數	收容率(%)	預定收容數	實際收容數	收容率(%)
臺北市	5	30	29	96.7	95	96	101	125	125	100
高雄市	1	12	12	100	30	30	100	42	42	100
臺灣省	0	0	0	–	0	0	–	0	0	–
縣 市	5	225	177	78.7	99	108	109.1	324	285	88
總 計	11	267	218	81.6	224	234	104.5	491	452	92.1

資料來源：內政部，1995。

表5-10　行政院國軍退除役官兵輔導委員會各安養機構榮民安置現況表

區　　分	合　　計	現　況　分　析					備考
		榮家內住榮民	單身外住榮民	有眷外住榮民	榮院寄醫	中心代管	
總　　　計	130,946	16,314	36,863	69,853	1,324	6,592	261
榮家合計	130,294	15,691	36,863	69,832	1,316	6,592	
板橋榮家	31,421	1,786	9,563	18,554	105	1,413	4
三峽分部	14,687		13,345			1,342	19
桃園榮家	18,391	2,401	8,350	6,055	212	1,373	48
新竹榮家	6,075	1,081	1,989	2,732	109	164	57
彰化榮家	12,177	999	3,804	7,037	135	202	11
雲林榮家	2,583	735	661	1,132	51	4	8
白河榮家	3,851	947	1,076	1,757		71	16
佳里榮家	3,306	801	1,010	663	33	799	
臺南榮家	4,552	1,105	1,002	2,181	99	165	5
岡山榮家	14,333	1,572	3,420	8,311	169	861	20
屏東榮家	5,030	1,304	1,723	1,705	100	198	12
馬蘭榮家	2,448	887	664	858	39		
太平榮家	2,603	939	777	828	59		38
花蓮榮家	7,979	1,134	2,824	3,816	205		23
榮胞中心	161	132		21	8		
自　養　堂	858			858			
自費安養	492	492					

附注：備考欄係省、縣市政府委託照顧滯留大陸臺籍前國軍返臺定居人員。

　　據詹火生等人在「臺灣地區老人安養服務之研究」中，依1989年65歲以上老人進住機構意願推估1990年至2005年的老人安養需求，得1990年的老人安養需求為33,606人、1995年的老人安養需求為42,452人、2000年為50,287人、2005年為56,758人（詹火生等，1991）（表5-11）。若依1589年50至64歲人口未來進住機構意願推估1990年至2005年的老人安養需求，得1990年的老人安養需求為28,559人、1995年為36,076人、2000年為42,734人、2005年為48,233人（詹火生等，1991）（表5-12）。

表 5-11　依 78 年 65 歲以上老人進住安養機構意願推估未來老人安養需求

	老人人口數（千人）	需求率 *（%）	需求數（人）
民國 79 年	1,231	2.73	33,606
民國 80 年	1,293	2.73	35,299
民國 81 年	1,357	2.73	37,046
民國 82 年	1,423	2.73	38,848
民國 83 年	1,490	2.73	40,677
民國 84 年	1,555	2.73	42,452
民國 85 年	1,618	2.73	44,171
民國 86 年	1,679	2.73	45,837
民國 87 年	1,736	2.73	47,393
民國 88 年	1,790	2.73	48,867
民國 89 年	1,842	2.73	50,287
民國 90 年	1,890	2.73	51,597
民國 91 年	1,940	2.73	52,962
民國 92 年	1,988	2.73	54,272
民國 93 年	2,034	2.73	55,528
民國 94 年	2,079	2.73	56,757

注：*係 78 年 65 歲以上老人希望進住安養機構之百分比。
資料來源：1.民 80 行政院經建會，「中華民國臺灣地區民國 79 年至 125 年人口推估」。
　　　　　2.民 79 行政院主計處「老人生活狀況調查報告」。

第三節　居住安養服務供需失調

從上述研究顯示安養需求很高，不少長者仍安養無處，但另方面有很多安養機構空床率居高不下，使用率一直偏低，形成一種奇特的失調現象。有些地方政府為「消滅貧窮」，強迫 60 歲或 65 歲以上貧困失依老年人離開「出生於斯、成長於斯、奉獻於斯、年老於斯」的鄉里、社區，一

表 5-12　依78 年50～64歲者進住扶養機構意願推估未來老人安養需求

	老人人口數（千人）	需求率（%）	需求數（人）
民國 79 年	1,231	2.32	28,559
民國 80 年	1,293	2.32	29,998
民國 81 年	1,357	2.32	31,482
民國 82 年	1,423	2.32	33,014
民國 83 年	1,490	2.32	34,568
民國 84 年	1,555	2.32	36,076
民國 85 年	1,618	2.32	37,538
民國 86 年	1,679	2.32	38,953
民國 87 年	1,736	2.32	40,275
民國 88 年	1,790	2.32	41,528
民國 89 年	1,842	2.32	42,734
民國 90 年	1,890	2.32	43,848
民國 91 年	1,940	2.32	45,008
民國 92 年	1,988	2.32	46,122
民國 93 年	2,034	2.32	47,189
民國 94 年	2,079	2.32	48,233

資料來源　行政院經建會 1991,「中華民國臺灣地區民國 79年至 125年人口推估」。

律強送機構安養，實有違人道，亦不合情理。老年人居住安養方式甚多，居家安養使老年人能留在自己家庭獲得生活照顧以及提供社會支持，社區照顧與社區工作相結合，在當地有效發動地方民間資源配合政府力量予以照顧，以及機構式照顧，應配合老年人本身意願與需要作妥當安排才對。但是事實上，從調查顯示，一方面老年人大多不願進住安老院所，或因離鄉背井，無親朋熟人照顧，或因老年人適應力較差不願到陌生環境，恐懼變遷，不願團體生活起居規範，集體生活使老人心生畏懼，或有感於進住救濟院乃係一種差辱，或因目前安養設備與服務尚不夠理想、設備老舊、或因資格限制太嚴苛、申請者多不合規定、或飲食限制不方便等（白秀雄， 1980、1989；詹火生， 1991；內政部， 1995）。因此，有些老年人

寧願被鄉鎮公所撤銷其貧民登記，亦不願進住安養院安養，造成安養院所空床位甚多，從最早在1980年白秀雄主持的「臺灣地區老人福利問題調查研究及其對策研究」，發現當時全國安養機構收容率為90.12%，空床率達9.88%，而且就當時已收容人數中就年齡資料來看，年滿60歲者佔82.36%，其餘為不滿60歲者多係貧困、殘障者，因當時尚無其他適當機構可以收容，乃與老年人一起安置在救濟院中，未來對此部分人口另設適當專門性機構安置，則安養院所空床位將更多。而此，尚未考量榮民之家在未來完成階段性任務後的狀況（白秀雄，1980）。詹火生在1991年主持的「臺灣地區老人安養服務之研究」亦發現在全國38所安養機構中，可安養的公費床位數有7,183床，而實際安養人數僅5,123人，收容安養率（或稱使用率）為71.32%，可使用自費床位數為2,335床，實際使用數為2,220，使用率95.07%（詹火生，1991）。

1993年全國公私立老人扶（安）療養機構服務績效評鑑報告指出，接受評鑑機構預定扶（安）養老人數為9,475人（公立6,392人，私立3,083人），實際扶（安）養數為7,573人（公立5,577人，私立1,996人），空床數為1,902人（公立815人，私立1,087人），運用率或稱收容安養率為80%（公立扶（安）養機構安養率為87%，私立安（扶）養機構安養率只有65%。換句話說，尚有20%的安（扶）養機構設施未能安養、運用，其中公立安（扶）養機構設施收容率為87%，即尚有13%未能收容、運用，私立安（扶）養機構設施收容、運用率為65%，即還有35%設施未能收容運用。而受評鑑的療養機構設施預定收容數為2,225人（公立1,151人，私立1,074人），實際收容數1,504人（公立798人，私立706人），空床數為721人（公立353人，私立368人），即收容運用率為68%（公立69%，私立66%），亦即還有32%設施未能收容運用公立31%，私立34%設施未能收容運用（內政部，1993）。

1995年全國公私立老人扶（安）療養機構服務績效評鑑報告亦指出，

老人扶（安）養機構的預定收容扶（安）養老人人數爲公立機構 7,477 人，私立機構爲 4,072 人，共計 11,549 人。實際收容安（扶）養的老人公立機構爲 5,926 人，私立機構爲 2,629 人，共計 8,555 人。其運用率公立機構爲 79.3%，私立機構爲 64.6%。私立機構的運用率比較低（內政部， 1995）。但與上次評鑑比較，上次評鑑的結果，公立機構扶（安）養設施運用率爲 87 %，私立機構爲 65%，則顯然可以發現公立扶（安）養機構設施的運用率大大降低（內政部， 1993、1995）。其中臺灣省主管的公立扶（安）養機構運用率只有 56%（包括公、自費）（如表 5–7），即有近一半的設施沒有使用。以公自費分別探討，公立公費機構的運用率都降低，高雄市、臺灣省縣市主管的公立公費機構之運用率只有 70.7%，亦即還有約 30%的設施沒有使用。公立自費機構的運用率，縣市主管的機構的運用率由原來的 67%降低到 61.9%，即還有約 40%的設施沒有使用。私立機構公費扶養機構運用率略有提高，但仍只有 64.9%，值得注意的是其自費部分的運用率只有 48.4%，即還有一半以上的安養設施沒有使用。其中新竹縣立仁愛之家可收容 156 人，實際收容 27 人，收容率或使用率僅 17%，苗栗縣私立弘法院附設仁愛之家可收容 55 人，實收 10 人，使用率 18%，臺中市私立輔順仁愛之家預定收容 127 人，實際收容 25 人，使用率 20 %。

　　據陳政智「臺灣地區養老機構區域分布特性分析」研究調查 41 所公私立仁愛之家、療養院所可提供 10,392 床位，實際進住 7,891 人，使用率 75.9%，而其中公立機構的使用率 80%，私立機構爲 68%。若依機構收費型態來區分，則完全免費安置的機構使用率最高，達 83%，專辦自費安置者次之，使用率爲 76%，同時提供免費安置和自費安置服務的機構最低，使用率只有 70 %（表 5–13、 5–14、5–15）。在機構地理位置、交通設施以及距都市遠近等「位置條件」方面，進行訪視的 41 家養老機構，大部分是位在市區的邊緣，佔 66%，而且，有 9 所機構位在偏遠的鄉鎮，佔 22%，只有 5 所機構是設在都市的市區內，僅佔 12%。倘以交通設施條件來看，

則有5所養老機構附近沒有公車或客運經過，在交通上極爲不便，而交通上的不便，多少會影響院內老人與社區的互動機會，安老院所在運用社區資源上也較爲不便，包括人際交往以及志工的招募。至於安老機構在不同地區的分佈情況，以東部地區最少，只有5所，其餘均在西部，而以南部最多有13所，然後依序是北部與中部。但若以公立機構言，則以北部最多有6所，中部南部各3所次之，東部最少，只有1所。安老機構設置規模在400人以上者以公立機構爲多，機構規模在200人以下者則以私立機構爲多。機構規模在201人以上者以北部最多，在31～200人的機構以東部比例最高，南部次之。換言之，南部地區以機構規模在200人以下者爲多，而北部地區則大多爲201人以上的機構（陳政智，1994）。在分析機構的位置，加上各地區的老年人口數，顯示區域上的分配極爲不平衡（圖5-4），尤其是床位設置比例方面，北部地區設立的安養床位比例最高，每千名老人設有10.8床位，與香港「新老人服務規劃比例」每千人需設十床安養床位的新標準有過之。其餘地區則未及香港標準（陳政智，1994）（表5-16）。在理論上，對此區域分配上的不平衡，尤其是床位設置比例方面高低差距甚大，未來政府在規劃上區域的平衡爲考量因素；然而，在實務上，以臺灣地區社會文化及歷史發展上獨特的狀況，尤以中南部民眾不願讓其親人進住安老院所而造成大量的空床位，亦須一併納入考量。

表5-13　臺灣地區公私立養老機構設立之床位與安置人數 (n=41)

項　目	公　立		私　立		合　計	
	設立規模	實際規模	設立規模	實際規模	設立規模	實際規模
人　數	6,724	5,401	3,668	2,490	10,392	7,891
平　均	517	415	131	89	254	193
最大值	922	845	510	430	922	845
最小值	80	21	15	14	15	14

資料來源：陳政智，1994。

表5-14 臺灣地區設立之養老床位與安置人數（依機構收費情形畫分）（n=41）

項　目	完全免費安置		服務對象自費		免費與自費兼有	
	設立規模	實際規模	設立規模	實際規模	設立規模	實際規模
人　數	4,422	3,672	810	617	5,160	3,602
平　均	340	282	270	206	206	144
最大值	922	845	510	430	820	621
最小值	15	14	100	93	32	16

資料來源：陳政智，1994。

表5-15 臺灣地區養老機構規模以及位置與機構組織畫分表

百分比 機構 規模	位　置				機構組織		機構數
	北部	中部	南部	東部	公立	私立	
30人以下			7.7			3.6	1
31～200人	16.7	72.7	76.9	80.0	23.1	75.0	24
201～400人	25.0	9.1	7.7		7.7	14.3	5
401人以上	58.3	18.2	7.7	20.0	69.2	7.1	11
合計機構	12	11	12	5	13	28	41

資料來源：陳政智，1994。

圖5-4　養老機構服務人力、專業人力、經費總額與機構規模以所在地區
　　　　畫分圖

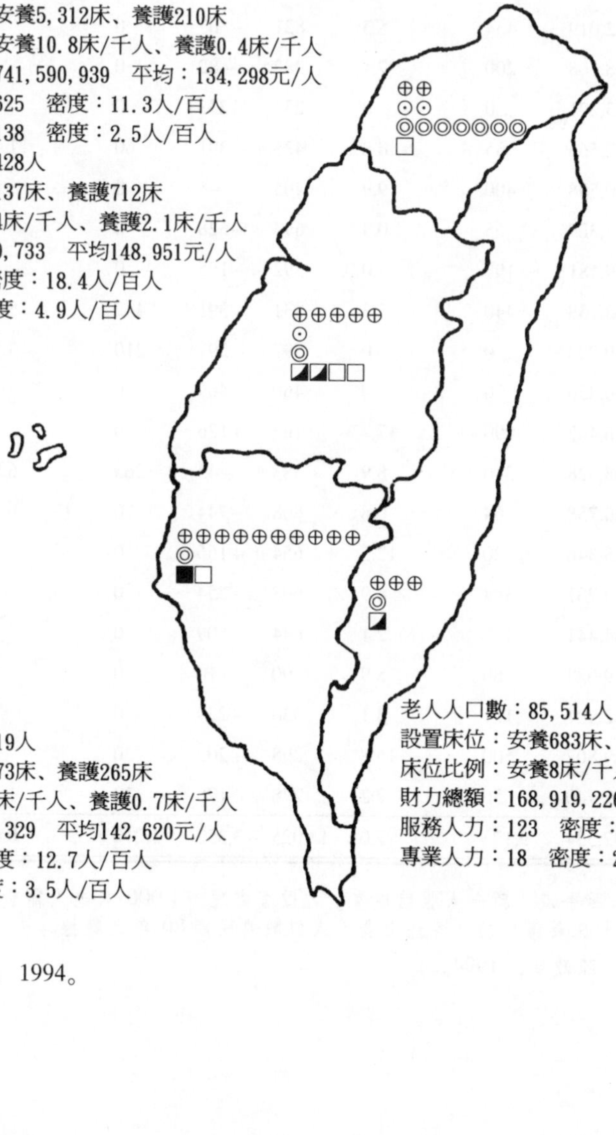

安養機構設立規模：●30人以下　⊕31～200人　⊙200～400　◎400人以上
養護機構設立規模：■30人以下　◪31～150人　□150人以上

老人人口數：491,673人
設置床位：安養5,312床、養護210床
床位比例：安養10.8床/千人、養護0.4床/千人
財力總額：741,590,939　平均：134,298元/人
服務人力：625　密度：11.3人/百人
專業人力：138　密度：2.5人/百人

老人人口數：334,428人
設置床位：安養1,137床、養護712床
床位比例：安養3.4床/千人、養護2.1床/千人
財力總額：275,410,733　平均148,951元/人
服務人力：340　密度：18.4人/百人
專業人力：90　密度：4.9人/百人

老人人口數：85,514人
設置床位：安養683床、養護32床
床位比例：安養8床/千人、養護0.4床/千人
財力總額：168,919,226　平均247,319元/人
服務人力：123　密度：18.0人/百人
專業人力：18　密度：2.6人/百人

老人人口數：390,919人
設置床位：安養2,073床、養護265床
床位比例：安養5.3床/千人、養護0.7床/千人
財力總額：333,446,329　平均142,620元/人
服務人力：297　密度：12.7人/百人
專業人力：82　密度：3.5人/百人

資料來源：陳政智，1994。

表 5-16 各縣市養老床位數與床位設置比例

縣市別	縣市老年人口數	設置安養床位數	床位設置比例（床／千人）	應設置安養床位數	差距	設置養護床位數	床位設置比例（床／千人）	應設置養護床位數	差距
基隆市	24,674	326	33.5	2.7	+576	0		271	−271
臺北市	181,023	2,492	13.8	1,810	+632	0		1,991	−1,991
臺北縣	152,468	1,260	8.9	1,525	−125	210	1.2	1,677	−1,467
桃園縣	82,019	434	5.3	821	−367	0		903	−903
新竹縣	28,168	200	7.1	282	−82	0		310	−310
新竹市	23,271	0	0	233	−233	0		256	−256
苗栗縣	42,566	35	0.8	426	−391	60	1.4	463	−408
臺中市	40,508	400	9.9	405	−5	0		446	−446
臺中縣	69,327	65	0.9	693	−628	0		763	−763
南投縣	39,181	197	5.0	392	−195	0		431	−431
彰化縣	83,138	440	5.3	831	−391	442	5.3	915	−473
雲林縣	59,708	0	0	597	−597	210	3.5	657	−447
嘉義縣	46,856	0	0	469	−469	0		515	−515
嘉義市	16,407	290	17.7	164	+126	0		180	−180
臺南市	38,328	340	8.9	383	−43	265	6.9	422	−157
臺南縣	80,758	64	0.8	808	−744	0		888	−888
高雄市	65,346	820	12.5	654	+166	0		719	−719
高雄縣	69,761	344	4.9	698	−354	0		764	−764
屏東縣	64,441	135	2.1	644	−509	0		709	−709
澎湖縣	9,022	80	8.9	90	−10	0		99	−99
宜蘭縣	32,901	101	3.1	330	−229	0		363	−363
花蓮縣	29,807	500	16.8	298	+202	0		328	−218
臺東縣	22,740	50	2.2	228	−178	32	1.4	250	−218
合　計	1,302,534	9,173	7.0	13,025	−3,352	1,219	0.9	14,328	−13,109

注: 此表依照香港「新老人服務規畫」之標準處理, 1,000 名老人需設立 10 床安養床
　　位與 11 床養護床位。各縣市老人人口數為民國 80 年之數據。

資料來源: 陳政智, 1994。

第四節　居住安養服務檢討改進建議

㈠注重居家安養、社區安養與照顧

　　今後老人居住安養應朝多元化方向努力，尤應重視居家安養、社區安養與照顧。各國老人居住安養型態亦兼顧在宅安養、社區安養以及機構安養三者（如表5–17）。

　　老人家原來是出生於社區、成長於社區、服務奉獻於社區，俟其高齡後，如能留在家裡，生活在其熟悉的社區環境中，倘又能得適切的照顧，這應比離開家人與親朋好友到一個陌生的機構去接受照顧要來得更人性化、更符合人道主義的原則（蘇景輝，1994）。

　　由上述各種調查報告，大部分的老人都是居住在社區中，不論是獨居、與配偶同住或與子女同住，而居住在機構裡，不論是現在或是未來，仍是少數。所以，未來我國勢必大力推展社區照顧措施來協助需要照顧的居家老人，如何規劃社區照顧網絡，以滿足老人的居家福利，正是當前最重要的課題之一。

　　一項對臺北市老人生活需求的民意調查亦顯示，65歲以上的老人，有高達80%之比例希望與子女同住（民意調查基金會，1991）。臺灣地區婦女生活狀況調查報告顯示，老年人與已婚子女同住的情形仍甚為普遍，除了19%的老人是自己獨居外，其餘都採固定或輪流居住方式與子女同住（行政院主計處，1990）。萬育維、林萬億在內政部委託的一項社會救助的研究中亦強調應協助低收入的老人建立與維持健全的社會支持網絡，並對於協助居住社區的老人的親友予以適時的支持與鼓勵（萬育維、林萬億，1994）。謝高橋歸納我國老人的需求5個重要面向，檢視其所列

健康醫療、經濟安全、教育休閒、居住安養及心理與社會調適中各個需求
內容，是均可透過社區照顧的方式來提供的（謝高橋，1994）。

表 5-17　各國老人住居安養型態輔導措施比較表

輔導措施 國別	在宅安養	社區安養	機構安養
瑞典	・提供住宅津貼 ・住宅改造補助及貸款 ・老人家庭服務	・房租補助 ・專用公寓興建補助 ・老人家庭服務	・設立老人之家 ・設立老人療養所
英國	・老人家事服務 ・提供食物服務	・老人家事服務 ・提供食物服務	・設立養老院 ・設立老人招待所 ・設立療養之家
美國		・提供低租金住宅 ・提供住宅貸款 ・房租補助 ・興建老人社區 ・興建老人公寓	・設立老人之家 ・設立療養之家
日本	・設立居家看護支援中心 ・提供家事服務 ・設立日間託老中心 ・提供食物服務 ・提供家庭護理		・設立日間託老中心 ・設立療養之家 ・設立安養之家 ・設立短期看護中心
新加坡	・優先購置住宅 ・多代家庭組屋 ・優先貸款 ・優先分配單房租賃 ・日間中心 ・提供食物服務 ・提供家庭護理		・日間中心 ・公立老人之家 ・私立老人之家 ・老人病患之家 ・短期護理服務
香港	・提供家事服務 ・提供膳食服務 ・提供交通送醫	・老人租屋租金津貼 ・老人宿舍 ・庇護住宅 ・提供家事服務 ・提供膳食服務 ・提供交通送醫	・老人之家 ・療養院 ・短期居住服務 ・老人過渡住宿設施 ・老人綜合服務中心 ・日間照顧中心

資料來源：內政部建研所，《老人安養機構建築規劃設計準則研究報告》，1993。

社區照顧是個簡單的概念，是指①由社區內一群有照顧能力的人或

組織，②提供一整合性的服務，③去照顧另一群需被照顧的社區人。讓需要被照顧的社區人，可以留在自己熟悉的社區得到完善的服務，不與家庭分離。完整的社區照顧服務提供，不是單靠政府可達成，必須結合民間組織提供服務，亦不是單一的行政體系可以達成，必須配合社政、衛生、民政、教育等之統整合作，亦不是專業人員單獨可達成，必須結合半專業、非專業與社區人士共同達成。因此，社區照顧是生命共同體的最佳表現。

社區照顧是指動員並連結正式與非正式的社區資源，去協助有需要照顧的人士，讓他們能和平常人一樣，居住在自己的家裡，生活在自己的社區中，而又能得到適切的照顧。

1991 年行政院經建會所提出的「國家建設六年計畫： 1991～ 1997」中列有鼓勵家庭奉養、全面推廣老人在宅服務、居家護理及老人日託等居家老人服務，以每年增加10%服務對象為目標，以儘量使老人留居家庭（蘇景輝， 1995）。至社會福利行政部門從內政部（社會司）、省市政府社會處局以及縣市政府近年來均致力推動老人在宅服務、日間託老、營養午餐、充實老人日常生活照顧，提供老人社區化之照顧等具體措施作為（白秀雄， 1989、 1991、 1995），為鼓勵三代同堂， 1993 年行政院審查老人福利法修正草案增列國民住宅優先提供與三代同堂之老人同住之租賃之規定。行政院並於 1994 年訂頒社會福利政策綱領，在福利服務項下列有「加強社區老人安療養設施，結合社區資源建立居家照顧服務網絡」（內政部社會司， 1994），並且在社會福利政策綱領實施方案之福利服務中列有「結合區域內老人機構，提供居家服務、居家護理、託老及文康休閒等措施」（內政部社會司， 1994）。由此可見，我國至今雖無明確完善整體性系統性的社區照顧政策及實務推展，社區照顧一詞亦尚未興盛於政府的社會福利部門，但已開始萌芽試行，特別是在老人福利方面，不少民間機構組織推展一些有社區照顧意涵的服務方面。同時，經當時由筆者以社會司司長身分接見社區照顧推行委員會代表後，內政部社會司乃於 83

年透過獎助全面推展社區照顧實驗計畫，獎助臺北市智障者家長協會、心路文教基金會及立心慈善基金會共同在臺北市中正、文山、萬華區對老人、智障者提供社區照顧方案實驗計畫，已於 83 年 10 月開始實施，國立陽明大學社區護理研究所於同年 11 月執行北投區社區護理服務實驗計畫，伊甸社會福利基金會等單位於同年 12 月積極推行「殘障者職能評估（個案管理）」之服務實驗計畫，以及中華民國智障者家長總會於 84 年 2 月執行「發展遲緩兒童早期療育轉介中心實驗計畫」等。其中由立心基金會執行的社區照顧方案對象是老人，其服務項目包括醫務（陪同就醫、代取藥物、簡易復健）、家務（代購物品、個人清潔協助）、文書（代辦相關文書手續）以及關懷休閒服務（電話關懷、陪同散步、參觀、休閒之活動）等。

㈡平衡安養需求與供給

今後除安養服務應朝向多元化方向努力，尤應重視居家安養、社區安養與照顧外，有鑑於臺灣地區安養資源之地理分佈，包括安養機構之地理分佈（集中於南部與北部）與安養床位之地理分佈（集中於北部）均呈現不均現象。今後應通盤檢討各縣市之安養需求與供給，對安養服務之提供應做整體規劃，做到安養服務資源合理分配，不僅在安養床位的總供需間達到平衡，更要在各地區間達到供需間的平衡。期透過多元化、多樣化的安老設施，以滿足不同屬性老人不同安養喜好（如安養機構的位置、大小、規模、性質、房間設備等）。

㈢增加社區型態的小型安養機構

目前所實施的「老人機構設置標準」對老人安養機構之設置以收容 30 人以上之安養機構為準，臺北市雖已通過單行法規「臺北市私立養護中心設置管理辦法」，開放社區型小型院所，但依現行老人福利法規定報行政院核備時修正增列須先成立財團法人始能設養護中心，造成目前在

表5-18 臺灣地區未立案之安、療養機構（民國82年2月至12月）

機構類別	家　數	床　數	機　構　規　模		
			1～29床	30～199床	200床以上
安養機構	21	1,917	8(38.1%)	10(47.6%)	7(14.3%)
療養機構	17	1,623	6(35.3%)	8(47.1%)	3(17.7%)
綜合機構	150	8,459	68(45.3%)	75(50.0%)	7(4.6%)
資料不全機構	55	–	–	–	–
總　　計	243(188)	11,999(100%)	82(43.6%)	93(49.5%)	13(6.9%)

機構類別：安養機構 —— 指該類機構只提供純養老、休養服務，無醫療及護
理服務之收容。
療養機構 —— 指該類機構能提供護理服務及一般醫療性服務。
綜合機構 —— 同時兼具安養及療養機構之功能者。
資料來源：劉宏文等，民82，高雄醫學院中和紀念醫院。

臺北市為數百家以上、全國為數240～250家（表5-18）在社區中未立案
之安養院所迄今僅有3家能夠立案，而對迄未立案（黑牌）的安養院所，
各級主管機關反而無法可管理或協助，影響老人福利與權益至深且鉅。
以目前法規限制，能立案的安養院所多屬大型機構，以臺灣地區最大的5
大安（扶）養機構預定收容數4,076人，就佔53個安（扶）養機構12,472
人預定收容量的三分之一（內政部，1995）。自然多設於郊區，易與一般
市民社區有所隔離、脫節，如此安養機構獲取各種社會資源（含社區醫療
資源）不易，親朋好友探望照顧不易，形成老人被孤立而產生被遺棄孤寂
感。因此，不只是基於世界福利服務社區化、分散化的潮流中，配合機構
分散化小型，而且，對老人安養實際需要，可解決其服務可近性的問題，
對服務提供有直接而立即的幫助，其親朋好友亦可經常前往探訪，方便與
原來生活的社區保持互動，能與過去的生活聯結在一起，應在法規方面予
以修訂以鼓勵依社區或生活圈而規劃社區性小型機構的設置。規模過大收
容人數過多固然不宜，但小規模者設施設備不足不佳亦不妥，小而精緻、

小而能確保品質才是努力方向。

㈣檢修設置老人福利機構之相關法規

應重新檢討老人福利機構設置之相關法規，建立老人安養機構人員編制、組織、設備之標準模式。現行之老人福利法及其他社政法規，對老人安養機構之基本設置在人員及設備上採分類概括規定，未明確規定人員編制之比例數，固然給予機構較大之彈性，致有行政人員多於專業人員的情事發生，對老人服務品質的提升及服務功效之確保有相當不利影響，由於多年來的努力，社會工作專業人員在安老機構的角色與功能已普遍獲得重視與肯定，大致來說，公立扶（安）療養機構的專業社會工作人力較充足，大都具有專業背景。惟私立扶（安）療養機構則僅少數社會工作人員具有專業社會工作背景，而且，為數不少的私立扶（安）療養機構根本未設置社會工作人員。醫師人員（包括專任醫師及約聘醫師）方面，公私立安療養機構大多有醫師人員為老人提供服務，只有少數扶（安）養機構沒有醫師人員，療養機構則無論公私立機構都設有醫師人員。但設有專任醫師的機構極少，公立扶養機構 16 所中只有 4 所設有專任醫師，私立扶養機構 25 所中只有 4 所設有專任醫師，唯一的 1 所公立療養機構設有專任醫師，但私立療養機構 11 所中竟然只有 2 所設有專任醫師。至於護理人員（包括護理師、護士、護佐、助理護士及護工），所有公私立療養機構都設有護理人員，但扶養機構方面，公立 16 所中只有 1 所沒有護理人員，私立 25 所中有 7 所無護理人員。至於藥理人員及營養人員，很少機構有以收容老人數與護理人員數的比例聘請（有一所是 14.5 比 1，另一所是 17 比 1）頗值關切。對於機構的基本設備與服務標準應以強制性規定強制規範，才能確保服務品質與功效。

㈤建立完善的老人照護系統

　　積極規劃建立一套完善的連續性、綜合性、長期性的老人照護系統，實為當務之急。由於老人會隨著年齡的增加引致生理功能及體能的退化，罹患慢性病或中風引起癱瘓，或發生骨折等致老人無法自理日常生活，需要由專人照顧。由於我國老人長期照護系統尚在起步階段，因此，當家中有老年人面臨需要提供長期照護服務，而家人又無法直接照護時，除了長期佔用醫院之急性病床，僱用看護人員提供生活上之照護外，唯有機構式照護。目前民間安養機構以未立案者居絕大多數，依臺北市政府於1993年所做的普查，共訪得未立案安養機構135家，1995年為140家（臺北市政府社會局，1995），又高雄醫學院於1993年亦接受衛生署委託研究，針對全臺灣地區之未立案安療養機構進行功能分析，共訪得243家，計有11,999床（含臺北市部分，劉宏文等，1993）（表6-18）。而楊漢湶則認為此一數字有低估之可能性，他並指出臺灣地區未立案之安、療養機構至少在250家以上，提供1萬2千人以上的服務（楊漢湶，1994）。因此，如何輔導協助此類尚未能立案的安療養機構依其實際功能與人力資源，申請正式立案，納入行政管理體系，使服務品質得以維持一定的水準，並確保老人的安全，勢必成為將來老人長期照護及老人福利服務的主要工作重點。

　　另一方面，已經立案的療養機構在1995年評鑑報告資料顯示運用收容率並不盡理想，公立療養設施的運用率只有60.9%，換言之，有將近40%的公立療養設施閒置著；而私立療養設施的運用率，1995年的評鑑發現私立療養機構運用率為90.1%，顯然已較1993年的評鑑所發現的66%的運用率大幅度提高，但仍有將近一成的私立療養設施閒置著（內政部，1993、1995）。已立案的設施閒置著，而未立案的機構不斷的增加，暴露了整個綜合性、連續性、長期性的老人照護體系尚未建立，也突顯了轉介系統的

闕如以及衛生醫療部門與社會福利行政部門的配合不足。

　　上一次接受評鑑的有53所安（扶）療養院所，其後一年間陸續完成興建正式參加收容安養行列的有14所，正興建中的有8所，空床率問題更形嚴重，應設法解決此一失調現象，有效運用，以滿足高齡長者居住安養的需求。

第六章　其他福利需求及其因應措施

第一節　需求的探討

　　老人福利需求除上述健康醫療需求、經濟安全需求以及居住安養需求，尚有教育及休閒、心理及社會適應及家庭關係支持需求等。根據經驗調查研究發現，臺灣地區的老人所表達的教育及休閒的需求，包括休閒娛樂活動、提供或增設活動中心、鼓勵社會參與、旅遊、老人俱樂部、老人體育活動、搭乘公共交通工具優待、老人社團、推廣文教活動、老人大學、文藝活動、交誼活動與里鄰服務。心理及社會適應需求方面，其項目為老人諮詢中心或訪談中心、關懷訪問情緒慰藉、受人尊重、友情或受歸屬以及自我實現等。在家庭關係支持需求方面，重視子女對老人的孝敬、尊重、關懷與照護（謝高橋，1994）。

　　根據行政院主計處的調查發現，老人最主要之自家內休閒活動為「看電影或錄影帶」，比率高達82.85%；最常從事之自家外休閒活動，則為「拜會親友鄰居及應酬」，計占44.82%（行政院主計處，1992）。

　　又根據80年10月「國民休閒生活調查報告」顯示，我國65歲以上老人從事休閒活動，尚稱普遍，在過去一年中，曾從事過自家內休閒活動

者，計占 98.79%；曾從事過自家外休閒活動者占 95.05%；而僅有極少數健康不良或行動不便之老人，在過去一年間沒有從事任何休閒活動，對這一部分高齡長輩，常成為社會中被遺忘的一群人，從實務經驗，他們更期盼有機會從事休閒活動，深值關切。

老人從事之最主要自家內休閒活動，為「看電視或錄影帶」，所占比率高達 82.85%，亦即每 5 個老人中有 4 人以看電視為最主要之消遣；其次為「聽收音機、音響；唱歌、彈奏樂器」與「閱讀報章、雜誌及小說」，則僅分占 6.60% 與 4.85%；餘尚有「運動、健身」、「園藝活動」、「宗教活動」、以及「美術活動」等活動，惟所占比率極低，均在 2% 以下，足見老人所從事之自家內休閒活動，多傾向於靜態之視覺及聽覺方面享受（行政院主計處，1992）。

表6-1　臺灣地區 65 歲以上老人所從事最主要之自家內休閒活動情形

單位: %

	總　　計	看電視或錄影帶	閱讀報章、雜誌及小說	聽收錄音機、音響、唱歌、彈奏樂器	美術（書法、繪畫、雕塑等活動）	園藝（插花、盆栽等活動）	運動、健身	宗教活動	其他
總計	100.00	82.85	4.85	6.60	0.38	1.08	1.98	1.83	0.43

資料來源: 1991 年臺灣地區國民休閒生活調查報告。

老人從事之最主要自家外休閒活動，以「拜會親友、鄰居及應酬」居首，計占 44.82%，顯示傳統之人情交際及應酬活動，乃為老人精神生活之重心，有助於排除老年生活之孤寂感；其次為「散步、慢跑」，比率亦達 41.13%，顯示溫和的散步、慢跑等戶外活動，有益於老人之身心健康，致有四成老人以此為最主要休閒活動；再次為「郊遊、登山、健行」與「逛街」，則僅分占 3.09% 與 2.78%；餘各項自家外休閒活動之從事比率則均低，均在 1% 以下，顯示老年人或因體力較差，或因休閒場所之設計不符

老人之需要，致老人實際從事自家外休閒活動之項目有限，且極少參加藝文方面之展演或活動。因此，如何針對老年人之需要，設立老人專屬之休閒設施，實爲有關單位所當努力之方向（行政院主計處，1992）。

表6-2　臺灣地區65歲以上老年人所從事主要之自家外休閒活動

單位: %

	總計	拜會親友、鄰居及應酬	逛街	散步、慢跑	郊遊、登山、健行	球類運動	練國術、拳劍、瑜珈體操等	舞蹈(土風舞、社交舞、韻律操等)	游泳	釣魚、蝦
總計	100.00	44.82	2.78	41.13	3.09	0.37	0.82	0.14	0.07	0.26

	看電影	外出觀賞戲劇、音樂會	外出觀看MTV、唱卡拉OK、KTV	琴棋、書、畫、牌、攝影	做手工藝品、插花及茶道	參觀展覽(藝文、科技展等)	體看現場體育競賽	宗教活動	其他
總計	0.10	0.11	0.54	1.22	0.52	–	0.02	3.78	0.23

資料來源: 1991年臺灣地區國民休閒生活調查報告。

另據1994年內政部統計處調查老人休閒活動最主要爲看電視、錄影帶或聽收音機，比率高達50.20%，其次爲拜會親友、聊天占16.35%，再次爲運動健身占14.83%。

82年10月至12月臺灣地區老人最主要從事之休閒活動爲看電視或錄影帶，占50.20%，亦即每二位老人中就有一位以看電視或錄影帶爲最主要消遣；其次爲拜會親友、聊天，占16.35%，顯示傳統之交際應酬活動，仍爲老人生活休閒重心，有助於排解老年生活孤寂感；再次爲運動、健身等活動，包括慢跑、散步、拳劍、舞蹈、氣功、打球等，占14.83%，顯示散步、慢跑等有益於老人身心健康較溫和之活動，仍爲多數老人所偏好。閱讀書報雜誌占8.20%又次之；宗教活動占3.61%。其餘從事之休閒活動項目，依序爲下棋、打牌占2.08%，戶外活動（釣魚、登山、健行、旅遊等）占1.59%，園藝、手工藝占1.27%；飼養寵物、書法、繪畫、彈奏樂

器、吟唱、出外觀賞影劇及藝文展演、集郵、收藏器物、研究命理等之比率則皆在 1% 以下；其他占 1.02%（內政部統計處，1994）（表6-3）。

表6-3 臺灣地區 65 歲以上老人最近三個月最主要從事之休閒活動（民國 82 年 10 月至 12 月）

單位: 千人; %

項　目　別	實數（千人）	百分比 (%)
總　　　　計	1,480	100.00
1.看電視、錄影帶、聽收音機	743	50.20
2.拜會親友、聊天	242	16.35
3.運動健身①	219	14.83
4.閱讀書報雜誌	121	8.20
5.宗教活動	53	3.61
6.下棋、打牌	31	2.08
7.戶外活動②	23	1.59
8.園藝、手工藝	19	1.27
9.飼養寵物	7	0.46
10.書法、繪畫、彈奏樂器、吟唱	4	0.30
11.出外觀賞影劇及藝文展演	1	0.08
12.集郵、收藏器物、研究命理等	0	0.02
13.其他	15	1.02

附注： 1.運動健身，包括慢跑、散步、拳劍、舞蹈、氣功、打球等。
　　　　2.戶外活動，包括釣魚、登山、健行、旅遊等。
資料來源: 內政部統計處，1994。

　　與行政院主計處不同的是，內政部的調查研究是將老人最主要的自家內休閒活動與自家外休閒活動合併在一起來探討，而行政院主計處是分開來分析討論的。總之，前述官方調查研究與歐陽良裕（1983）、周惠玲（1983）以及鍾思嘉（1988）等研究，都顯示出老人從事的休閒多是慣性的活動且以看電視、聊天、看書報與家事爲主，而活動場所則均以家庭里鄰爲限。

　　至於老人對目前生活之感覺快樂者占 23.70%，普通者占 62.80%，不

快樂者占 13.50%。而感覺不快樂，主要係因身體病痛、經濟問題及感覺孤獨無聊。

　　臺灣地區當時 148 萬老人中，對目前生活感覺很快樂，計35 萬 1 千人，占 23.70%，也就是每 4 位老人中，約有 1 位感到很快樂；感覺普通者計 92 萬 9 千人，占 62.80%；感覺不快樂者計 20 萬人，占 13.50%。而令老人感覺不快樂之最主要原因，以身體有病痛居首位，占 6.73%；其次為經濟問題，占2.80%；再次為感到孤獨，占 1.76%；又次為日子無聊，占 1.40%；其餘分別為感到不受尊重、家人關係不融洽等，比率分別為 0.24% 及 0.21%；其他原因占0.36%。顯示老人在此生命階段，由於角色轉換，容易感受生活上的威脅，尤其是對病痛、收入不足、孤獨、無適當休閒等表現殷切需求（見表 6-4）。

　　由中國醫藥學院附設醫院、慈濟醫院及耕莘醫院家醫科與老年科醫師共同進行，以臺北縣新店市 69 歲以上老人抽樣調查，發現 15% ～ 20% 患有憂鬱症，其原因包括社會性失能、視力障礙、慢性疾病等（《聯合報》，1994 年7 月 21 日）。

　　依據世界衛生組織《1993 年世界健康統計年報》(WHO "World Health Statistics Annual, 1993")，65 歲以上老年人口自殺死亡率統計國際比較表，臺灣地區每10 萬人口自殺死亡率為 6.2，排名為第 13 位，較英、美、瑞、德、法、日、以及新加坡、香港為低。然而每 10 萬名 65 歲以上老人人口自殺死亡率為 24.7，雖較日、瑞、德、法、新加坡、香港為低，但卻比英美為高 (WHO, 1993)。而行政院衛生署公佈國人自殺死亡統計，65 歲以上老人自殺死亡率佔各年齡層排名第一，亦即是老年人是各年齡層中尋求自殺比例最高的一群（《中時晚報》，83 年 8 月 11 日）。

表6-4 臺灣地區65歲以上老人對目前生活之感覺（民國82年12月）

單位：千人；%

項 目 別	實數（千人）	百分比（%）
總　　　計	1,480	100.0
很快樂	351	23.7
普　通	929	62.8
不快樂	200	13.5
（最主要原因）		
身體病痛	100	6.73
經濟問題	41	2.80
感到孤獨	26	1.76
日子無聊	21	1.40
感到不受尊重	4	0.24
家人關係不融洽	3	0.21
其　　他	5	0.36

資料來源：內政部統計處1994。

表6-5 65歲以上人口自殺死亡率統計國際比較

單位：人／每10萬人

		臺灣 1993	日本 1992	美國 1990	英國 1992	瑞典 1990	德國 1991	法國 1991	新加坡 1991	香港 1991
總計	計	6.2	16.9	12.4	8.0	17.2	17.5	20.2	11.6	13.0
	男	7.9	22.3	20.4	12.5	24.1	25.0	29.6	13.6	15.6
	女	4.5	11.7	4.8	3.6	10.4	10.5	11.2	9.6	10.3
65歲以上	計	24.7	35.5	20.6	8.9	27.8	35.6	40.3	40.9	43.0
	男	31.9	42.8	41.6	13.9	45.6	58.5	68.0	45.5	50.7
	女	16.2	30.6	6.4	5.5	14.5	23.8	22.1	37.2	36.9

資料來源：世界衛生組織1993年世界健康統計年報（WHO *"World Health Statistics Annual, 1993"*）。

表6-6　歐美日本等12國每10萬人口中老人自殺率統計表

單位: %

	日本	美國	澳洲	捷克	丹麥	芬蘭	法國	德國	匈牙利	義大利	瑞典	英國
總　　數	15.5	11.6	22.7	24.1	24.8	21.8	15.4	20.9	36.1	6.0	20.0	8.1
55～64 歲	25.8	21.4	34.8	34.6	50.4	37.0	31.1	35.4	56.1	12.0	36.6	14.9
65～74 歲	44.1	20.8	45.2	41.8	40.3	27.6	34.5	37.3	73.9	15.8	25.4	17.3
75 歲以上	69.3	20.8	52.5	65.4	36.3	22.0	37.5	42.0	108.3	14.3	24.4	13.3

1.摘自佐勝進編《老人與人權》頁 171; 中文出處　徐立忠, 72, 頁341。
2.自殺率指每 10 萬人口中之比例。

表6-7　近15 年來自殺者年齡分析（60～75 年度）

年度＼年齡人數	14歲以下	15～19歲	20～24歲	25～29歲	30～34歲	35～39歲	40～44歲	45～49歲	50～54歲	55～59歲	60～64歲	65歲以上	合計
60	35	230	215	126	111	102	117	95	113	134	110	233	1621
61	28	197	275	143	147	108	132	106	110	97	114	235	1692
62	26	179	259	120	112	106	102	114	91	106	122	237	1574
63	16	153	239	133	118	98	100	76	117	118	101	321	1480
64	23	138	260	139	112	91	96	100	113	132	122	218	1544
65	11	120	215	140	88	101	97	111	98	101	108	239	1429
66	8	146	259	141	109	108	103	231	122	108	98	251	1684
67	17	142	248	162	118	106	101	93	103	99	114	302	1596
68	21	175	262	184	114	108	117	95	122	99	123	295	1715
69	12	133	264	205	113	120	136	103	731	121	136	305	1759
70	16	147	276	231	166	132	149	129	175	119	147	350	2037
71	7	158	297	257	205	152	159	138	178	156	145	399	2251
72	8	134	253	259	174	125	160	150	177	172	174	445	2231
73	11	120	241	218	194	112	155	133	143	148	151	425	2051
74	17	111	290	215	223	137	156	135	174	180	157	490	2281
75	12	132	258	238	220	141	128	150	137	172	191	481	2260
平均值	17	151	257	182	145	114	128	128	130	129	132	321	1834
%	0.93	8.23	14.01	9.92	7.91	6.22	6.98	6.98	7.09	7.03	7.20	17.50	100
	9.16		23.93			13.20		14.07		16.95			

$X^2 = 410.654$　　　df=11　　　$P < .001$

1.資料來源: 行政院衛生署之《生命統計》（61～67 年出版）。
2.本表取自張平吾, 77, 頁85。

表6-8　臺灣地區男女性別在各年齡層之自殺分布情形（民國75年度）

變項 人數、自殺率 年齡	臺灣區總人數		自殺人數		自殺率	
	男	女	男	女	男	女
14 歲以下	2,904,559	2,735,101	6	6	0.2	0.21
15～19 歲	963,300	913,148	76	56	7.88	6.13
20～24 歲	1,019,116	971,238	157	101	15.40	10.39
25～29 歲	976,282	933,717	137	101	14.03	10.81
30～34 歲	889,528	852,454	141	79	15.85	9.26
35～39 歲	671,951	639,709	96	45	14.28	7.03
40～44 歲	448,012	427,968	77	51	17.18	11.91
45～49 歲	448,652	438,600	89	61	19.83	13.90
50～54 歲	409,768	377,783	84	83	20.49	21.97
55～59 歲	453,785	327,380	127	45	27.98	13.74
60～64 歲	366,522	259,476	126	65	34.37	25.05
65～69 歲	244,835	191,831	106	53	43.29	27.62
70 歲以上	290,079	299,816	184	134	63.43	44.69
合　　計	10,086,389	9,368,221	1,406	880	13.93	9.39

資料來源：　1.行政院衛生署編印之《生命統計》民國76年出版。
　　　　　　2.內政部編印之《內政統計提要》民國76年出版。
本表取自張平吾，77，頁86。

　　教育旨在傳遞生活知識與技能，休閒則是從事有益身心的活動，有賴知識作為基礎。因此，教育與休閒之間密切相關。事實上，老年人之所以會成為社會與經濟不利地位者，教育上的不利地位往往是主要的原因之一。早期教育未普及，造成老人教育程度普遍低落，後來教育興起，老人又往往被教育拒於門外。教育上的不利地位使得老人基本知識不足，面臨知識爆炸、科技高度發展的社會，更是難以跟上時代的腳步，而成落伍甚至被淘汰的命運。老人處在一個社會快速變遷的時代，老人必須調適他們自己，老人也需要努力了解、接受他們生活之變遷條件，以及對現代科技

與物質進而有一種樂觀的看法、教育可能是促使老人達成這項目的之一種有效方式。老人經由教育的學習，可能會對他們的休閒時間與資源作更有效的運用，從而減少生活上的問題；教育不但可以改變老人的觀念、態度、行為與生活習慣，也可以改變人們對老人的看法、態度、行為與信心、尊重，有助於提昇老人在家庭、社區以及社會中的形象與地位。根據實務經驗，常有接受老人教育的長者，其家裡的晚輩，尤其是托兒所的幼兒或國小國中的兒童青少年告訴工作人員，原來覺得爺爺奶奶是那樣觀念保守、知識見聞有限，每天見面所談的都是同樣的事情一再重述，是那樣的不容易溝通；但自從老人家上了長青學苑（俗稱老人大學）後完全不一樣了，見聞變成那樣豐富，觀念能與時俱進，每天都帶回來很多新知，很喜歡找他們聊聊。

　　老人教育一詞的意義就是對 65 歲（有時包括 60 歲至 65 歲）以上的人所進行的有系統、持續的學習活動，其目的在促進知識、態度、價值和技巧上的改變。由於提供老人教育的機構相當的多，因此，老人教育的目的也呈現多樣化，老人教育實施的結果也顯現相當的歧異性。老人教育的目的可能在於準備負起新的任務，如改變家庭中的角色，就業或擔任義務性的工作；也可能是求心理的成長，以開發內在的潛能；也可能是一種防衛機能，在於防止個體生理、心理和社會的機能衰退；也可能要對自己終生的經驗作一評鑑，以便對經驗的意義與重要性獲得了解；也可能是在於將個人的知識和經驗作較高層次的了解（黃富順，1991）。

　　1978 年美國白宮老年會議聲明：教育是所有年齡層的基本權利，它是使老年人能享受到完美和有意義生活方式之一，也是促進老人發揮潛能貢獻社會的途徑 (Crandall, 1980)。1981 年的白宮老年會議更進一步指出：老人生活的主要問題 —— 經濟安全、生理和心理健康、老人資源等，大部分皆可經由學習來處理 (White House Conference on Aging, 1981)。1974 年 Mclusky 指出老人的五種教育需求：①應付需求 (Coping needs)，基本

教育、身體健康、自我滿足、休閒利用；②表現需求 (Expressive needs)，
爲活動而活動，而非爲達成某一目標；③貢獻需求 (Contributive needs)，
由給予面充實自己，經由參與社會，提升個人地位，增進自我價值。④影
響的需求 (Influence needs)，作爲社會的一員，希望影響社會，導致有意
義變遷。⑤超越的需求 (Transcendence needs)，希望更深入了解生命的意
義，並超越生理的限制 (Mclusky, 1974)。値此開放社會，老人教育學者乃
提出幾個信念：

⑴工作、休閒、教育係終生的過程。社會不應以年齡爲判斷依據，將老
　人降爲次等的國民。

⑵教育是人類所有生活層面之一，而非青少年的專利。教育亦不可僅局
　限學校一隅。

⑶教育可經由不同年齡之間，經驗與意義的分享，促進代間的統合，而
　非增強代間的隔離 (Groombridge, 1982)。

　　這些信念指出了教育需向老年人開放的必要性，強調教育應超越傳
統的定義與組織機構的限制，作水平與垂直的延伸。 1980 年 Laslett 更發
表了「老人教育憲章」(Educational Charter for the Elderly)，指出老人五
項教育權利：

⑴老人有權公平分享教育資源。

⑵老人有權要求不應因年齡而造成教育本質上的差異。

⑶老人有權評鑑所有教育制度，確保資源的公平運用。

⑷老人有權要求全國性的隔空教學，以克服行動上的障礙。

⑸老人有權肯定老年人獨特的文化與智慧，以及其社會角色（邱天助，
　1993）。

　　對即將步入老年期的人而言，其所需要發展的任務，除適應逐漸衰
退的健康外，還需調適因退休而造成的生活與社會角色的改變。 1971 年
美國白宮老人會議就明白的指出，能否成功調適老年問題，全賴能否妥

善地調適退休問題 (White House Conference on Aging, 1971)。而退休後的老人所面臨的適應問題不外乎是收入減少、健康衰退、喪偶的調適、居住安排、社會角色的調適、休閒時間太多而不懂得如何安排（陳毓璟，1989）。由於老年期大部分的問題，均導源於中年期或更早的時期，退休後一些適應的困難，常源自退休前的態度。所以專家學者建議中年期如能培養正確退休態度，或者是對退休以後的生活有所計劃，將會更好的適應（赫洛克，1987；李倩華，1987；陳毓璟，1989）。而 Barfield & Morgan (1969) 的研究結果也說明，退休前有良好計畫的人，其退休適應情形較爲良好。所以，退休前的退休態度、退休準備、退休前的計畫 (preretirement Planning program) 及其成效評估，應與退休後的生活適應、退休的態度一樣的重視。1989 年陳毓璟進行一項「退休前公務人員退休態度與退休準備之研究」，針對臺北市政府 17 個局處中，年滿55 歲未滿 65 歲的公務同仁，進行訪視發現，就整個家人對退休的支持程度來說，支持最少的是在鼓勵退休以及協助安排未來退休的生活兩項。從接受訪問對象中有 64.3% 在 60 歲以上，即已面臨自願退休或距強迫退休不到 5 年時間來看，家人在協助安排退休生活上的比例偏低。此一事實可能與目前個人、家庭乃至整個社會，都很少關心面臨退休者的需要有關。在退休態度方面，最消極的態度有三：①是認爲當一個人退休以後，他的健康很容易衰退，此種態度可能會增加面臨退休者心理調適的困難；②是認爲最好不要去想退休的問題，一方面顯示對變遷社會無法預測與掌握，另方面可能是不喜歡退休而有逃避思考、面對退休問題的傾向；③是不認爲大家都期待退休，不認爲退休是美好的事，顯示無法欣然接受即將退休的事實。最積極的三種態度爲：①不認爲退休生活是灰暗沒有快樂可言，②認爲退休不表示被社會所淘汰，而是另一個生命的開始，③認爲退休提供了機會去做以前想去做卻沒有時間做的事情。至於退休所造成的損失方面，接受訪問者中有 52.9% 認爲退休會使生活上有所損失，依序爲生活重心、金錢、工作所帶

來的成就感、健康、社會地位、被人尊重以及朋友等；同時，對面臨退休感到憂慮不安者達 49.2%，不會憂慮的有 39%。而憂慮的主要問題依序爲失去生活重心、經濟問題、寂寞感、健康問題、不知如何打發時間、失去工作所帶來的成就感以及缺乏朋友等。可見受訪者大多認爲退休所造成的損失爲失去生活的重心，並且因此而感憂慮不安，由於久已習慣有規律的工作生活，而且少有積極的休閒嗜好，面對即將到來的完全空閒的日子，擔憂自己無法重新建立生活的重心（陳毓璟， 1989）。

由上述可見，對於退休前人員有及早予以輔導的必要，並實施退休前計畫課程 (preretirement planning program)，以輔導退休前人員對其未來退休有正確的認識與態度，並爲未來退休生活做好準備、計畫。同時，對一個新進的工作同仁，不論是公家或是私人機構，當其開始職業生涯時，即提供研習計畫，俾利爲整個職業生涯乃至退休生涯皆有很好的規劃，以促其對退休有良好的態度，並儘早規劃經濟安定計畫或培養良好休閒嗜好與習慣。Atchley (1976) 認爲退休前教育，最好從學校教育就開始；李倩華 (1987) 亦認爲可以融入生計或職業教育中，將有助於學生年輕時代即具有良好的退休或老化態度。而陳毓璟更建議，工作單位多舉辦親子活動或經由大眾傳播，一方面肯定即將退休者對社會所做的貢獻，另方面喚起家庭與社會對即將退休或已退休者的關心，以協助其成功的調適退休所帶來的生活與社會角色的轉變（陳毓璟， 1989）。

「老化」是每個人必經的人生歷程，每個人對其晚年是否調適良好，端賴兩種力量的配合，一是個人主觀意識的堅定或頹喪，一是社會客觀條件的支持或剝奪。傳統社會中的高齡長輩，由於教育未普及 ，接受學校教育者並不多，據臺灣經濟研究所 1983 年調查臺灣地區年滿 70 歲以上老人，不識字者佔 59.5%，私塾或自修者佔 12.6%，小學佔 16.4% ，中學佔 7.7%，大專以上者佔 3.8% （歐陽良裕， 1983 ）。另據臺北市政府社會局 1987 年的調查，臺北市 70 歲以上高齡長者的教育程度，小學以下

者 51.3%，小學程度 17.8%，初中初職 7%，高中高職 7.3%，大專 12.9%。研究所 0.5%，未填者 3.2%（白秀雄， 1987 ），乃至今日經濟社會發展，教育普及，老人進修研習的意願也逐漸增強，在前述 1983 年的調查研究中，亦發現臺灣地區老人對到公立機構去進修某些新的知識技能，表示願意者 19.7%，不願意者 51%，無意見者 29.3%。因此，我們應依據老人的需求意願，提供社會支持的力量以滿足其需求，裨益老年生活調適而達到「成功的老化」(successful aging)。

　　老人是成人 (adult) 的後一階段，老人教育即是成人教育的伸展，成人教育由初期注重識字簡易技能的傳授，已發展為注重專技傳授和文化享受，即以充實人生，推行整個生涯的教育為目標。正統的學校教育亦逐漸向社會擴展而形成「推擴教育」，提供「學習」功能；而成人教育以「社會生涯」之教育目標，也正是提供「社交」的功能。因此，老人教育正是融合學校教育的形式（硬體設施）和社會教育的實質（軟體功能），提供老年人學習與社交的雙重功能，也追求一種老年人的「終身教育」(Life-long education)（周建卿， 1987 ）。

　　由於社會的變遷，生產方式的改變，家庭形態的不同，老年人往往成為社會經濟的不利者，尤其是當一個人退休，從工作崗位中退出，象徵社會地位的失落，權威的喪失，參與社會活動日漸減少，甚至孤立於社會，成為「無角色」(roleless) 的人 (Burgess, 1960)。於是各國政府無不致力解決日益嚴重的老年問題，從經濟的保障、醫療照顧、收容安養，到積極鼓勵老人的社會參與，建立積極自治的生活，老人教育即基於此種理念，藉教育的方式，經由再學習的過程，鼓勵老年人創造幸福美滿的第二生涯 (the second career)。1978 年白宮老年會議 (White House Conference on Aging) 指出：「教育是所有年齡團體的基本權利，它是使老年人能享受完美和有意義的生活方式之一，也是促進老年人發揮潛能貢獻社會的途徑」(Crandall, 1980)。

老年人的「終身教育」含有三方面的意義：

(1)「生活即教育，教育即生活」，協助老年人適應社會生活。教育學習可以有助老年人了解社會變遷、預期和應付社會變遷，亦有助老年人了解其身心變化過程，更有助老年人學習扮演新的角色。

(2)「活到老、學到老」，協助老年人追求「自我實現」。透過學習給予老年人處理、克服問題的能力，運用其豐富的經驗、成熟的智慧來繼續服務人群造福社會，藉此肯定老年人仍能有所作為，仍是有價值的，以事實證明老年人不是社會的負擔，而是社會的一項重要資源。

(3)終身教育並不否定老年人往昔經驗的累積或舊式教育的薰陶，而是「延續」或「補足」老年人適應社會所需的知能，其目的在於生活調適。

因此，推展老人教育具有多元化的功能：

(1)對老年人本身而言

　①學習新知識，接受新事物，強化個人的適應力。

　②啟發潛能，追求自我，享受休閒，獲致精神慰藉。

　③建立「退而不休」、「老而有為」的表率風範。

(2)對社區家庭而言

　①老年人藉學習的過程，加強與家庭成員接觸，增強老年人與家人溝通能力，提高老年人在家庭中的地位，並增進家庭和樂關係。

　②老年人的學習知能和接受輔導，便於老年人再就業或創業自力更生，減少社區家庭對老年人的經濟負擔。

(3)對社會發展而言

　①老人教育足以培訓高齡人力資源，亦即有效開發高齡人力資源，參與社會服務，達到人盡其才之目標。

　②老人教育有助增進世代間的溝通以及人際關係的改善，有助化解歧見，促進社會和諧。

　　由此可見，老人教育是老年人生涯的終身教育，以「寓教於樂」的方式，提供老年人學習和聯誼的雙重功能，裨益老年人提昇精神生活層次，也增進家庭和樂以及社會發展。

第二節　各國老人教育實施現況

　　各國老人教育的實施機構不盡相同，在美國，老人教育機構分成三類：

(1)教育機構與組織，包括下列三種：

　　①社區學院與技術學院

　　②大學和四年制學院

　　③非營利的、獨立的教育組織，如老人寄宿所（Elderhostel）

(2)社區機構

　　①社區中心、老人中心

　　②社區性的老人組織

　　③公共圖書館、教堂和博物館

(3)其他

　　①全國性的自願組織，如全國老年委員會 (National Council on Aging，NCOA)、老人中心人本計畫 (Senior Center Humanities Program)

　　②州教育廳

　　③工會

　　據黃富順在〈老人教育的意義、目的及其發展〉一文中指出，美國提供老人教育的組織中，最具特色的應屬老人寄宿所。此一組織是在 1974 年時，美國社會學者馬丁・諾頓 (Martin Knowlton) 及其朋友大衛・畢安可 (David Bianco) 徒步旅遊歐洲 4 年後，從歐洲的青年寄宿所 (Youth Hostel)

得到靈感。他們又觀察到歐洲老年人參與社區活動的活躍，乃規劃老年人寄宿所，其目的在發展老人的興趣，開闊其視野，並使其有機會交換人生經驗。於是，第一個老人寄宿所活動即在 1975 年於新罕布夏州 (New Hampshire) 5 個學院展開，計有 220 老人參加，並獲得社會的熱烈迴響（黃富順，1991）。至 1983 年，美國 50 州及加拿大有 700 所以上的大專院校參與提供此類活動，有 5 萬 5 千餘老年人參與。此一作法亦影響歐洲其他國家，至 1986 年，全世界共有 35 個國家，超過 1,000 個大專院校提供此類計畫與活動，參與者達 11 萬 2 千餘人（江雪齡，1988 ）。設立老人寄宿所的基本理念為退休並非從世界退縮，此與國人所倡退而不休的意義相同，是要找尋參與和追求滿足的新途徑。通常於暑假在大學院校舉行，活動期間多為一週，此一期間老人寄宿於辦理機構或學校的宿舍，老年人除上課外，並參與小團體討論與分組座談，並參觀當地民俗文物設施，除充實知識、生活，大家朝夕相處，可培養良好的友誼，深受老人喜愛與各界好評。

英國老人教育的推動，始於 1981 年「老人教育權利會」 (Forum on the Rights of Elderly to Education, Free) 以及其後的一些自治組織 (Self-help Organization)，如第三年齡大學 (University of the Third Age, UTA) 與教育老人學協會 (Association of Educational Gerontology) 的推展。此外，大學推廣部門、勞工教育協會及一些工藝學校亦招收老年學生，但人數不多，因學費、設施與交通等問題，使大多數老年人轉而選擇自助團體作為接受教育的途徑，此以第三年齡大學及退休行動中心為代表。第三年齡大學雖受法國第三年齡大學快速興起所影響，但其在英國所發展與法國有所不同，在英國並不是一個校園內的組織，是一種休閒、娛樂與學術活動的混合。至 1987 年，英國有 90 個第三年齡大學的組織，會員達 6 千 5 百餘人（黃國彥，1991）。所謂「第三年齡 」即指退休期，按人生包括 4 個年齡期：①兒童及少年期，②職業及謀生期，③退休期，及④依賴期。第三

年齡期受到重視是基於如有良好的第三年齡期，能減少調適問題及縮短第四年齡的依賴 (黃富順，　1991)。因爲英國老人教育的實施極其仰賴自治團體而此又不屬校園內的組織，大多數的老人教育活動方案均係採取由老人自己設計、籌劃及負責的方式，著重在相關資訊的提供，其課程內容的規劃亦不似學校上課進行知識的灌輸，而是著重在經驗的交換，整個老人教育的過程可稱爲「老人技巧的釋放」(Releasing Older People's Skills)，與一般正式教育過程不同（楊瑩，　1991）。

法國的老人教育機構是以「第三年齡大學」最著稱於世。1973 年任教於托洛斯大學 (The University of Toulouse) 的維拉斯教授 (Pierre Vellas) 於該校首創第三年齡大學，規定年滿 65 歲以上者始能入學。其設立的主要宗旨乃在於提升老年人的生活水準，改善其生活條件，協助公、私立機構進行老人的服務工作。提供老人自行活動方案，最重視有關身體健康的部分，另提供學術、社會與文化的活動。採閱讀團體、小組討論、會議及導師指導參觀博物館或古蹟等。至 1987 年，全法國計有 30 所第三年齡大學，2 萬餘老人參與，此項運動並擴展到其他國家，共計有 60 所此類機構，並成立國際第三年齡大學協會 (International Association for Universities of the Third Age)（黃富順，　1991）。

日本的老人教育機構包括文部省委託市町村設立的高齡者教室、學校函授部門、放送大學、公私立大學附設的老人教育部門、老人大學、社區老人中心、老人俱樂部等，其中最值注意的是高齡者教室。爲因應高齡化社會的來臨，日本文部省於 1965 年開始撥款委託各市町村（相當於我國之市鎮鄉）政府開辦高齡者教室以提供高齡者學習機會，並開始對高齡者教育企劃、營運方式、內容等進行有系統的研究，此乃日本有計劃推動老人教育的開始。1968 年文部大臣灘尾弘吉正式向日本社會教育的諮詢審議機構 —— 社會教育審議會提出有關「爲了適應社會結構的急劇變化，社會教育應如何因應？」的諮詢。日本社會教育審議會爲了回應文部大臣的

諮詢，乃舉辦了一系列的研討會、公聽會後，於1971年提出答詢報告，明確指出今後老人教育努力方向，構成此後日本老人教育的基本方向。其中包括強調老人教育必須培養適合於高齡期的各種社會能力，使其能儘量不必依賴他人，並建議應根據性別、健康程度等個別差異，提供富有變化的教育內容。爲具體落實上述答詢內容，文部省立即於1971年同年委託學者專家進行「高齡者學習活動促進方案」研究，並於1972年提出研究報告，文部省自1973年根據研究報告建議編列預算對各地高齡者教室作長期性的經費補助。爲使高齡者所具有的豐富的知識及經驗能對社會教育有所貢獻，並鼓勵其社會參與，文部省自1978年開始鼓勵各地推展「高齡者人才活用事業」，並編列專款予長期性補助。1981年日本最高教育諮詢審議機構中央教育審議會提出有關生涯教育（日本稱終身教育爲生涯教育）明確指出老人教育的任務。1984年更進一步將這些事業整合並發展成爲「高齡者生命意義促進綜合事業」，成爲完整而有規劃的高齡者教育體系（宋明順，1991）。此一計畫是由下列六項事業所構成：①（各地）高齡者教育促進會，是負責策劃及推動各地老人教育的核心組織；②高齡者教室，通常設在各地的公民舘、學校、福祉會舘等場所；③志願工作者養成講座，使高齡者能從事志願性工作，以便能繼續對社會有所貢獻；④高齡者人才活用事業，旨在擴大其社會參與，提升社會貢獻功能，並充實社會教育機構所需指導人力；⑤代間交流事業，使高齡者能有機會與年輕人從事共同活動，以促進世代間之交流，增進彼此了解；⑥高齡者諮詢事業，委託專家學者爲諮詢員，配置在各公民舘等社教機構，透過電話回答或直接晤談等方式，就有關高齡者的學習活動或社會參與等問題，給予高齡者提供諮詢及建議等服務的事業（宋明順，1991）。可見日本的高齡者教育事業涵蓋範圍很廣泛，其形式也富於變化，其主要目的在積極方面則在於使其發揮潛力，對社會繼續做出貢獻，從而增進生命的意義，社會也因而得實現充滿活力及包容力、豐裕且富足的長壽社會的目

標；在消極方面，則在於確保高齡者的獨立生活能力，使其不致成為社會
的負擔。

第三節　我國老人教育實施現況與檢討

我國老人教育，有組織有計畫的推動，應首推民國 71 年 12 月 3 日，
由高雄市政府社會局與高雄市女青年會合作開辦的「長青學苑」（俗稱老
人大學），其後為民國 72 年 6 月 1 日開辦的臺北市長青學苑，以後臺灣
省各縣市以及其他地區公私立機構亦紛紛開辦老人教育活動。這個兼具
知識性、技藝性、生活化、趣味化以及以社區化為取向的學苑之構想，是
起源於筆者自 70 年成立高雄第一座亦是全國第一座老人活動中心，並以
此為核心推動老年人的休閒文康活動，在各項文康活動過程中，高齡長輩
參與之熱烈以及學習意願之濃厚，使筆者深受感動，並留下極為深刻的印
象。在老人歌唱比賽中，在參加國語歌曲比賽的高齡長輩中，大都未曾進
過學校不懂國語，但每一位一上臺，居然都能用國語引吭高歌，不但字正
腔圓，且表情十足。筆者印象極為深刻的是，當傳播媒體的記者女士先生
訪問他（她）們的時刻，都說他（她）們的老師是唱片或錄音帶，為了參
與歌唱比賽，將唱片或錄音帶帶回家跟著一遍又一遍地學唱，這種好學的
精神使筆者深受感動。更有一次，當筆者前往位於九如一路的高雄老人活
動中心訪視，臨去時，一位年過 80 歲的老太太嚷著要筆者再留下來，她
老人家剛學會一首國語歌曲，要唱給我聽聽。她的牙齒已掉得差不多，唱
起歌來有些漏風，實在聽不出唱得如何，但從她老人家那種滿足自得安祥
歡愉的表情，筆者不但深受感動，也了解老人福利服務應努力的方向。再
想到美、加等國有社區學院，日、韓等國有老人大學，法國的第三年齡大
學，歐洲的空中教學節目亦有專為老年人設計而開設的各種課程，而我們

國內爲何沒有專爲老人設計的課程或提供老年人學習進修的場所與機會？幾經與教育部門溝通迄無答案，咸以爲我們的社會並無此一需求，老人的學習怎能登入教育的殿堂，且與大學教育法有所抵觸。我們爲了解高雄市老人對再教育的意願與需求，乃進一步著手蒐集資料研訂調查問卷，經過不斷討論修訂後，以參與老人活動中心及女青年會活動的老年人、仁愛之家的老年人以及老人福利協進會所屬會員的老年人爲訪問對象，以郵寄方式寄出 725 份問卷，除未回覆及無效問卷外，有效問卷 224 份，經統計分析顯示，想參加進修的老年人之比例達 66.26%，有興趣但無法參加之老年人有 33.13%。可見老年人想求知並積極參與社會的意願頗爲強烈。而此一調查結果，除對決定提供老年人進修機會有決定性影響外，更了解老人家的興趣所在，對課程內容的選擇取捨助益亦大。接下來要考慮的是，在不抵觸現行大學教育法的原則下，以何種方式及名稱進行？幾經規劃小組委員熱烈討論後，最後決定以「長青學苑」名稱開辦，並立即成立長青學苑籌備會，積極進行籌備，研討有關長青學苑的學制、教育方式、師資之敦聘、學員之資格、學費之收繳標準以及上課地點等有關事宜。

一、我國老人教育實施現況

高雄市政府社會局於民國 71 年 12 月 3 日與女青年會合作辦理的長青學苑（俗稱老人大學），第一期參與的老年人即高達 700 多人，其次爲民國 72 年 6 月 1 日開辦的臺北市長青學苑，以後臺灣省各縣市以及各地公私立機構亦陸續開辦老人教育活動。到 76 年 12 月底，臺灣省各地長青學苑有 42 班 6,303 人，臺北市有 67 班 1,568 人，高雄市有 99 班 2,500 人，合計 10,371 人（臺灣省、臺北市及高雄市政府社會處（局）, 1987）。至 82 年臺北市有 196 班 7,095 人，高雄市 133 班, 4,179 人，臺灣省各縣市 923 班 29,012 人，合計 1,252 班 40,286 人（內政部及省市政府社會處（局），

1993）。五年中成長近四倍，至爲快速，應歸功於省市政府與民間、宗教團體及熱心人士的付出與貢獻。

　　高雄市長青學苑，臺北市長青學苑以及臺灣省各縣市長青學苑設置之目的，均在於滿足高齡長者求知需求，使其不斷吸取新知適應現代社會生活，並達到「活到老，學到老」的目標，謹將實施狀況介紹如下：

㈠高雄市長青學苑

　　主辦單位：是由高雄市政府社會局與高雄市女青年會合作辦理，此一合作模式，一方面是順應社會福利潮流，鼓勵民間的參與，結合民間機構的人力資源，另方面亦屬事實需要，因當時高雄市政府改制後，非常重視精簡用人，因此社會局人力有限，福利科承辦老人、兒童及殘障福利業各僅一人，一個人承辦各種日益擴充的老人福利服務業，已日有捉襟見肘之感，對於新創業務如老人文康活動、長青學苑等，實無法承擔。在這種情況下，乃充分運用民間資源，由雙方共同規劃、共同推動，由女青年會派專人負責，經費部分則由社會局負責籌措。此一合作模式極爲成功，雙方均各盡所能。其組織架構爲：

圖6-1　高雄市長青學苑組織架構

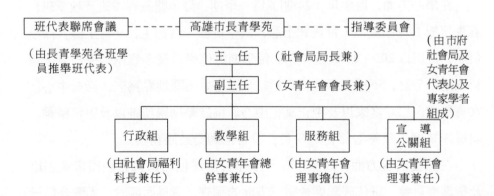

　　高雄市長青學苑設主任、副主任各 1 人，分別由高雄市政府社會局局長及女青年會會長兼任，下設教學組、服務組、宣導公關組及行政組，各設組長、副組長各 1 人，長青學苑並由女青年會指派專人承辦各組業務。為使長青學苑學制日益健全，課程內容與教學方式更符合老年人的需求，除教學方式採靈活彈性，以適應學員背景間之極大差異性，如年齡上從 55 歲到 80 多歲，同時，安排課外共同活動以及參觀，教學組除教師之延聘，並不斷檢討課程內容與教學方式，而服務組除負責課外共同活動及參觀活動外，因學員均為年在 55 歲以上之長者，其日常生活上有關事項均在服務範圍。指導委員會則敦聘專家學者以及市府社會局、女青年會雙方代表共同組成，定期探討長青學苑的政策目標與努力方向。為使長青學苑一切努力更能符合高齡長者意願與需求，特設立班代表聯席會議，由各班學員推舉班代表組成。

　　在學員資格與學費方面，凡年滿 55 歲以上，不拘性別、學歷，均可報名參加，基於照顧老年人以及低經濟階層者，因此，年滿 65 歲之老年人，仁愛之家公費扶養者（年滿 60 歲）以及 55 歲以上未滿 65 歲之低收入戶均免收學費，60 歲至 65 歲未滿之長者半價優待，即繳新臺幣 500 元的學費，55 歲至 60 歲未滿之長者繳全費 1,000 元。

　　在學制方面，每半年（24 週）為一學期，每年開設春季班及秋季班，春季班於 1 月招生，3 月正式上課，秋季班於 7 月招生，9 月上課，採小班制，每班以 20～30 人為原則。每學期每位學員最多修兩門學科，一學科以兩學分計，不授與學位，只頒結業證書。上課地點為老人活動中心、女青年會、仁愛之家以及中正文化中心。為鼓勵勤學精神以及服務精神，對從未缺席以及熱心服務之學員，設有全勤獎及服務獎。

　　在課程內容方面，高雄市長青學苑編排課程均根據意願需求調查以及指導委員會，班代表聯席會議三方面的調查、意見而開設，大致分為三大類：

(1)語言研習課程，包括國語、英語（基礎、初級及中級班）。

(2)技藝研習課程，包括國畫、書法、陶藝、園藝、詩詞欣賞、音樂、平劇等。

(3)課外活動，舉辦各項課外共同活動如座談會、專題講座、機構參觀及其他聯誼性活動等。

同時，爲配合教學活動，另規劃成立各種長青學術研究社以及長青榮譽服務團。

㈡臺北市長青學苑

臺北市長青學苑的主辦單位是臺北市政府社會局，由臺北市政府市長兼任主任，臺北市政府社會局局長兼任執行秘書，並由第三科老人暨殘障福利科科長兼任教學輔導組組長，第三科老人福利股股長兼任行政組組長，另成立教學策劃小組，敦聘專家學者擔任。至於實際活動之策劃與服務之提供，則在社會局社工室成立老人福利社會工作專精小組負責。

圖6-2　臺北市長青學苑組織架構

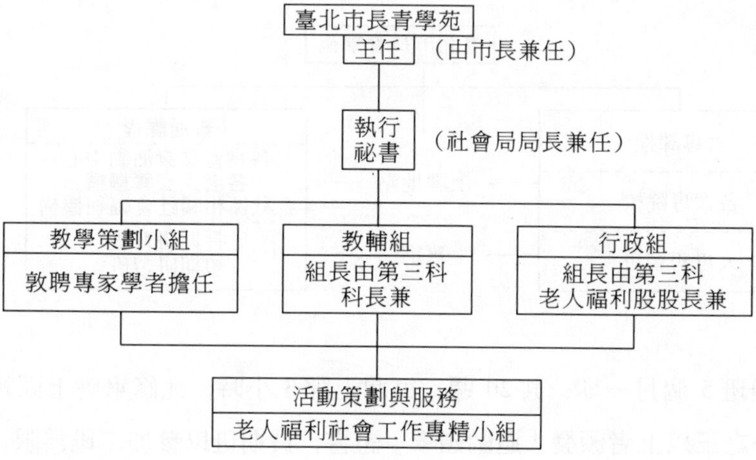

在學制方面，臺北市長青學苑分長期班、短期班以及大專研習班。長期班每年招生兩次，8 月及 1 月報名，每期 5 個月；短期班每年招生三次，8 月、11 月及 2 月報名，每期 12 週。自 75 年起，爲充分運用大專院校之場地、設備、師資以及圖書，以提高教學品質，幾經溝通協調後開設大專研習班，目前有中興大學、臺北醫學院、東吳大學、實踐管理設計學院及文化大學提供大專研習班。此外，爲方便高齡長輩就近參與，並提供多樣的教學內容，委託各社區相關社會福利機構辦理長青學苑提供進修機會。由於各界之熱烈參與，提供高齡長者進修機會，參與長者與年劇增，72 年爲 278 人，73 年 260 人，74 年 422 人，75 年 1,038 人，76 年 1,988 人，77 年 3,049 人，78 年 3,256 人，79 年 4,743 人，80 年 6 千餘人，由 72 年的 12 個班，到 79 年的 161 班，80 年的 200 班，在短短的 9 年中參與人數增加 21 倍，提供的班數亦增加了 16 位。進修場所亦由文康中心一處擴展到 26 個場所（含大專院校 6 處，老人福利機構 11 處，社區 9 處）。

圖6-3　臺北市長青學苑班別及上課地點

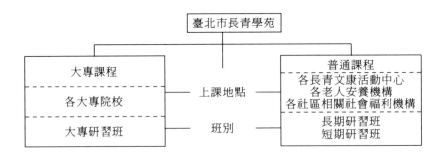

長期班 5 個月一期，共 20 週，每週上課 3 小時，凡修畢應上課總時數之四分之三以上者頒發「退齡碩學」證書，長期班以參加二班爲限，各班人數滿 20 人即可開班。凡設籍臺北市年滿 60 歲以上者均可報名參加。

臺北市長青學苑不收任何學費，惟所需書籍、講義及材料、雜支等費用，由學員自理，並由各班級自行依實際需要辦理。

在課程方面，則以語文（國語文、英語、日語、英語會話、日語會話、實用美語等）、技藝（國畫山水、國劇、插花、書法、裝裱、棉紙撕畫、篆刻、烹飪、陶藝、皮雕藝術、泥塑、園藝、花卉栽培、攝影、紙籐、毛衣編織、電子琴等）、文史（中國文學、《易經》、《詩經》、文字學等）、衛生保健（營養與保健、健康指壓、美容保養、中醫保健、中藥養生等）、社經（法律與生活、投資理財、大專綜合研習班）以及科技（大專電腦班）等為主。

另外，為鼓勵長者依興趣籌組各種性質之長青團體，自行規劃各種活動與運作，促成成員自治自發，藉著活動的參與，激發其潛能，並以同輩互動方式，達到「老扶老、老助老、老娛老」的目標。其參加長青社團的資格為設籍臺北市，年滿 60 歲以上之長者均可參加，至於其配偶年滿 55 歲以上者，得在同一時段內，夫妻共同參與中心之社團活動。長青社團之種類有：①康樂性社團，以提倡正當休閒康樂活動為目的，包括合唱、KTV 歌唱、長青詩樂團、土風舞、民族舞、社交舞、國際標準舞、電子琴社等；②學藝性社團，以研究學術技藝為目的，含中國文史、紫微斗數、國劇、瑜珈、太極拳、拳劍研究社等；③聯誼性社團，以促進友誼、聯絡感情為目的，含長青文化交流、長壽聯誼、桌球、點心製作等；④服務性社團，以推展社會服務為目的，含長青榮譽服務團等。長青榮譽服務團團員並參與臺北市社會局南區長春文康活動中心所設「長春懇談專線」（去商商吾樂吾樂 7335656 ）──老人服務諮詢專線，提供老人福利諮詢服務、老人醫療保健諮詢服務、老人家庭生活協談服務、老人文康活動訊息提供、電話關懷問安及訪視服務以及法律諮詢服務等。臺北市政府社會局長春文康活動中心是一個專屬長者的「銀色園地」，除開設長青學苑、長青社團，並辦理日間照顧老人（俗稱託老）服務以及長春懇談專線等主

要業務外，更自 75 年起在每年敬老季系列活動中，開拓服務領域，創新
服務項目，擴大民間參與老人福利與教育工作，並加強宣導溝通以及社會
教育，喚起社會大眾的共識，蔚成敬老孝親的風氣；另不定期舉辦專題講
座或座談會，協助長者不斷吸取新知，並藉此機會反映老人的需求，講題
包括老人保健、養生、食品營養、善用退休金、投資與理財以及高齡人力
運用等，老人參與聽講場場爆滿，並將演講內容彙整成冊，如「如何做個
快樂的老人」、「服務老人志工手冊」等，均頗受老人歡迎。

　　至於臺灣省亦於 76 年 10 月頒行「臺灣省設置長青學苑實施要點」，
責成社會處輔導各縣市視實際需要選擇適當場所設置長青學苑，提供老
人進修機會，滿足其求知需求，設有國語、日語、英語、國畫、書法、陶
藝、舞蹈等班級，老人得依興趣自行選擇參加。至 81 年度，全省有 20 縣
市都已辦理長青學苑，設有 1,479 班，參加進修老人共有 36,554 人，可見
臺灣省老人參與長青學苑亦是年有增加。

表 6-9　臺北市長青學苑研習班歷年成長情形

會計年度 項　　目	(一屆) 1983	(二屆) 1984	(三屆) 1985	(四屆) 1986	(五屆) 1987	(六屆) 1988	(七屆) 1989	(八屆) 1990	(九屆) 1991	(十屆) 1992
班　　級	12	12	14	30	74	94	110	161	200	196
人　　數	278	260	422	1,038	1,988	3,049	3,256	4,743	6,000	7,095

附註：含大專暑期班、進修班、長期班、短期班等。80 年度新增興大綜合研習班 (100
　　　人)、故宮文物班 (90 人)、資深公民協會英文班 (30 人)、北投區公所書法等班
　　　(246 人)、立心基金會保健班 (46 人)、北醫保健班 (100 人) 等，連同 81 年 3 月
　　　春季班，超出 6,000 人。
資料來源：臺北市政府社會局，1983～1993。

表6-10　臺北市長春學苑歷屆實施概況表

屆別	實施時間	項　別	學制型態一般課程 (與大專課程二種) 實施地點		上課時數	研習班數		參加人數
一	72.6.1~73.11.28	長期班(10個月)	西區長春文康中心	1個	每週4小時計160小時	長期12班	12班	278人
二	73.8.6~74.6.18	長期班(10個月)	東、西區長春文康中心	2個	每週4小時計160小時	長期12班	12班	260人
三	74.9.1~75.6.15	長期班(10個月)	東、西區長春文康中心、松柏之家、萬年青	4個	每週4小時計160小時	長期14班	14班	422人
四	75.7.7~76.6.20	長期班(10個月)	東、西、南區長春文康中心廣慈、浩然、自費3個老人安養機構、松柏之家	7個	每週3小時計120小時	長期30班	30班	1,038人
五	76.9.1~77.6.15	長期班(10個月)短期班(24~36小時)大專暑期班大專進修班	東、西、南、北區長春文康中心廣慈、浩然、自費3個老人安養機構、松柏之家、雙龍社福中心、中興大學、臺大、東吳大學	老人機構10個大學3個	暑期班計120小時短期班計24~36小時大專班依學校制度訂定時數	長期37班長期30班大專暑期1班大專進修6班	74班	1,988人
六	77.9.5~78.6.18	長期班(10個月)短期班(24~36小時)(1年3期)大專暑期班大專進修班	東、西、南、北區長春文康中心廣慈、浩然、自費、雙龍社福中心、松柏之家、中興大學、實踐、東吳大學、文化大學	老人機構9個大學4個	同上	長期31班長期75班大專暑期1班大專進修3班	110班	3,049人
七	78.9.4~79.6.16	長期班(10個月)短期班(24~36小時)(1年3期)大專暑期班大專進修班	各長春文康中心廣慈、浩然、自費3個老人安養機構、雙龍社福中心、松柏之家、中興大學、文化大學、東吳大學、臺北醫學院	老人機構9個大學4個	同上	長期38班短期(暫訂55班)大專暑期1班大專進修3班	97班	3,256人
八	79.9~80.6	同上	除上述單位外,另有北投、石牌及稻香區民中心	老人機構9、大學4、社區中心3	同上	長(短)期班157班大專暑期班1班大專進修班3班	161班	4,743人

資料來源: 台北市政府社會局, 1983~1991.

二、我國老人教育的特性與功能

我國現階段老人教育的實施,具有下列幾種特性:

㈠社會福利服務取向

由社會福利機構以福利觀點辦理老人教育,而不是由教育部門從教育觀點來辦理。國內首先創設老人教育的活動是高雄市政府社會局與高雄市女青年會在民國71年12月3日正式開辦的高雄市長青學苑,其次為72年6月1日開辦的臺北市長青學苑,73年以後,臺灣省各縣以民間機構陸續開辦。一直到目前為止,規劃辦理老人教育的機構,不論是政府或民間方面,均為從事老人福利服務的部門,在其為老人服務的過程中,因深切體認老人教育的必要性與重要,而經多年多次與教育部門協調均無結果下,勉為其難情況下毅然決定提供老人教育服務。而主管教育部門一直以兒童青少年的學校教育為限,未能重視並提供老人教育的機會。

㈡參與進修對象差異性大

參與老人教育之長者間,其差異性頗大,在年齡上,從55歲到94歲,最高與最低年齡相去39歲;在學歷方面,從不識字到研究所畢業,有一般科系畢業者,亦有軍校、警校畢業者;在經歷方面,有士農工商、軍警、教師、記者、醫師、律師,亦有家庭管理者,有的經驗非常豐富,識見非常寬廣,有的智慧非常成熟。在語言背景方面,有完全不懂國語者,或只會閩南語或其他地方語言者。從參與動機言,亦有相當差距,有的純為追求新知,有的想增進社會參與,有的想增進生活情趣,陶冶性情,有的想多結交新朋友,增進人際關係,有的想再就業,有的想參與志願服務,也有是消磨閒暇時間。

㈢兼具多重功能

　　不論是從理論層面來看，或從長青學苑之學員的參與動機來看，我國現階段老人教育兼具有下列多重功能：⑴具有增進適應變遷能力的功能，協助高齡長者了解社會變遷，並適應變遷社會中的現實社會環境，以及成功地適應老年生活及適當扮演新的角色。⑵具有充實生活情趣的功能，安排充實精神生活，參加進修活動本身就有生活樂趣，對從未上過學校的長者而言，上學校，特別是上長青學苑（俗稱老人大學），更是一種無比新奇的經驗；對曾上過學校的長者而言，則可重拾舊日生活情趣，重溫再學的價值，享受現有的教育機會，培養新的喜好，增進現代社會中新的知能，增加生活情趣；⑶具有自我成長自我實現的功能，使高齡長者認識自我、接受自我，並追求個人自我進步與成長，達到自我實現的理想。⑷具有促進社會參與的功能，協助高齡長者從參與進修學習過程中，在相互切磋下，增進人際關係，認識結交新的朋友，擴大生活空間，發展更有意義的生活。⑸增加再就業知能的功能，對於部分有意願再參與現代社會的就業市場，可透過再學習，吸取現代社會中的知能，有助發揮高齡人力資源潛力，成功地再出發再投入社會，創造成功幸福滿意的第二生涯。⑹增加參與志願服務知能的功能，對於大多數參與老人教育的長者言，在充實知能之後，可繼續將其智慧與經驗貢獻給社會，透過發揮貢獻社會的過程，既可展現再學習的效果，更可肯定老人仍然具有價值的，是國家社會的重要資源。⑺具有休閒活動的功能，部分課程以生活化、趣味化來設計，外界人士認為大部分課程以休閒性為主，這是一種誤會，且在實施方式，授課老師與高齡學員打成一片，以對待「老」朋友的方式進行，將老人在學習上的壓力與焦慮減到最低程度。同時，為增進學習效果以及聯誼，培養休閒興趣，在課程外，特別安排參觀、旅遊、研討等課外活動。⑻具有提高老年人在家庭及社會中的地位，由於高齡長者不斷學習的吸

取新知，增進溝通能力，改善人際關係，不斷自我成長並積極參與社會、服務社會，其在家庭及社會中的地位仍不斷提升，敬老孝親的風氣乃得以日益改善。

㈣老人教育實施內容與方式之設計，均以老人的需求與特性為依歸

　　由於我國現階段老人教育是社會福利服務取向，由社會福利機構辦理，同時，基於參與老人教育的長者間各種差異頗大，因此，各地教育方案各不相同，迄未建立一套標準的計畫有待努力。大致上均採非正式、無學分學位、長期課程與短期課程兼備，為方便高齡長輩就近接受教育，事實上是採取社區化作為，並鼓勵民間機構組織（含宗教團體）的參與規劃、提供，又為提高教學品質，並達普及化的目的，乃進一步結合大專院校以及文教機構（如故宮博物院、文化中心等）的參與，以充分運用發揮大專院校以及文教機構優良的師資、專業人才、設備與場地。

三、我國老人教育的問題與檢討

㈠首應建立共識，並應以整體力量持續努力來推動老人教育

　　推動老人教育不只是為順應世界發展趨勢，亦是因應我國老年人的需求，更是基於保障老年人的基本權益。面對高齡化社會的來臨，老年人口日益增加，老年問題已成為主要的社會問題之一，自應予以重視。20 世紀，各福利先進國家，政府莫不致力於解決老年問題、滿足老年需求。早期各國的施政重點在經濟保障（老年年金制及老年救助）以及醫療的照顧（老年健康保險及老年醫療扶助），因此，老年年金給付與健康保險乃成為各國老年福利的主要措施。晚近的各國社會福利思想則更進一步強調透過積極的福利作為，建立老年人自助的生活。老人教育即是基於此一理念，希望透過教育的方式，經由再學習的過程，協助老年人過著積極快樂

的銀色年華，以及鼓勵老年人創造幸福美滿成功的第二生涯。很多先進國
家爲了使老年人能夠重新建立美滿充實的第二階段人生，均紛紛設立各
種老人教育機構，提供老年人再學習的機會。例如歐美的社區學院，日本
的「老人大學」、「高齡者教室」，法國的「第三年齡大學」(University
for the 3rd Age) 等，或是屬專爲老年人而設立的教育設施，或開放給老年
人參與的機會。聯合國國際教育發展委員會 (International Commission on
the Development of Education) 指出：「每個人都需要保持終身學習，教
育必需依照個體的需要和方便，在各年齡階段中實施(Peterson, 1979)。」
1971年美國白宮老年會議強調教育的正面本質，老人教育乃更受肯定
(Mc Clusky, 1971)。 1978 年的美國白宮老年會議 (White House Conference
on Aging) 即聲明「教育是所有年齡團體的基本權利，它是使老年人能
享受完美和有意義生活之一，也是促進老年人發揮潛能貢獻社會的途徑
(Crandall, 1980)。」我國社會教育法第一條規定：「社會教育以實施全民
教育及終身教育爲主旨。」老人教育是終身教育的一個階段，亦屬全民
教育的範疇。又我國老人福利法第 19 條規定：「有關機關團體應鼓勵老
人參與社會、教育、宗教、學術等活動，以充實老人精神生活。」1981 年
白宮老年會議則亦指出：「老人生活的主要問題，經濟安全、心理和生理
健康、老人資源等，大部分皆可經由學習來處理，給予老人克服問題的能
力。」然而該次會議亦指出：「在解決老人的基本問題時，教育是被忽視
的必需品。」而根據國內調查發現我國老年人參與學習活動雖具多種功
能，但其主要動機取向以求知爲首要（邱天助， 1988 ）。基於上述理由，
吾人應認清推動老人教育是我們大家共同的理想、目標，應整體規劃持續
努力，尤其是教育部門，既然主管終身教育、全民教育、成人教育，就應
積極建立終身教育體制，尤應對老人教育給予應有的重視，在中央及省市
政府分別設立終身教育專責機構，負責規劃、督導、推動、協調有關終身
教育方案，其職責包括教育資源的運用，課程的安排以及經費的籌措，以

利老人教育的推展。而省市政府社政機構，以其推動老人教育十五年的經驗，實可進一步評估得失利弊以及研擬如何擴大結合社區資源配合教育部門更進一步推廣老人教育。

㈡強化老人社區教育，俾供社區一般老人就近參與研習

為克服老年人學習參與的障礙以及普遍提供老年人就近參與學習的機會，應有效發掘並運用社區資源，如社區活動中心、村里集會所、區民活動中心、文教設施、民間機構團體（含宗教團體）可能提供的設施，廣設社區老人教室，或另設社區老人教育中心，各機構之間密切配合，構成老人教育網路，提供老人教育活動，並傳達老人教育訊息。

㈢善用現代大眾傳播科技與文教設施，提供多元化的老人教育活動

利用電視、收音機適當時段播講老人課程，以空中教學或函授的方式，或電話教學的方式，或印行老人進修刊物，並利用圖書館提供老人自由進修（白秀雄，1991），或文化中心、社教館、博物館等文教設施，提供老人研習或作展示，以各種管道來發揮老人教育的功能。

㈣老人教育的遠景目標應是高齡人力資源的培訓、開發

有志參與進修研習的長者，常對志願服務或再就業也具有強烈的意願，因此，老人教育較高層次的目標，應是規劃高齡人力資源的培訓開發計劃，宜研訂適合老人人力資源培訓開發的教育模式，作有計畫的高齡人力資源之培訓與開發。

第四節　老年人的社會參與及志願服務

一、前言

　　為期訂定一項國際行動綱領，以保障高齡者能夠得到經濟和社會保障，並保證高齡者有機會對他們自己國家的發展有新貢獻和分享其成果，聯合國於 1982 年 8 月間召開了高齡問題世界大會，會中通過了高齡問題維也納國際行動計畫，強調「高齡者應積極參與政策之制訂和執行，包括對高齡者有特別影響的政策。」「高齡不只是經驗與智慧的象徵，而且，還能使人們根據自己的信仰和願望，取得更大的成就。」該項行動計畫（或稱行動綱領）並建議各國政府應採取適當行動保證高齡者有適當收入外，應使高齡者享有接受指導、培訓和安置設施與各種服務的平等權利，並在家庭中和社會上取得應有的權利和地位，此應是老人福利政策的最高原則。

　　要提高老人在家庭中和社會上的地位和權利，涉及的層面甚廣，舉凡政治、經濟及社會文化結構均不無關係，而其中一個重要的關鍵，即是如何使老年人有均等的參與和機會，譬如，老年人的就業的權利，應以其工作能力而不是以年齡為依據。倘使一個社會未能讓老年人有參與的權利和機會，老年人只是家庭中的額外成員，而在社會上只是孤獨的一群，這也說明了何以有福利天堂美譽的北歐、瑞典等先進國家中的老年人，雖然他們在物質上受到極其完美的照顧，精神上卻深為孤獨所苦。在工業社會中，對老年人的尊敬已不如往昔，愛與自尊，參與感與自我實現，是較高層次的需求，有賴社會參與、個人事業成就、工作表現及對國家社會的

貢獻。一個人在進入老年後，過去的光榮事蹟都已過去，失去工作、地位與經濟來源，造成自信心、自尊心與安全感的喪失，與社會脫節而陷於孤獨，也就是所謂的「退休震盪」。若能以深具意義的社會參與彌補過去的工作地位，將可使老年人再度燃起對生命、對社會的熱愛與信心，退而不休，老當益壯，貢獻出正值顛峰成熟狀態的人生經驗，以事實證明老年人不是社會的負擔，而是社會一項重要資源。

二、社會參與的意義

所謂社會參與，簡單地說是社會有他們的一份，社會大眾應視他們為社會的一份子，老年人亦應視自己是社會的一份子，老年人應有均等參與社會事務的機會與權利，社會應有計畫地協助老年人參與社會事務，並確認老年人社會參與的目標，並非單是讓老年人消磨時間，排遣寂寞孤獨的退休生活，更重要的是要發揮老年人作為一個公民和社會一份子應有的功能，使老年人享受成為社會一份子的感覺，延續對社會的影響與貢獻。每一個人都希望有機會表現而受到肯定、讚賞，顯示自己能有所作為，是有價值的。倘老年人步入老年，離開工作崗位，再無機會表現而獲得讚賞，也將失去因工作或學習過程中所得到的人際交往及相互切磋、相互扶助之樂趣。因此，協助老年人社會參與或設計「第二度事業」作為過去工作角色的一種心理上之代替物，已成為各國努力的目標。老年人透過社會參與，將其經驗奉獻給社會，可使他們過得更有意義、價值，更為充實、踏實、滿足與自信。

三、社會參與的內容與方式

關懷社會積極地參與的內容與方式甚為廣泛，在內容涉及社會生活

的全面，包括政治、經濟、教育、社會、文化及其他公共事務；在方式上涵蓋各個層面的社會生活與公共事務等問題的探究、觀念的溝通、事實的蒐集與分析建言、組織設計與實際行動；在性質上可以是有報酬的，也可以是義務的（志願服務）。例如，老人投票或對各種問題或事務表示意見及提案是一種參與，參加各種的演講、討論會或展覽會亦是一種參與，社會活動、慈善及教會活動、社區服務、體育活動、文化教育以及精神生活活動亦是。參與的越多，生活中的樂趣也將越多。一個人需要從各種的社會參與，與人的接觸中，產生自勉自勵及互相激勵的力量，此可使自己減緩老化衰弱。

在老年社會學的研究中，有學者提出「撤退理論」，認爲老年人因身心之日趨衰竭，所以在社會活動方面的參與、社會環境、角色地位、人際關係及價值體系中逐漸撤退下來，老人社會角色的喪失乃是老化過程必然的結果。亦即老人逐漸的減少社會活動，是達到老年人心理及社會調適的主要途徑。老年人欲成功地適應晚年的生活環境，須從實際社會活動中慢慢地撤退，安心地接受所謂「無角色的角色」了。由於這一種看法太扼殺了老年人存在的價值，所以難使大眾信服，引起其他學者的反對，提出了「活動理論」。此一理論即是認爲老年人要成功地適應晚年生活，不但不可自社會活動中撤退，反而更須積極地維持中年時期的活動與交際，而忘了老之將至。活動理論主張我們應積極協助老年人參與社會活動，才能滿足老年人社會與心理的需求。依照活動理論，社會工作者乃規劃出松柏俱樂部、長青活動或文康中心、人力銀行、榮譽服務團以及銀髮貴人等措施與各項活動。

四、志願服務是社會參與最佳途徑之一

老年人透過參與不是以報酬爲目的的志願服務來造福人群，將其經

驗與智慧奉獻給社會，以事實證明老年人不是社會的負擔，而是社會的一項重要資源，這是一種最具意義的社會參與的方式。《快樂的老年》一書亦指出，「最重要的貢獻也許是退休者自己所提供的，特別是透過志願服務組織來協助老年人。較年輕的老年人漸增，表示有益的豐富資源逐漸在增加，地方當局及志願服務組織在未來必須努力研討使用這些資源的方法。」漢特 (Hunt) 的研究發現 45% 的老年人希望在其退休後工作，而認為退休老年人是一種未經開發的有用資源。哈里斯 (Harris) 民意測驗發現 65 歲以上的美國老年人中有 22% 從未間斷地參與志願服務。

　　美國社會大眾很久以來就特別重視協助老年人參與社區生活方案，協助退休老年人志願在社會機構幫忙。老年志願服務最適合的方式，即為地方盡力，為社區服務，美國政府撥款補助公私立社會福利機構，協助退休者及老年人在社區從事各項志願性服務工作，除交通及膳食費用外，不支任何津貼。1964 年美國政府訂頒經濟機會法，其中主要項目之一「社區行動計畫」就開辦了「寄養祖父母計畫」，即僱用了 60 歲以上之低收入貧困老年人，給予最輕鬆的工作，如看護失依兒童。1971 年訂定退休資深義工計畫，約有 25 萬老年人參加，服務於殘障教養機構、兒童中心及醫院，為強化此一工作，特設立推展小組推展。寄養祖父母計畫是以需要特殊照顧者為對象，其中以智能障礙兒童為主，至為成功。以夏威夷殘障兒童扶助協會為例，其所屬的一個特殊教育中心，就有七位寄養祖父母，每人每天奉獻四小時來照顧低收入家庭或有學習障礙之兒童。一般對此一工作評價甚高，均認為它提供老人一種生存的角色，使其從貧窮中站立起來，並使多數小孩受益，且使機構本身有了新的服務角色。寄養祖父母在生活中獲得更多滿足且能成功的適應老年生活。而老年人對兒童有一份兒孫親情之關懷，也可以解決寄養父母之不足。此一方案相當成功，已擴及衛生、教育及福利機構，照顧在醫院病童、學習適應不良及特殊兒童。總之，在美國，老年人參與志願服務相當普遍，包括醫院診所的詢問

臺及病家協助、圖書館、博物館、動物園、古蹟的導遊與服務、協助老人送食、問安、探病與聊天、老人成長團體、兒童及殘障機構服務員、童軍團及露營區助理、外國遊客留學生及新移民的語文與文化指導、教會主日學合唱團及唱詩班指導與伴奏、友誼訪問及照顧年邁老人、協助成人教育及消除文盲、兒童課後之照顧、協助盲人閱讀、智能障礙者之照顧、協助災後救濟工作、協助單親家庭及其他各種社區服務。

　　在臺灣地區，有組織、有計畫地推動老人志願服務工作，鼓勵老年人發揮退而不休的精神，繼續貢獻其經驗與智慧，服務人群，造福社會，乃是民國 72 年 3 月 19 日在高雄市政府社會局策劃成立的高雄長青榮譽服務團。該團團址設於九如路的高雄市老人活動中心，係以老人服務老人為其特點，甄選籍設高雄市年滿 55 歲以上身心健康具有服務熱忱者擔任，長青榮譽服務團團員甄選合格後，必須接受訓練，方能參與正式服務。團員一直維持在 46 人左右，平均年齡 62 歲，男性 38 人，佔 82%，女性 8 人，佔 18%。為使團員了解服務概念及有關專業知識，特安排下列課程：

1.職前訓練

　　包括助人理論與會談技巧、老人衛生保健常識、個案工作與電話專線服務、社會福利措施及社會資源之發掘與運用、社區服務、老人心理及老人問題等。

2.會心團體訓練

　　為加強團員服務的觀念及增進團體的向心力、凝聚力，並促進團員彼此間感情融洽，特安排會心團體訓練課程，團員分成三個小組，由社會工作員擔任輔導員，各小組視團員的程度而設計活動內容。

3.在職訓練

　　為提昇團員服務品質，特安排家庭與婚姻、志願服務的精神與特質、電話諮詢、老人身心疾病及老人使用藥物須知等課程。

4.參觀活動

　　爲使團員了解社會福利機構之功能及如何運用社會資源推展服務工作，特安排至各地參觀有關社會福利機構運作情形。

　　高雄市長青榮譽服務團服務項目有：①保健協談與服務，②法律諮詢服務，③家庭生活協談服務，④民俗技藝傳授服務，⑤文康育樂活動。爲使服務順利展開，特開闢敬老服務專線，由團員輪值，並推出「服務到家」項目，由服務人員至老人家訪視。該團自設立以來，服務績效卓著，成爲各地觀摩對象。

　　臺北市則在民國 75 年策劃成立臺北市長青榮譽服務團，擴大老人參與志願服務，同時在各長春文康活動中心、木柵自費安養中心、廣慈博愛院、浩然敬老院、各社區理事會以及各社會福利服務中心推行。凡臺北市 55 歲以上退休人員及老年人，熱心參與志願服務者均可參加，經公開招募或輔導各老人中心、老人院、社團及松柏俱樂部老年人組成長青榮譽團，依長青志工之專長、興趣及意願建立老人人力之檔案資料（通稱人力銀行），辦理長青志工職前及在職訓練以及志工授證、聯誼、表揚活動。臺北市長青志工服務項目及內容相當廣泛，包括有：

　⑴低收入戶服務

　　照顧低收入市民生活，提供各種救助或扶助，使其自立自強，激發其潛能。

　⑵在宅（院內）服務

　　爲社區里鄰、醫院及安養：院內孤苦無依、行動不便乏人照料之老年人、殘障者、兒童或病人提供各種家事、清潔、文書、醫護及其他服務。

　⑶兒童青少年服務

　　在育幼院、殘障教養收容養護或訓練機構或社區活動場所，協助照顧或輔導兒童青少年從事文康休閒娛樂活動，並輔導功課或生活教育。

　⑷社區服務

　　針對社區需求，協助社區松柏俱樂部、媽媽教室及兒童青少年活動之推展，並協助社區美化、綠化活動、守望相助以及風氣之改善等。

(5)機構服務

協助長青文康活動中心、老人院、婦女福利服務中心、兒童青少年福利服務中心、殘障諮詢服務中心以及其他機構場地及器材管理維護，並協助辦理各種文康體育活動、社團活動。

(6)藝文服務

到社區或機構提供繪畫、書法、美工、攝影、音樂、圖書管理等藝文方面的服務。

(7)關懷訪問服務

為老人、殘障者提供友善訪問、唸書報、陪同散步、訪友或就醫或參加宗教活動、下棋等。並於 75 年 10 月在曹氏基金的贊助下，成立長青懇談專線電話專線諮詢服務（去相商吾樂吾樂 7335656），輪值為老年人提供諮詢服務。

(8)教學服務

針對機構或社區的老年人、殘障者或兒童青少年的需求，就長青志工本身的學識專長及教學經驗，提供各類教學服務。

(9)隨車服務

隨長青專車或殘障專車協助老年人或殘障者上、下車，並提供簡易急救護理服務。

(10)諮詢服務

提供市民各項市政建設、老人福利、社會福利及生活適應等諮詢或懇談服務。

(11)法律服務

提供低收入市民及老年人法律諮詢服務，並協助爭取法律權益。

(12)協助辦理其他各種老人所喜愛的活動

此外，臺北市政府社會局更自民國 80 年起推出「銀髮貴人」方案，公開徵求並甄選有特殊才藝之長者，經研習後即安排至國中輔導青少年

參與課外活動及社團活動。第一批從 50 多位報名者中甄選合格者計 42
名，最高齡為 74 歲，獲選者均有特殊專長，包括國畫、書法、畫漫畫、
捏麵人、烹飪、紙雕等，在二天研習後， 9 月起先在和平、芳和、景美國
中、喬治商職及士林地方法院等五處試辦「銀髮貴人薪傳活動」，由這些
具有才藝之高齡長輩來傳承人生經驗，協助青少年順利成長與發展。9 月
是國中開學的期間， 42 名具特殊才藝的銀髮貴人將伴著這些青少年一起
入學，利用課外活動及社團活動，教導國中的青少年學習文藝創造、畫漫
畫、國畫等等，傳承豐富的人生經驗，期能減少青少年犯錯機率，灌輸敬
老觀念，老年人可與青少年共享上學的樂趣，並促老年人與青少年產生互
動關係，感到自己生活在現實中，而擁有強烈的生命氣息。甄選時已評估
能否接納青少年的想法用語，活動初期並配合社工員追蹤輔導，減少雙方
可能的不適應，協助共創共享人生經驗。

　　總之，因人口結構的變遷、家庭結構與功能變遷，許多老人需要福利
服務，相對的許多老人有良好的人力資源（良好健康狀況、獨立經濟能力
以及較高教育程度），而能夠並願意參與志願服務，特別是老人服務老
人。據葉俊郎的評估研究，老年志工參與志願服務後精神生活品質有相當
的提昇（葉俊郎， 1994），如表 6–11。

　　由教育部委託林勝義主持有關社教義工調查研究（1990 年完成）指出
國內社教機構有 7.6% 感到人力不足，但在接受調查的機構中，只有 36.6% 任
用義工，而且所用的義工以學生居多，佔 65.3%，退休人員及家庭主婦都
在 10% 以下，因此，建議社教機構應先創造吸引義工的條件，並提供各類
民眾多元參與的機會。李鍾元接受文建會委託所進行的文化、義工調查研
究（1993 年完成），指出在公立文化機構擔任義工中 12 歲以下及 60 歲以
上的僅佔 5.37%，將來老人人口越來越多，應將這股人力導入義工行列。
林萬億接受行政院研考會委託所進行公務義工調查研究則發現，目前公務
機關所使用的義工，來自企業員工者最多，佔 44.7%，其餘依序為學生佔

表6-11 老年志工參與志願服務後精神生活品質（生活的充實與有意義）之提昇情形

生活的充實與有意義 次數 百分比 選項	很同意	同意	不確定	不同意	很不同意	總計
生活變得更有意義	21 55.3%	15 39.5%	2 5.3%	0 0.0%	0 0.0%	38 100%
日子過得更充實	20 52.6%	17 44.7%	1 2.6%	0 0.0%	0 0.0%	38 100%
開闊了生活領域及視野	14 36.8%	20 52.6%	4 10.5%	0 0.0%	0 0.0%	38 100%
增進了對社會現況的了解	14 36.8%	21 55.3%	3 7.9%	0 0.0%	0 0.0%	38 100%

注: 精神生活品質量表的測量計分，由「很同意」至「很不同意」分別是4、3、2、1、0 分，當此變項的平均數大於8 時意指老年志工參與志願服務後在精神生活品質的「生活的充實與有意義」層面上有顯著提昇，反之則未有提昇。

資料來源: 葉俊郎，1994。

表6-12 老年志工參與志願服務後精神生活品質（生活的態度）之提昇情形

生活的充實與有意義 次數 百分比 選項	很同意	同意	不確定	不同意	很不同意	總計
增強自己對周遭事情的興趣	17 44.7%	19 50.0%	2 5.3%	0 0.0%	0 0.0%	38 100%
自己更樂觀	16 42.1%	20 52.6%	2 5.3%	0 0.0%	0 0.0%	38 100%
能積極安排生活	11 28.9%	21 55.3%	6 15.8%	0 0.0%	0 0.0%	38 100%
覺得生活更有活力	15 39.5%	20 52.6%	3 7.9%	0 0.0%	0 0.0%	38 100%

注: 精神生活品質量表的測量計分，由「很同意」至「很不同意」分別是4、3、2、1、0 分，當此變項的平均數大於8 時意指老年志工參與志願服務後在精神生活品質的「生活的態度」層面上有顯著提昇，反之則未有提昇。

資料來源: 葉俊郎，1994。

表6-13　老年志工參與志願服務後精神生活品質(人際互動)之提昇情形

選項 生活的 次數 百分比 充實與有意義	很同意	同意	不確定	不同意	很不同意	總計
能主動地關懷別人	20 52.6%	15 39.5%	2 5.3%	1 2.6%	0 0.0%	38 100%
能熱忱地對待他人	18 47.4%	13 34.2%	6 15.8%	1 2.6%	0 0.0%	38 100%
增加與他人接觸的機會	13 34.2%	23 60.5%	2 5.3%	0 0.0%	0 0.0%	38 100%
結交許多朋友	16 42.1%	18 47.4%	3 7.9%	1 2.6%	0 0.0%	38 100%

注：精神生活品質量表的測量計分，由「很同意」至「很不同意」分別是4、3、2、1、0分，當此變項的平均數大於8時意指老年志工參與志願服務後在精神生活品質的「人際互動」層面上有顯著提昇，反之則未有提昇。

資料來源：葉俊郎，1994。

表6-14　老年志工參與志願服務後精神生活品質(自我概念)之提昇情形

選項 生活的 次數 百分比 充實與有意義	很同意	同意	不確定	不同意	很不同意	總計
對周遭一些人而言，自己是重要的	10 26.3%	11 28.9%	16 42.1%	1 2.6%	0 0.0%	38 100%
更有成就感	13 34.2%	14 36.8%	11 28.9%	0 0.0%	0 0.0%	38 100%
更有技巧地處理生活中的難題	11 28.9%	15 39.5%	11 28.9%	1 2.6%	0 0.0%	38 100%

注：精神生活品質量表的測量計分，由「很同意」至「很不同意」分別是4、3、2、1、0分，當此變項的平均數大於6時意指老年志工參與志願服務後在精神生活品質的「自我概念」層面上有顯著提昇，反之則未有提昇。

資料來源：葉俊郎，1994。

16.7%、家庭主婦佔 13.6%、退休人員與自僱者各佔 5.3%，應可再吸納更多的家庭主婦與退休人員進入志願工作領域。1988 年行政院主計處公佈「臺灣地區國民休閒生活調查報告」，顯示國內 15 歲以上國民一年之中曾經參加義務性工作者佔總人口的 5.05%，總數約 69 萬人。相對於美國約有半數成人曾擔任志願服務人員的情形，顯然我們亟須開發志願服務人力資源（林勝義，1994）。但 1993 年社會大學文教基金會的調查則指出，在臺灣地區 1,300 萬成人中，16%（約 168 萬人）曾任義工（志工），目前仍持續擔任義工（志工）的人數佔 8.9%（約 100 萬人），而未來可能成為義工（志工）人數約 90 萬人。另在接受調查者中，有 66.4%（約 850 萬人）表示對義工（志工）服務有參與的意願，此與僅 16%的國人參與志工的行列相比較，顯示徵募、供需的管道不足，致國內志工潛在資源相當充沛，未能充分運用，至為可惜。今後努力重點將在如何將潛藏豐富的志工人力資源有效引導投入，如何積極塑造志願服務文化、如何建立完善的電腦化志工諮詢系統外，以家庭主婦及退休人員、高齡長者為主要徵募對象。

第五節　高齡人力資源開發與運用

一、為老年人設計「第二度的事業」的意義

面臨人口高齡化的趨勢，最迫切的問題有醫療健康、經濟安全、休閒活動、居住安養及社會參與等。老年人由於年老力衰、適應困難、就業受限、收入銳減或喪失，除非子女供養照顧，或領取社會保險給付或接受社會救助或過去有儲蓄，是很難維持生活，醫療費用更是負擔不起。

　　工業社會，對老年人的尊敬已不如往昔，而自尊心的維持，有賴於個人事業成就、工作表現及對國家社會的貢獻。老年人過去的光榮事蹟都已成過去，一個人在進入老年後，失去工作、地位及經濟來源造成自信心、自尊心的喪失，也就是所謂「退休震盪」。若能以深具意義的社會參與，彌補過去的工作地位，將可使老年人再度燃起對生命、工作的熱愛與信心，退而不休，老當益壯，貢獻出正值巔峰狀態的人生經驗，以事實證明老年人不是社會的負擔，而是社會的一項重要資源。

　　每一個人都希望有機會表現，並且因有所表現而受到讚賞，顯示自己能有所作為，有價值的。當我們工作或求學表現良好，可獲得他人之讚賞，同時，透過工作或學習而有人際交往，互相切磋，樂趣無窮。但當一個人步入老年退休，離開工作崗位，再也無機會表現，無法獲得他人讚賞。同時，也缺乏因工作或學習過程中能得到的人際交往及相互切磋的樂趣，易陷於孤單寂寞與社會脫節。因此，老年人需要「第二度事業」，大家來協助老年人設計第二度的事業，成為世界各國努力的目標。他們需要積極地參與社區服務或其他志願性服務工作，作為過去的工作角色的一種心理上之代替物，使他們覺得仍有價值。老年人透過服務他人造福人群，將其智慧、經驗奉獻給社會，不但可使年老退休後仍能過得很有意義、價值、充實、踏實，且心理上覺得無比快樂、滿足與自信。他們不只需要「有所安養」，更需要「有所作為」。

　　聯合國於 1982 年召開老年問題世界大會時，就是希望訂定一項國際行動綱領來保證年紀較大的人能夠得到經濟和社會保障，並保證他們有機會對本國的發展作出貢獻和分享開發的成果。1982 年 8 月 5 日通過「老年問題維也納國際行動計畫」中確立「老年人應積極參與政策之制訂和執行，包括對他們有特別影響的政策」「老年人不只是經驗與智慧之象徵，而且還能使人們根據自己的信仰和願望，取得更大之成就」之原則。同時，並建議各國政府應採取適當行動保證年長者有適當的最低收入，老年

人應享有受到指導、培訓和安置設施和各種服務的平等權利。老年人的就業權利應以其工作能力而不是年齡為依據。

　　據內政部統計民國74年底60歲以上人口有1,282,992人，佔總人口的8.31%，其中不乏身心健康，經驗豐富者，若不予妥善運用，任其閒置，對個人、社會國家是一種莫大損失。另據內政部臺閩地區人口統計，民國60年453,863位老年人中65歲至69歲有212,231人佔46.8%，70歲到74歲有130,453人佔28.7%，75歲到79歲有66,262人佔14.6%，80歲到84歲有30,456人佔6.7%，85歲以上有14,461人佔3.2%；民國70年老年人口有798,961人，其中65至69歲有359,263人佔45%，70至74歲有230,629人佔28.9%，75至79歲有126,688人佔15.8%，80至84歲有57,806人佔7.2%，85歲以上有24,575人佔3.1%，可見年輕老人比例極高，社會參與的潛力極高。中央訂頒老人福利法，即明確規定「老人志願以其知識、經驗貢獻於社會者，社會服務機構應予介紹或協助，並妥善照顧。」

　　《快樂的老年》(*A Happier Old Age*) 一書亦指出：「最重要的貢獻也許是退休者自己所提供的，特別是透過志願服務組織來協助老年人，較年輕的老年人漸增，表示有益的豐富資源逐漸在增加，地方當局及志願服務組織在未來必須努力研討使用這些資源的方法。」漢特 (Hunt) 的研究發現45%的老年人希望在其退休後工作，認為退休老年人是一種未經開發的有用資源。1975年哈里斯(Louis Harris) 民意測驗發現65歲以上的美國老年人中有22%從未間斷地參與志願服務。

二、各國的經驗

　　美國社會大眾很久以來就關心退休老年人人力資源之開發與運用，尤其更支持協助老年人參與社區生活的方案，協助退休老年人志願在社會機構幫忙。1964年美國政府訂頒經濟機會法 (Economic Opportunity Act)，其中主要項目之一「社區行動計畫」 (Community Action Program) 就開辦

「養祖父母計畫」(Foster Grandparents Program，簡稱 FGP)，即僱用 60 歲以上之低收入貧困老年人，給最輕鬆的工作，如看護失依兒童。 1971 年訂定退休資源義工計畫 (The Retired Senior Volunteer Program)，約有 25 萬人參加，服務於殘障教養機構、兒童中心、醫院，爲強化此一工作，特設立推展小組，積極推展寄養祖父母等計畫，至爲成功。寄養祖父母計畫是以需要特殊照顧爲對象，其中以智能不足兒童爲主。以夏威夷殘障兒童扶助協會 (The Hawaii Association to Help Retarded Children) 爲例，每一個特殊教育中心，就有七位寄養祖父母，每人每天奉獻四小時來照顧低收入家庭或有學習障礙的兒童。另有在托兒所及小學照顧低收入家庭或有學習障礙之兒童。一般對此一工作評價極高，均認爲它提供老人一種生存的角色，使其從貧窮中站立起來，並使多數小孩受益，且使機構本身適應了新的服務角色。養祖父母在生活中獲得更多滿足且更能成功的適應老年生活，而老年人對兒童有一份兒孫親情之關懷，也可以解決寄養父母之不足。此一方案相當成功，已擴及衛生教育福利機構，照顧在醫院病重、學習適應不良及特殊兒童。

　　1975 年美國聯邦政府又訂頒「老年社區服務就業法」，凡 55 歲以上就業有困難之低收入失業老年人，協助其能早日就業，規定各社區中爲其創造工作機會，優先雇用，以社會、健康、衛生、教育、服務爲主，並擴及法律諮詢、財稅服務、歷史古蹟文物之管理、圖表整理、自然資源之維護與保存、社區美化、環境衛生、社區發展、閱讀指導、康樂活動指導及老人在宅服務等。同時訂定以志願服務來充實退休後的生活的方案 (Serve & Enrich Retirement by Volunteer Experience，簡稱 SERVE)。

　　在日本則大量運用在宅（居家）服務人員以擴大提供在宅服務，此通常是由老人俱樂部之會員或近鄰之家庭主婦中選任。事先向各市町村登記並接受一定之訓練。此一工作分爲專任或臨時雇用，按件按時計酬。服務內容包括下列各項：

⑴三餐方面：食譜製作、烹調、配膳、餐後收拾等。

⑵居住方面：清掃、整理、消毒。

⑶被服方面：修理、洗濯、燙熨、衣服整理、縫紉。

⑷家庭經濟：日用品之購買、現金出納及記帳。

⑸交際應酬：來訪者及電話、郵件之處理、記錄、代筆。

⑹幼兒保育：入浴、上廁照顧、調乳、換衣餵食、安全防護。

⑺學童照顧：課業輔導、交通安全。

⑻其他各種諮商事項及其他必要之家事。

　　另有日本一小城市市長，到我國參觀老人活動中心發現老人中心能使老年人有機會和兒童接觸、相處，而且讓兒童分享他們的知識和經驗，因而受到鼓舞，回日本後即在該市內一棟房屋分設四個俱樂部，由老年人教兒童做木工、木刻、手工藝、園藝、講民間故事、民間趣聞軼事給兒童聽，教導兒童守禮貌適當行為以及整理儀容、環境，兒童並與老人們參加一個製作當地歷史性地圖的工作並研究當地歷史。

　　瑞士的老人團體組團作業餘表演，自娛娛人，借重老人經驗與才華，為老軍人或其他觀眾表演。同時，這類劇團接二連三成立，相互交換意見、心得。老人家以娛樂活動方式拜訪學校，與學童分享他們的生活經驗。

三、我們應有的作為

㈠建立基本資料

　　一方面要蒐集並參考各先進國家的辦理經驗與專家學者的鑽研心得，同時，要了解並建立退休老年人的基本資料如專長、興趣、服務地點與時間、希望待遇（或志願服務）等。另方面，還要了解社會的需求，各行各業的需求以及服務對象的需求並辦理求才求能登記及轉介服務。

㈡研究並開發適合老年人服務的新型職業

在不影響現有人事管道和就業市場的前提下，配合社會變遷的需要，研究並開發適合老年人身心狀況的新型職業的工作機會。從前面所列各國經驗，可以看出不少成功的例子，頗具參考採行的價值，即在我國當前社會確有此需要，而我們的高年齡長輩亦能勝任，如在宅服務，特殊兒童或失依兒童的服務或一般兒童青少年的照顧、社會服務、慈善醫療保健機構及社區中心或文化中心社教機構，以及「老扶老、老娛老、老助老」方面的計畫。此種努力，不但使更多退休高齡者能夠將其經驗才智貢獻社會，且可配合社會變遷需要不斷開拓服務領域，尤其「老扶老、老娛老、老助老」更是我們要努力的目標。其中，在宅（居家）老人所需的服務，逐漸呈現多樣化，不僅是日常生活的飲食、起居、清潔、購物等需要照顧，外出旅行或住院也需要人照料，與親友書信聯繫、申報手續、對外界事物的了解，甚至需要談話的對象。此原本可由同住的子女照顧，但現代社會，除鼓勵子女外，尚需運用退休老年人參與在宅（居家）服務（含有報酬與志願服務）。對接受或提供在宅（居家）服務的老年人，可依其服務內容、性質、時間、次數等計算收取費用或支付酬勞，經濟狀況較差者可由政府或慈善機構予以補助。

除了居家老年人外，老人安養機構亦應將老年人力開發運用以提高老年人所得，列為努力重點之一。一方面可以推薦適當工作，另方面可以輔導簡易的生產活動，以提昇老年人物質與精神生活，也可減輕社會負擔，更可運用老年人的經驗與才智，協助經濟發展。

㈢運用現有政府及民間職業訓練設施

擬訂退休老年人再訓練再就業服務計畫，針對社會需求以及健康退休老年人的興趣、專長、需要，訓練並輔導他們從事較輕鬆、安全性高的技術性或非技術性的工作。

㈣利用各地老人文康中心、安老機構或社區中心

成立長青工作室並鼓勵民間機構及宗教團體普遍設立。

對具有某種技藝潛能或興趣者，如繪畫、書法、裱背、各種手工藝等，予以訓練；再向廠商接洽，而後分配老人文康中心、安老機構、社區中心或其他場所的退休老年人去做。

㈤強化長青榮譽服務團

擴大退休老年人參與志願服務工作，配合老年人的專長、意願以及社會需求，擬訂各種服務項目，並訂定公開徵召、選拔、訓練、運用、獎勵、保險及福利辦法，讓退休老年人以志願服務方式參與各項服務。透過志願服務，老年人可以繼續將其經驗才智貢獻社會，服務人群，肯定自己，社會意義重於經濟意義。

㈥由原服務機關徵召以部分時間繼續工作以補人力之不足

對於醫院、學校等單位，可徵召各該機關退休人員，每個星期工作一兩天，或每天三、四個小時，並可由數人組成一個小組擔任一項工作，每人僅負責部分工作共同完成，或每人僅負責部分時間輪流完成。

㈦籌組各種顧問組織，鼓勵退休的專家、專業人員提供有關的顧問諮詢服務

如醫師、護士、律師、工程師、建築師、教師以及在經營管理、生產技術、社會工作具有專業知識技能者，籌組各類顧問組織，運用其專業知能提供顧問諮詢服務或專案、專題調查研究。服務之報酬，由退休專家、退休專業人員與接受服務之廠商或對象協助，並由業者支付。

(八)公園、安老機構開闢長青苗圃

協調公園管理機構在適當地點開闢規劃長青苗圃，協助美化公園，亦可使退休老年人蒔花種菜，修身養性，另在安老機構、老人文康中心亦可開闢規劃長青苗圃。

參考書目

中文部分

一、政府機關出版品

內政部（社會司）

    1994　社會福利政策綱領。

    1994　年金與財政 —— 日本未來年金財政之展望，內政部社會司譯。

內政部統計處

    1972　中華民國 60 年臺灣人口統計。

    1994　臺灣地區老人狀況調查報告。

    1993　臺灣地區婦女生活狀況調查報告。

    1993　臺閩地區 82 年度公私立老人扶療養機構業務績效評鑑報告。

    1995　臺閩地區 84 年度公私立老人扶療養機構服務績效評鑑報告。

    1994　臺灣地區老人福利機構需求概況調查報告。

行政院主計處

    1990　中華民國臺灣地區社會指標統計。

    1992　中華民國臺灣地區老人生活狀況調查報告。

    1994　中華民國臺灣地區老人狀況調查報告。

行政院科技顧問組

    1993　行政院第十四次科技顧問會議。

行政院衛生署

1992 中華民國臺灣地區公共衛生概況。

經建會

1995 國民年金保險制度整合規劃報告。

臺北市政府

1988 臺北市改制 20 年。

1981～1985 市民對市政建設意向調查報告。

臺北市政府社會局

1975 向安康社會邁進 —— 推行安康計畫概況報告。

1987 76 年臺北市低收入戶總清查報告。

1991 80 年敬老專刊。

1987 臺北市老人關懷訪視暨需求、人力資源評估報告。

臺北市政府主計處

1987～1995 民國 76 年～84年臺北市統計手冊。

臺北市政府衛生局

1988 76 年臺北市公共衛生業務年報。

高雄市政府社會局

1985 高雄市社會福利中、長程計畫之研究。

1982 〈老人進修意願調查〉，收載於《社區老人教育》，中華民國社區教育學會，1984。

臺灣省政府

1981 臺灣省老年福利問題調查研究。

二、國內相關論著

王阿保

1990 《都市地區老人安養方式之研究 —— 家庭安養與機構安養兩類資料

比較分析》，臺大社研所碩士論文。

王國羽

1993　〈美國社會安全法之修正與制度變更〉，載於《社會安全問題之探討》，國立中正大學社會福利研究所。

王國裕

1985　《老年與健康》，臺大公共衛生研究所。

王麗容

1995　《婦女與社會政策》，巨流圖書公司。

白秀雄

1976　〈我國老年福利之研究與設計〉，中華民國社區發展研究訓練中心。

1981　〈1980年低收入老年人的問題及其服務〉，《中美80年代社會福利發展會議論文集》，頁328～340。

1980　〈談如何有效推動老人福利法〉，《中國論壇》，10卷5期。

1980　《臺灣地區老人福利問題調查及對策研究報告》，臺灣省政府。

1970　《美國社會福利發展之研究》，中國學術著作獎助委員會叢刊之58。

1977　〈瑞典人口問題及社會安全制度〉，收載於《社會福利理論與實際（下）》，商務印書館。

1980　《臺灣地區老人福利問題調查及其對策研究報告》，內政部。

1989　《社會福利行政》，三民書局。

1992　《社會工作》，三民書局。

1990　〈老人教育的理念與實務〉，載於《老人福利叢書》，松青雜誌社。

1991　〈我國老人教育的實施現況與檢討〉，載於《老人教育》，師大書苑。

1991　〈公共圖書館的老人服務〉，《臺北市立圖書館館訊》，8卷4期。

1993　〈我國國民年金制建構之探討〉，行政院研考會。

1995　〈我國老年所得保障制度——保險、津貼、救助〉，《社會建設》，

89 期，中國社會福利事業協進會。

1995　《民生主義福利社會之理論與實踐》，國立編譯館主編，正中書局。

江亮演

1981　《居家老人福利之研究》，國彰出版社。

江雪齡

1988　〈美國老人寄宿所與臺北市長青學苑暑期活動之比較〉，載於《終生教育》，中華民國比較教育學會主編，臺灣書店。

伊慶春、朱瑞玲主編

1989　《臺灣社會現象的分析：家庭、人口、政策與階層》，中研院。

伊藤宗武

1994　〈日本年金制度之現狀、問題和改正案以及今後之課題〉，《中華民國精算學會會報》，18 期1 冊。

邱天助

1988　《老人學習動機取向及其與自我概念、社會角色、知覺之相關性研究》，師大社教所碩士論文。

1993　《教育老年學》，國立編譯館主編，心理出版社。

邱明祥

1992　《我國實施社會保險老年年金制度之研究》，臺大社研所碩士論文。

李美玲

1994　〈國民年金制度設計的家戶組成和性別因素考量〉，內政部。

李光廷

1994　《日本與我國老人福利制度下醫療保健措施之比較研究》，中國文化大學日本研究所碩士論文。

李悌愷

1989　〈老人之醫療保健需求之建立〉，《78年國建會論文集（衛生組）》，行政院衛生署。

李鍾元

　　1993　《建立文化機構義工制度的研究》，行政院文建會。

余玉眉

　　1993　〈老人健康促進與預防保健服務之策略與措施〉，《社區發展季刊》
　　　　　第 64 期，社區發展雜誌社。

　　1994　〈我國老人保健政策之探討〉，載於《老人醫療照顧與福利政策之展
　　　　　望論文集》，高雄醫學院。

余漢儀

　　1993　〈我國全民醫療保險之探討 —— 社會面之考量〉，《臺大社會學刊》
　　　　　第 23 期。

宋明順

　　1991　〈日本高齡者教育的發展與現況〉，《老人教育》，教育部主編，師
　　　　　大書苑。

林忠正

　　1983　〈臺灣人口轉型與老年人口的扶養問題〉，《人口學刊》第 10 期，
　　　　　國立臺灣大學人口研究中心編印。

　　1994　〈國民年金與經濟發展〉，內政部。

林信男

　　1989　〈臺灣地區老人精神疾病流行病學之研究〉，《民國 78 年國建會論
　　　　　文集（衛生組）》，行政院衛生署。

林萬億

　　1993　〈瑞典老年年金制度〉，《先進國家年金保險制度》，內政部。

　　1993　《現行公務機關義工人力運用情形之探討》，行政院研考會。

　　1994　《福利國家 —— 歷史比較的分析》，巨流圖書公司。

林仲箎

　　1988　〈臺北縣推行舉家老人服務工作之探討〉，《社會福利》第 62 期。

林勝義

1990　《建立社教機構義工制度之研究》，教育部。

1994　〈國內志願服務的整體規畫 —— 全國性義工調查綜析〉，《社區發展季刊》第 65 期，社區發展雜誌社。

吳凱勳

1989　〈老人健康保險與醫療保健服務〉，《民國 78 年國建會論文集（衛生組）》，行政院衛生署。

1993　〈日本年金制度之探討〉，內政部。

吳素倩譯

1992　〈日本高齡者保健福祉推展十年策略〉，《社區發展季刊》第 58 期，社區發展雜誌社。

周麗芳

1994　〈國民年金與醫療保險〉，載於《國民年金保險制度系列演講論文彙編》，中華民國社會福利學會。

周惠玲

1984　《臺北市老人福利需求與生活滿足之研究》，臺大社研所碩士論文。

周建卿

1987　〈高齡者教育的功能〉，收載於《高齡學論集》，中華民國高齡學會編印。

胡人傑

1982　〈我國老人福利需求之研究〉，刊載於《老人福利研討會》，臺中東海大學編印。

胡幼慧

1992　〈兩性與老人照顧〉，《社區發展季刊》第 58 期，社區發展雜誌社。

1994　〈臺灣老年人口依賴結構初探〉，《兩岸人口現象分析研討會》，臺灣大學人口研究中心。

翁福居

　　1994　《老人自黃安養企業化之探討》，高雄醫學院。

徐學陶

　　1982　〈老人就業服務之需求〉，刊載於《老人福利研討會》，臺中東海大
　　　　　學編印。

陳宇嘉

　　1985　〈老人福利〉，刊載於《高雄市社會福利中、長程計畫之研究》，高
　　　　　雄市政府社會局編印。

　　1985　〈老人福利需求與社會福利制度〉，《社會建設》第 53 號。

陳宇嘉、吳美玲

　　1984　〈臺灣地區老人休閒活動：型態之研究與檢討〉，刊載於《社區發展
　　　　　季刊》第 27 期，社區發展雜誌社。

陳宇嘉、陳寬政

　　1983　〈老人問題與家庭制度〉，《老人福利研討會》，臺中東海大學編
　　　　　印。

陳寬政

　　1994　〈國民年金長期財務均衡與人口變遷〉，內政部。

　　1995　〈臺灣地區的人口變遷與社會安全〉，《社區發展季刊》第 70 期，
　　　　　社區發展雜誌社。

陳建仁

　　1989　〈老人人口結構健康狀況與醫療保健需求資料之建立〉，《民國 78
　　　　　年國建會論文集（衛生組）》，行政院衛生署。

陳寶輝

　　1995　〈臺北市老人醫療保健需求評估調查〉，《北市衛生雙月刊》第 3 卷
　　　　　第 7 期，臺北市政府衛生局。

陳政智

1994　〈臺灣地區養老機構區域分佈特性分析〉，《社區發展季刊》第 65
期，社區發展雜誌社。

陳琇惠

1994　〈加拿大年金制度〉，《先進國家年金保險制度》，內政部編印。

陳毓璟

1989　《退休前公務人員退休態度與退休準備之研究》，國立臺灣師範大
學衛生教育研究所碩士論文。

黃俊傑等人

1985　《臺北市老人與殘障福利措施之評估》，臺北市政府研考會委託。

黃文山、柯瓊芳

1994　〈臺灣與美國老人健康狀況之實證比較〉，收載於《中美老人的健康
狀況與照護模式》，中研院歐美研究所。

黃富順

1991　〈老人教育的意義、目的及其發展〉，載於《老人教育》，教育部。

梁浙西、張明正、吳淑瓊

1993　〈臺灣地區老人健康狀況與醫療服務之利用〉，載於《臺灣地區老人
健康與生活研究論文集（第 1 輯）》，臺灣省家庭計畫研究所。

陸光

1989　《我國老人福利法執行成效評估》，行政院研考會。

彭淑華

1992　〈美國健康照護制度的問題與發展趨勢〉，《社會建設》第 58 期，
中國社會福利協會。

張苙雲

1984　〈老人問題與老人福利〉，《臺灣的社會問題》，巨流圖書公司。

葉俊郎

1994　〈臺北市政府社會局長青榮譽服務團實施方案之評估研究〉，《社區
　　　　發展季刊》第 65 期，社區發展雜誌社。

詹火生

1986　〈老人福利需求研究的回顧與展望〉，《科學發展月刊》14 卷 12
　　　　期，國科會。

1991　《臺灣地區老人安養服務之研究》，行政院研考會。

楊志良

1989　〈我國老年民眾醫療保健行爲及健康生活──以臺北市爲例〉，《民
　　　　國 78 年國建會論文集（衛生組）》，行政院衛生署。

1993　《健康保險》，巨流圖書公司。

楊瑩

1991　〈英國的老人教育〉，載於《老人教育》，教育部。

1992　《英國社會安全制度之重要改革及不同措施之比較研究》，臺灣大
　　　　學三民主義研究所。

楊漢湶

1993　〈臺灣地區老人醫療照顧現況及問題探討〉，《社區發展季刊》第
　　　　64 期，社區發展雜誌社。

廖正宏

1982　〈老人人口數量與未來趨勢〉，《社區發展季刊》第 17 期，中華民
　　　　國社區發展研究訓練中心。

趙弘靜

1994　《從老人狀況調查反映問題與政策走向》，行政院主計處。

蔡宏昭

1991　〈我國國民養老年金之規劃構想〉，《社區發展季刊》第 55 期，社
　　　　區發展雜誌社。

1993　〈日本國家老年年金保險制度〉，內政部。

蔡文輝

1988　〈現代社會與老人問題〉,《福利社會》第 7 期，臺北市政府社會局。

歐陽良裕

1983　〈老人福利〉，載於《社會福利十年計畫調查研究報告》，內政部委託臺灣經濟研究所。

盧政春

1993　〈德國年金保險制度〉，《先進國家年金保險制度》，內政部。

謝高橋

1985　〈臺灣地區老年人口發展趨勢與社會福利政策〉，載於《臺灣地區社會救助機構人員研習教材》。

1994　《老人福利需求初步評估報告》，內政部。

謝美娥

1993　《老人長期照護的相關論題》，桂冠圖書公司。

蕭新煌、張苙雲、陳寬政

1981　《我國老人福利之研究 —— 服務網絡之結構分析》，行政院研考會。

蕭新煌

1985　〈臺灣的老人福利與家庭福利功能之探討〉，《第二屆現代化與中國文化國際研討會論文》，香港。

藍忠孚

1990　〈高齡化社會之醫療需求〉，《老人福利服務專輯》，臺北市政府社會局。

蘇金蟬

1988　《家庭變遷中老人居住安排及其福利措施之研究》，臺灣大學社研所碩士論文。

1990　〈淺論老人居住安排與老人住宅福利〉，《老人福利服務專輯》，臺北市政府社會局。

英文部分

A Guide to Widows' Benefits, 1993, Dept. of Social Security, London.

A Guide to Retirement Pensions, 1993, Dept. of Social Security, London.

Annual Report, 1994, Dept. of Social Security, London.

Burgess, E. W. (1960). *Aging in Western Societies*, Chicago: University of
　　　Chicago Press.

Chris Daykin, 1994, Setting up a Social Security Scheme，《中華民國精算學
會報》，18 期第 1 冊，中華民國精算學會。

Crandall, R. C. (1980). *Gerontology: A Behavioral Science Approach
　　　Reading, Mass.*: Addison-Wesley.

Kane, R. A. & Kane, R. L. (1987). *Long-term Care: principles, programs
　　　& policies*, N. Y.: Springer.

U.S. D.H.H.S., 1993, A Brief Description of the U.S. Social Security Program.
　　　Japanese Government, Social Insurance Agency, 1993, Outline of
　　　Social Insurance in Japan.

WHO., 1993. *World Health Statistics Annual*.

附錄一 老人福利文獻（有關需求部分）

研究計劃主持人或作者	調查對象	發表刊物及出版日期	題目	研究發現
白秀雄	臺北市民國75年70歲以上老人，共訪問47,891人	臺北市政府社會局出版民76年	臺北市老人關懷訪視暨需求與人力資源評估報告	那種老人需要社會福利服務： ①與配偶及子女居住 37.6% ②與子女居住 43.0% ③與配偶居住 47.4% ④單獨居住 54.8% ⑤其他 54.1% ⑥共計 44.6% 老人需要種類： 　醫療保健 38% 　安養服務 12% 　經濟扶助 18% 　關懷訪問 14% 　文康活動 17% 　其他 1% 醫療保健包括： ・辦理免費體檢、健保、醫療補助 ・免費醫療與保健服務 安養服務：包括增加安養設施、老人公寓 經濟扶助：生活補助、提供就業機會、減免稅金 關懷訪問：多給予老人關懷訪視 文康活動：增設老人活動場所及公園、設多元化文康中心、或在社區活動中心定期辦理文藝活動與聯誼活動
詹火生	北都會區老人(1479人)	臺灣社會現象分析中研院三民所出版民78年	北都會區老人福利需求與家庭結構關係之研究	目前最需要的幫助： ①健康醫療 43.5% ②經濟補助 17.9% ③家事處理 2.4% ④休閒活動 1.6% ⑤住屋 1.0% ⑥情緒慰藉 1.0%

研究計劃主持人或作者	調查對象	發表刊物及出版日期	題目	研究發現
				將來願入養老院居住比率: ①單身 39.1% ②二代同住 14.2% ③三代同住 16.8% ④核心家庭 34.5% ⑤單親家庭 30.0% ⑥兩老同住 34.1% ⑦大家庭 6.9% ⑧受訪老人 23%
徐震	臺北縣一般老人 (310 人)	研考月刊 118 期民 75 年	臺北縣老人福利現況、需求及未來規劃之研究	①健康醫療服務需求包括設療養機構為優先 (x 都在 2.4 以上) ②經濟生活需求包括經濟救助 (x=2.0) 醫療補助 (x=2.5) 乘車船優待 (x=2.81) ③休閒活動有交誼旅遊 (x=2.4) 提供社區活動中心 (x=2.7) ④社會參與包括里鄰服務 (x=2.2) 老人俱樂部 (x=2.1) ⑤辦理老人諮詢 (x=2.2) ⑥辦理老人在宅服務 (x=2.5) ⑦自費安養設施 (x=1.3)
陳宇嘉	高雄市三民、鹽埕及前鎮等區高齡老人 (243 戶)	東海大學社福研究所民 74 年	高雄市老人福利問題之研究	①醫療服務為首要 (x=4.0), 包括健康檢查、醫療半價、復健服務等 ②其次休閒需求包括活動中心、公車半價、老人社團、旅遊、節慶禮物、老人協談中心等 (x=3.7) ③生活補助 (x=3.10) ④癱瘓老人在宅照顧 (x=2.81) ⑤安養服務 (x=2.7) ⑥老人大學 (x=2.6) ⑦老人公寓 (x=2.5) 對居住方式的意見: ①最好方式是與子女同住 84.8% ②獨居 3.7% ③住安養所 3.7%

研究計劃主持人或作者	調查對象	發表刊物及出版日期	題目	研究發現
江亮演	調查彰化縣、員林鎮 70 歲以上老人民 69 年樣本 2,281 人	國彰出版社民70 年	居家老人福利之研究	目前與家人居住情形: 　配偶、子女及孫 53.5% 　配偶及孫 28.2% 　配偶 7.3% 　兒子 5.6% 　女兒 3.2% 　其他 2.2% 平時消遣情形: 　聊天 53.9% 　看電視 30.3% 　散步 13.2% 　其他 2.6% 若不與他人同住, 希望住那裡: 　原來住所 82.5% 　親友家裡 9.6% 　安老院 4.9% 　其他 3.0% 目前最需要事項: 　免費醫療 53.4% 　受人尊重 26.1% 　經濟協助 13.4% 　職業介紹 4.5% 　友情 1.0% 　娛樂活動 0.7% 　子女孝心 0.5% 　參與社會服務 0.4% 獨居老人是否願進養老院: 　不想 80.5% 　未來想 12.2% 　現在想 7.3%

研究計劃主持人或作者	調查對象	發表刊物及出版日期	題目	研究發現
楊志良等	臺北市延平區70歲以上老人 (343人)	公共衛生第十六卷第二期民78年	老年民眾居處之現況、醫療需求與健康生活之評估研究——以臺北市延平區及景美區為例	居住狀況： ①只有配偶 9.1% ②配偶及子女 28.2% ③兒及其家 42.1% ④女及其家 5.3% ⑤獨居 10.5% ⑥親戚朋友 2.4% ⑦其他 2.4% 從事活動種類： ①散步 21.6% ②看電視 30.6% ③聽收音機 16.3% ④帶孫子 1.3% ⑤閱讀書報 15.0% ⑥郊遊爬山 3.6% ⑦整理花草 6.5% ⑧養小動物 1.3% ⑨無 1.9%
	景美區65歲以上老人 (790人)			老人生活起居自我照顧能力： ①全部自理 83.9% ②吃飯要協助 1.9% ③上廁所要協助 2.7% ④洗澡要協助 4.1% ⑤購物訪友要協助 9.4%
謝淑芳	臺北市65歲以上人口	公共衛生第九卷第三期民71年	臺北市65歲以上居民家庭照護需要評估及其相關因素之研究	個人無法自己照顧： 就身體功能而言 　飲食 4.8%，穿上衣 8.0%，穿下衣 10.0%，修飾 5.3%，洗澡 11.7%，小便控制 19.3%，大便控制 31.8%，上廁所 7.7%，上下床或椅子 7.1%，室內外走動 11.6%，上下樓梯 23.5%，輪椅使用 1.5% 就精神功能而言 　正常或輕度慢性腦症狀 63.4%，中度 35.7%，重度 0.4%

研究計劃主持人或作者	調查對象	發表刊物及出版日期	題目	研究發現
				就社會功能而言 　表現普通44.4%，較差30.0%，較好25.6% 家庭雜務工作不能自理： ①輕度打掃房屋工作54.4% ②重度打掃房屋工作89.4% ③洗衣服65.7% ④烹煮食物72.3% ⑤上街購物65.1%
吳聖良等	臺灣省36處公保特約醫院之所有60歲以上居家之護士為母體、抽樣本238名病患1990〜1991	公共衛生18卷3期民80年	臺灣地區居家照護老人主要照顧者負荷情況及其需求之調查研究	老人病患之主要照護者： 父親0.5% 丈夫13.0% 妻子21.4% 女兒17.2% 兒子13.0% 媳婦26.0% 孫子女2.6% 孫媳婦0.5% 朋友0.5% 受雇者5.2%
楊珮琪	老人病患之主要照顧者	東海大學社會工作研究所碩士論文民79年	老年痴呆症病患家屬之壓力與需求探討	主要照顧者特質： ①男性16.3%，女性83.7%。 ②未滿40歲21.2%，40〜60歲42.3%，滿60歲36.5% ③國小以下54.7%，國高中29.9%，專科以上15.4% 主要照顧者家庭型態與所得： ①型態：核心38.5%，折衷58.7%，擴展2.9% ②每月收入：未滿兩萬元23.1%，兩萬到五萬元51.9%，五萬元以上25% 主要照顧者與病患關係： 配偶41.3%，媳婦39.4%，兒子8.7%，女兒7.7%，孫2.9%

研究計劃主持人或作者	調查對象	發表刊物及出版 日 期	題目	研究發現
				次要照顧者: 　兒子 31.9%，媳婦 20.2%，看護 15.4%，女兒 12.5%，沒有 11.5%，配偶 3.8%，孫 4.8% 主要照顧者最需要的協助: ①有人替代照顧 11 人 ②有人在家協助照顧 22 人 ③親人輪流照顧 20 人 ④看護費用補助 5 人 ⑤醫療費用補助 9 人 ⑥居家護理 5 人 ⑦政府與老人收養中心 8 人
李侃璞	臺灣地區智障成人子女之60歲以上父母 (122 位)	東海大學社工所碩士論文民79 年	成年智障者年老父母之需求探討	年老父母之需求: ①生理需求 (x=2.4) ②安全感需求 (x=2.9) ③愛歸屬需求 (x=2.9) ④自尊需求 (x=2.50) ⑤自我實現需求 (x=2.4) 家務處理協助需求: 　其餘子女 40.4%，親朋鄰里 46.5%，配偶 4.4%，義工 3.5%，其他 5.3% 醫療照顧協助需求: 　其餘子女 51.7%，親朋鄰里 35.1%，配偶 7.1%，義工 4.3%，其他 1.8%
周惠玲	民 71 年臺北市65 歲以上人口，樣本 274 人	臺灣大學社工所碩士論文民72 年	臺北市老人福利需求與生活滿足之研究	居住安排 (居家老人): 只與配偶同住 29.6% 與已婚兒子同住 37.0% 與已婚女兒同住 10.1% 與未婚子女同住 9.5% 與親戚朋友同住 2.7% 獨居 37.0%

研究計劃主持人或作者	調查對象	發表刊物及出版日期	題目	研究發現
				子女對老人之協助（居家老人）： 經濟協助 47% 疾病照護 23% 家務協助 50% 精神支持 69% 老人經常從事之休閒活動： 看電視 72.3% 聽收音機 20.8% 閱讀書報 50.0% 書寫 12.0% 種植花木 16.4% 養小動物 6.6% 做家事 24.1% 郊遊旅行 18.2% 健身運動 35.4% 逛街散步 54.4%
歐陽良裕	臺灣地區七十歲以上老人，臺北市(170人) 高雄市(65人) 臺灣省(1,274人)	內政部委託之研究民72年	臺北市、高雄市、臺灣省之老人福利需求比較	經濟來源： 子女奉養 75.6% 工作所得 75.6% 退休金 75.6% 政府輔助 75.6% 休閒活動： 　以飲茶聊天和看電影電視占半數以上 居住狀況： 　與子女同居 54.5% 　夫婦同居且與子女同居 17.4% 　夫婦同居 75.6% 　子女輪流奉養 75.6% 醫療服務方面： 　最迫切需要為「免費健康檢查」、「老人傷病醫療費用優待」；其次為設立老人療養機構

研究計劃主持人或作者	調查對象	發表刊物及出版日期	題目	研究發現
				居家看護宜加強辦理安養方面： 臺北市以「增設老人自費安養機構」、「提高貧困老人生活補助」以及「加強在宅老人之生活照顧」最多，高雄市亦然。臺灣省則以「提高貧困老人生活補助」及「加強在宅老人之生活照顧」居多
鍾思嘉	65 歲以上老人（1,221 人）	國科會研究報告民 77 年	老人生活型態對其生活滿意之影響	老人生活型態： ①家庭型 8.2% ②興趣型 0.1% ③社交型 1.6% ④工作型 0.2% ⑤家庭、興趣型 1.5% ⑥家庭、工作型 1.7% ⑦家庭、興趣、社交型 13.9% ⑧家庭、社交、工作型 18.7%。 ⑨家庭、興趣、社交、工作型 8.6% 總之，我國老人的活動情形主要以家庭、興趣、社交、工作為基本型態 老人參與活動依次是： ①大多數老人以家庭為中心，多從事與子女、孫子女來往和做家事活動為主 ②從事參與社團活動 ③從事鄰里、朋友來往的活動 ④從事工作及宗教活動
詹火生	臺灣地區 41 安老所 462 位老人	行政院研考會專題研究報告民 80 年	臺灣地區老人安養服務之研究	老人安養需求（居住方式）： ①老人居住型態仍以與子女同住為主（占 66.8%） ②我國老人進入機構比例（不到 1%）遠低於其他福利前進國家（如美國有 45%65 歲以上老人） ③老人對現居住方式不滿意者比例在增加（從 1986 的 0.59%增至 1989 的 2.73%） ④推估未來老人安養需求為：83 年 53,789 人，88 年 42,960 人，與 93 年 23,391 人；需求率分別為 3.61，2.40 與 1.15

研究計劃主持人或作者	調查對象	發表刊物及出版日期	題目	研究發現
				機構安養老人特質： ①男性 76.11%，女性 23.09% ②外省籍 58.16%，本省籍 41.74% ③未婚 38.9%，喪偶 23.6%，已婚有偶同住 13%，已婚不與配偶同住 22.4%，離婚 2.2% ④未受教育 34%，國小 26.5%，國中 17%，高中 12%，專科以上 10% ⑤未滿 65 歲 11.5%，65〜74 歲 39.2%，75 歲以上 49.1% 機構安養老人生活： ①老人進住機構原因，以無人扶養 35.5%，身體變弱需人照顧 26.4%，圖生活清閒 7.8%，需他人作伴 11.1%，子女無扶養或自養能力 28.1% ②對安養服務與設施的滿意度情形 50%以上的老人感到滿意，安養環境、寢室與人員服務態度等滿意較高，而庶務、伙食與醫療等滿意度較低
黃國彥 林美珍	臺灣地區 65 歲以上老人為對象抽取 600 人為樣本	教育部委託研究，國立嘉義師院印製民 80 年	臺灣地區學習需求與內涵之研究	學習（進修）動機： 　最為重要的是，休閒娛樂 18.2%，打發時間 16.5%與可結交朋友 14.8%。其他的如個人興趣，保健養生與可增加新知等也在 10%左右。不願參加老人所持理由最重要者是年紀大 16.4%，身體不好 13.8%與沒有興趣 13%。國中教育以下老人參加的理由以休閒娛樂及打發時間為主，高中以上老人則以增加新知及個人興趣為主 學習地點： 　依次為老人活動中心 19.3%，社區活動中心 18.2%，學校 15.2%以及廟宇或教堂 10.7%。至於長春學苑或類似機構只有大學教育老人較有興趣

研究計劃主持人或作者	調查對象	發表刊物及出版日期	題目	研究發現
				學習內容： 受訪者最多人強調的是，老人生理 15.3%，老人福利 15.1%與生活適應 13.4%等。最少人提到的是個人發展 2.3% 在專業教育方面： 最多老人強調的是語言學習 25.4%；人文社會 21.2%與手工技藝 20.7%等。多數老人強調的語言是國語正音班 32.6%，人文社會是宗教 (20.6%) 與鄉土文化 (17.1%)；手工技藝是民俗技藝 (18%)。至於職業訓練並不為老人所重視，選率最低 在健康保健方面： 老人較多強調的依次是老人疾病之預防與照顧 26.2%，醫藥常識 22.6% 及健身活動 20.7%。而生理衛生最低 2% 在休閒方面： 老人較多強調的依次是運動 28.3%，嗜好 23.4%與音樂戲劇 20.2%，而書畫最低 9.5%。運動項目中以登山健行、太極拳劍與外丹功較重要；音樂戲劇中以歌仔戲、唱歌、國劇較重要；嗜好中以家庭園藝、烹飪及茶藝較重要
陸光	一、居家老人 (710 人)	行政院研考會編印民 78 年	我國老人福利法執行成效之評估	對各種服務的需要程度明列 27 項，服務項目中老人認同最為需要的依平均需要度為準最高五項： ①舉辦老人體育活動 (4.47) ②為老人免費健康檢查 (4.45) ③增加扶養年老尊親屬的所得稅寬減額 (4.37) ④積極興建癱瘓與慢性疾病老人的療養機構 (4.36) ⑤給貧困老人家庭補助 (4.34) 需要程度最低者： 辦理老人職業訓練與輔導老人再就業或再創業

研究計劃主持人或作者	調查對象	發表刊物及出版 日 期	題目	研究發現
				由此顯示，老年同胞最需要的是有關健康、疾病和實質的生活補助，但對減低老人房地税、舉辦老人健康保險、提供中西義診、加強老人殘障復健擴大免費收容等工作，也都超過一般需要程度
	二、行政主管人員 (22 人)			對轄區內老人需要的各項服務認為需要程度較高者依次為： ①積極設置癱瘓慢性疾病老人的療養機構 ②辦理老人家庭訪視及在宅服務 ③對貧困老人給予家庭補助 ④增加扶養年老父母尊親屬的所得税寬減額 ⑤舉辦保障老人生活的年金保險和老人健康保險 需要程度較低的是： 輔導老人再就業或再創業、辦理老人職業訓練、老人餐飲服務、老人體育活動、老人才藝展覽、和老人日間照顧
	三、專家學者 (33 人)			對各項老人服務需要程度的看法是： ①積極設置癱瘓與慢性疾病老人的療養機構 ②加強殘障老人的復健工作 ③舉辦減輕老人醫療負擔的老人健康保險 ④舉辦保障老人生活的年金保險 ⑤辦好並擴大自費安養 比較不再需要的是老人車船優待、老人職業訓練、輔導老人再就業、老人體育活動、和老人才藝展覽比賽等
行政院主計處	民 80 年臺灣地區 65 歲以上老人	行政院主計處編印民 81 年	老人狀況調查報告	一、居住方式 　　　　　　　　1986　　1991 獨居　　　　　11.6%　14.5% 僅與配偶同住　14.0%　18.7% 固定與某些子女同住 65.0%　58.9% 至子女家中輪住　5.3%　 4.0% 與親朋同住　　 3.0%　 2.4% 現住療養機構　 0.8%　 1.2% 其他　　　　　 0.4%　 0.2%

研究計劃主持人或作者	調查對象	發表刊物及出版 日 期	題目	研究發現
				二、老人健康不良無自顧能力者之生活照顧方式
				1986 1991
				醫院長期療養　2.7%　4.5%
				療養中心療養　0.3%　1.5%
				養老院療養　1.1%　1.5%
				在家由家人照顧　80.5%　87.6%
				在家僱人照顧　2.9%　1.9%
				親朋照顧　11.0%　2.4%
				其他　1.7%　1.0%
				三、參加醫保就醫情形
				1986 1991
				公保　4.6%　12.3%
				勞保　1.8%　4.0%
				農保　1.9%　29.4%
				軍保　1.1%　1.0%
				榮民就醫　4.1%　15.9%
				人壽保險（含醫療）　1.0%　0.9%
				其他　0.8%　0.9%
				未參加　82.7%　36.2%
				四、對老人福利措施認知（不知道）
				1986 1991
				醫療保健　50.9%　21.6%
				敬老優待　23.3%　15.8%
				文康休閒　73.0%　39.8%
				進修教育　–　48.9%
				扶養機構　48.8%　42.5%
				在宅服務　–　75.0%
				日託服務　–　76.9%
				五、對老人福利措施的利用
				1986 1991
				醫療保健　16.4%　55.2%
				敬老優待　38.6%　58.6%
				文康休閒　4.1%　9.0%
				進修教育　–　2.9%
				扶養機構　1.3%　1.5%
				在宅服務　–　0.4%
				日託服務　–　0.7%

研究計劃主持人或作者	調查對象	發表刊物及出版日期	題目	研究發現
				六、老人認為政府應優先提供之福利措施
				1986　　1991
				鼓勵社會參與　　　8.0%　　14.2%
				安排老人就業服務　2.7%　　1.7%
				推廣文教活動　　　2.2%　　3.0%
				提供日託服務　　　2.9%　　4.0%
				看病優待　　　　　51.7%　　32.2%
				增設療養中心　　　14.2%　　9.7%
				在宅服務　　　　　2.2%　　3.2%
				居家護理　　　　　–　　　2.8%
				提供諮詢心理輔導　0.6%　　1.5%
				增設休閒活動中心　9.2%　　9.9%
				扶養機構　　　　　4.3%　　5.5%
				老人公寓　　　　　1.1%　　1.9%
				建立老人年金　　　–　　　9.5%
				開發老人福利產業　–　　　1.2%
				其他　　　　　　　0.9%　　–
王阿保	家庭老人55人 機構老人60人		家庭安養與機構安養比較	①機構老人與家庭老人均對目前生活感到滿意，對保健滿意情形以機構較高。家庭老人以有偶及三代同堂為多，經濟來源多為子女供給；自費老人多有子女且經常往來；公費老人多無子女，且親子間往來情形較差
				②老人進住機構原因以年老、身體衰弱、圖清靜為首，而與子女有關因素亦佔不少比例；生理因素與圖清靜意味著家庭功能之變化與對生活品質的要求
				③二組樣本對安養態度有差距，目前居住方式對安養態度看法不同，對未來居住安排亦有差距；家庭老人傾向與子女同住；機構老人較注意生活品質
陳樂屏	某公立自費安養機構	東海大學建築研究所碩士論文民78年	自費安養機構「機構化」問題之研究	①本機構確存有「機構化」的問題，問題的產生並非源於機構中的服務人員，而來自政府、社會之「社會福利」觀念尚未正確地建立

研究計劃主持人或作者	調查對象	發表刊物及出版日期	題目	研究發現
				②「機構化」主要源於為符合團體生活方式，而出現因應的空間設計拆離家居生活空間產生缺乏親切感
				③由於機構與老人需求間的矛盾，產生「無為而治」，導致許多事務被延擱
				④由於老人的背景不同，軍旅退役者幾未感受到機構化的問題，而由其他行業退休者或家庭主婦則在第一年內需要極大的調適
蘇金蟬	臺灣地區全體老人暨其家人	臺灣大學社會學研究所碩士論文	家庭變遷中老人居住安排及其福利措施之研究	①未來老人仍以折衷家庭為主要居住型態
				②這種居住型態是個人理想對社會規範妥協的結果，在實際生活上可能有許多的代間摩擦
				③都市化程度愈高、教育程度愈高愈偏好獨立生活的居住型態
王立信	某公立自費安養機構	淡江大學建築研究所碩士論文民 75 年	自費安養機構居住型態之研究	①本機構中的老人以男性、外省籍、有宗教信仰、高教育、無眷、退休公務員居多。來自都市地區，以退休金和積蓄為主要經濟來源；健康情形以良好居多，以生病無人照顧最感痛苦；休閒方式以靜態為主
				②入院原因以單身、圖清靜、子女無法照料為主，入院意願多為願意，自費安養者94.6%出於自願
				③對院內的硬體設施傾向滿意，對伙食與行政人員管理方式尚要加強
				④院民對自費安養採正面看法，有85.8%願意建議親友入住

研究計劃主持人或作者	調查對象	發表刊物及出版日期	題目	研究發現
				⑤對房舍以住宅乾濕度、隔音設備偏向於不滿意
王麗芳	某公立自費安養機構	臺大社研所碩士論文民74年	老年自費安養方式之發展	①本機構中的老人以男性、外省籍、有宗教信仰、高教育、來自都市地區、無眷或子女在外國，經濟來源為退休金與積蓄，健康狀況良好為多，入院後親子關係變疏，最親密的親人以長子、女居多
				②入院原因以圖清靜、子女在國外、無法照料、與子女不合為主，單身亦不少，對硬體的滿意度高於軟體
				③對年老的態度多採接受事實、順其自然為多，且贊成已婚子女與年老父母分住，喜歡自費安養的方式，重視夫妻同住，單獨住。可說自費安養是今後老年生活的趨勢之一
				④統計檢定發現對安養的態度受教育程度、年齡、子女經濟狀況、教育程度，同時受社經地位、親友多寡、居住地影響，該等特性大於家庭特性
臺大土木研究都市計劃室	臺灣地區各公私立仁愛之家	臺灣大學土木系民72年	老人社區住宅規劃與設計規劃研究	①國內提供老人居住的主要措施包括仁愛之家與博愛院、榮譽國民之家、社區安養設施、老人自費設施
				②自費、公費合併經營，待遇不同易造成心理不平衡
				③老人與精神病患、幼兒合併收容並不合適
				④不同健康程度老人合住，因對象複雜產生照顧協助上的疏忽或不必要的浪費
				⑤服務人員不足，又有管理重於服務之感

研究計劃主持人或作者	調查對象	發表刊物及出版日期	題目	研究發現
陸光	一般老人 4,000 人、機構老人 60 人、專家 60 人、福利行政主管人員	行政院研考會編印民 78 年	我國老人福利法執行成效之評估	①老人安養機構化或家庭化之策略,各有利弊,為能滿足不同老人需求,現階段宜兼行並顧,不可偏廢,以後發展將以家庭化為主 ②臺灣省各縣市之社區安養堂,辦理成效不彰,受人詬病,應加速整頓改善 ③公私立老人福利機構之人員與設備有待加強,尤其是專業人員之任用及醫療設備之充實,最為迫切
沈淑芳	經濟扶助戶 84 人、安養老人 72 人	東海大學社研所碩士論文民 73 年	低收入老人生活滿意情形	①對福利滿意情形:安養老人對安養現況尚表滿意,經扶老人對扶助現況亦表滿意 ②社會關係:安養老人主要的社會關係對象是親戚、朋友。經扶老人是鄰居、朋友。二者沒有差異 ③生活滿意情形:安養老人與機構老人在生活滿意度上有差異,以安養老人較高 ④再一次選擇服務態度的意願:二者均傾向保持原狀 ⑤影響生活滿意度的因素:安養老人則受社會關係、活動距離、服務滿意程度影響。經扶老人受健康狀況、社會關係、服務滿意度影響 ⑥影響社會關係的因素:安養老人受健康狀況、社會支持來源、活動距離、空間有關。經扶老人受社會支持、活動距離有關

研究計劃主持人或作者	調查對象	發表刊物及出版 日 期	題目	研究發現
蕭新煌	臺灣地區 29 所公私立老人安養機構	臺北市政府社會局民 79 年	我國老人福利之研究——服務網絡之結構分析	一、機構人員特徵方面： ① 在現有的安老院所內之工作人員中，有 3 所私立仁愛之家完全沒有專業人員，而專業人員數超過 60 人以上者為附屬醫院的仁愛之家；（專業人員的定義是：包括醫師、護士、社會工作員及其他輔導人員），在 45 所敬老所內，有 8 所沒有聘專任醫師，有 12 所無專、兼任護士，又有 4 所所聘任的護士沒有執照 ② 從與仁愛之家負責人交談及文獻討論報告中發現，現有安老院所專業人員的聘用並不十分理想，除醫事人員不足外也沒有足夠的社會工作人員或輔導員；尤有甚者，有些安老院所並沒有固定的炊事人員，或有但不足 ③ 仁愛之家囿於自身能力的限制，在經費、人事、設備上有所限制，但就目前整體的社會結構而言，各類醫事人員或其他專業人員已甚為缺乏，且分佈十分不均，大部分集中在北部大都會區及大城市，各機構即使大幅調整待遇，能否單靠高薪與其他醫療機構競爭，以聘到合適的專任專業人員，是一值得懷疑的問題

附注：此處資料來自謝高橋「邁向 21 世紀社會福利之規劃與整合 —— 老人福利需求初步評估報告」，內政部，1994。

附錄二 國民年金制度研議小組委員名單

一、召集人 —— 白司長秀雄

二、副召集人 —— 王副司長國聯

三、專家學者代表（依姓氏筆劃排列）——

　　①王委員培勳　　臺灣大學社會系教授

　　②方委員明川　　逢甲大學保險研究所教授

　　③吳委員凱勳　　行政院衛生署全民健保小組顧問

　　④林委員萬億　　臺灣大學社會系教授

　　⑤柯委員木興　　臺灣大學社會系教授

　　⑥陳委員雲中　　臺灣大學財金系教授

　　⑦張委員志銘　　臺灣大學三民主義研究所教授

　　⑧詹委員火生　　臺灣大學社會研究所教授

　　⑨楊委員　瑩　　臺灣大學三民主義研究所教授

　　⑩蔡委員宏昭　　東吳大學社會工作系教授

　　⑪鄭委員文輝　　中正大學社會福利研究所教授

　　⑫鄭委員榮治　　中華民國精算學會理事長

　　⑬盧委員政春　　東吳大學社會系教授

　　⑭羅委員紀瓊　　中央研究院經濟學研究所研究員

四、機關代表（依姓氏筆劃排列）——

　　①周委員賢洋　　財政部

　　②涂委員　勳　　行政院農委會

　　③張委員志弘　　行政院主計處

　　④黃委員癸楠　　臺閩地區勞工保險局

⑤葉委員維銓　　　行政院研考會

⑥葉委員長明　　　銓敘部

⑦劉委員玉蘭　　　行政院經建會

⑧劉委員見祥　　　行政院勞委會

⑨蘇委員永富　　　行政院秘書處

⑩蕭委員水林　　　中央信託局公務人員保險處

三民大專用書書目——國父遺教

三民大專用書書目 —— 社會

社會學	蔡 文 輝 著	印第安那州立大學
社會學	龍 冠 海 著	前臺灣大學
社會學	張 華 葆 主編	東 海 大 學
社會學理論	蔡 文 輝 著	印第安那州立大學
社會學理論	陳 秉 璋 著	政 治 大 學
社會學概要	張 曉 春等著	臺 灣 大 學
社會心理學	劉 安 彥 著	傑克遜州立大學
社會心理學	張 華 葆 著	東 海 大 學
社會心理學	趙 淑 賢 著	
社會心理學理論	張 華 葆 著	東 海 大 學
歷史社會學	張 華 葆 著	東 海 大 學
鄉村社會學	蔡 宏 進 著	臺 灣 大 學
人口教育	孫 得 雄 編著	
社會階層	張 華 葆 著	東 海 大 學
西洋社會思想史	龍冠海、張承漢 著	前臺灣大學
中國社會思想史 (上) (下)	張 承 漢 著	前臺灣大學
社會變遷	蔡 文 輝 著	印第安那州立大學
社會政策與社會行政	陳 國 鈞 著	中 興 大 學
社會福利服務 —— 理論與實踐	萬 育 維 著	陽 明 大 學
社會福利行政	白 秀 雄 著	臺北市政府
老人福利	白 秀 雄 著	臺北市政府
社會工作	白 秀 雄 著	臺北市政府
社會工作管理 —— 人群服務經營藝術	廖 榮 利 著	臺 灣 大 學
社會工作概要	廖 榮 利 著	臺 灣 大 學
團體工作：理論與技術	林 萬 億 著	臺 灣 大 學
都市社會學理論與應用	龍 冠 海 著	前臺灣大學
社會科學概論	薩 孟 武 著	前臺灣大學
文化人類學	陳 國 鈞 著	中 興 大 學
一九九一文化評論	龔 鵬 程 編	中 正 大 學
實用國際禮儀	黃 貴 美 編著	文 化 大 學
勞工問題	陳 國 鈞 著	中 興 大 學
勞工政策與勞工行政	陳 國 鈞 著	中 興 大 學

三民大專用書書目 —— 政治・外交

書名	著者	服務單位
政治學	薩 孟 武 著	前臺灣大學
政治學	鄒 文 海 著	前政治大學
政治學	曹 伯 森 著	陸 軍 官 校
政治學	呂 亞 力 著	臺 灣 大 學
政治學	凌 渝 郎 著	美國法蘭克林學院
政治學概論	張 金 鑑 著	前政治大學
政治學概要	張 金 鑑 著	前政治大學
政治學概要	呂 亞 力 著	臺 灣 大 學
政治學方法論	呂 亞 力 著	臺 灣 大 學
政治理論與研究方法	易 君 博 著	政 治 大 學
公共政策	朱 志 宏 著	臺 灣 大 學
公共政策	曹 俊 漢 著	臺 灣 大 學
公共關係	王德馨、俞成業 著	交 通 大 學
中國社會政治史（一）～（四）	薩 孟 武 著	前臺灣大學
中國政治思想史	薩 孟 武 著	前臺灣大學
中國政治思想史（上）（中）（下）	張 金 鑑 著	前政治大學
西洋政治思想史	張 金 鑑 著	前政治大學
西洋政治思想史	薩 孟 武 著	前臺灣大學
佛洛姆（Erich Fromm）的政治思想	陳 秀 容 著	政 治 大 學
中國政治制度史	張 金 鑑 著	前政治大學
比較主義	張 亞 澐 著	政 治 大 學
比較監察制度	陶 百 川 著	國 策 顧 問
歐洲各國政府	張 金 鑑 著	前政治大學
美國政府	張 金 鑑 著	前政治大學
地方自治	管 歐 著	前東吳大學
中國吏治制度史概要	張 金 鑑 著	前政治大學
國際關係——理論與實踐	朱張碧珠 著	臺 灣 大 學
中國外交史	劉 彥 著	
中美早期外交史	李 定 一 著	政 治 大 學
現代西洋外交史	楊 逢 泰 著	政 治 大 學
中國大陸研究	段家鋒、張煥卿、周玉山主編	政 治 大 學
大陸問題研究	石 之 瑜 著	臺 灣 大 學
立法論	朱 志 宏 著	臺 灣 大 學